Francisco Morán

La pasión del obstáculo

Poemas y cartas de
Juana Borrero

ⓐ- STOCKCERO -ⓑ

Moran, Francisco
    La pasión del obstáculo : poemas y cartas de Juana Borrero - 1a ed. - Buenos Aires : Stock Cero, 2005.
    324 p. ; 23x15 cm.

    ISBN 987-1136-40-4

    1. Poesía Cubana. I. Título
    CDD Cu861

Copyright del prólogo y notas © Francisco Morán 2005
Copyright de la edición © Stockcero 2005

1º edición: 2005
Stockcero
ISBN Nº 987-1136-40-4
Libro de Edición Argentina.

Hecho el depósito que prevé la ley 11.723.
Printed in the United States of America.

Ninguna parte de esta publicación, incluido el diseño de la cubierta, puede ser reproducida, almacenada o transmitida en manera alguna ni por ningún medio, ya sea eléctrico, químico, mecánico, óptico, de grabación o de fotocopia, sin permiso previo del editor.

stockcero.com
Viamonte 1592 C1055ABD
Buenos Aires Argentina
54 11 4372 9322
stockcero@stockcero.com

Francisco Morán

La pasión del obstáculo

Poemas y cartas de
  Juana Borrero

Índice

I. Primeros años. Encuentro con Julián del Casal ix
II. Un breve paréntesis antes de la muerte de Casal: El viaje a los Estados Unidos xv
III. El encuentro con Carlos Pío Uhrbach. La muerte xvi
IV. Apuntes para una valoración de la obra de Juana Borrero xxi
Esta edición xxiv
Abreviaturas xxv
Obras citadas xxv

I. Poesías
I.1. Rimas 1
Juana Borrero (Exergo) 3
¡Todavía! 5
El Ideal 6
Mis Quimeras 7
Crepuscular 9
Su retrato 10
¡Esperad! 11
Rondeles 12
Confidencia 13
Cantares 14
Madrigal 15
Eladia Soto 16
Paulina Güell 17
Bibelot 18
Tus cabellos 19
Apolo 21
¿Qué somos? 22
Las hijas de Ran 23
Vínculo 24
Himno de Vida139 25

I.2. Poemas escritos en la infancia
Sol poniente 29

Vino un niño 30
A la luz de la luna..31
«Dónde estás?» 32
Amor perdido!...33
Todo para ti...34
«Eres un fiero dragón» 35
Adios!..36

I.3. Poemas escritos entre 1891 y 1896
Vespertino..39
Los astros 41
En sueños 42
En el palco 43
[Soneto trunco hallado entre sus manuscritos]......................................44
La evocación...45
Dolorosa..46
Nostalgia 47
Vibraciones...48
Íntima 49
Para siempre!..50
Adelaida..51
Ya que el deber tiránico me exige.... 52
Vorrei morire..53
Sol y nieve 55
Berenice 56
Sol poniente...57
Medieval 59
Lo imposible..60
.... Por qué de mis sueños, por qué despertarme? 62
Tántalo...63
Dime esa frase de pasión henchida 64
En la terraza...65
¡Yo siento tus miradas 66
Céfiro leve, rauda brisa 67
Mírame! por tus ojos soñadores...68
Junto a la orilla 70
Soneto trunco 71
De la capilla desierta 72
.... Cuando la sombra, ...74
Velada 75
Yo no recuerdo bien 76
Indomable..77
Quiero extasiarme en tu mirada... 78
Yvone...79
Para entonces...80
Símiles 81
Rêve 82

A...	83
Mi ofrenda	84
Anónimo	85
En el templo	86
Te pertenezco	88
Silueta fantástica	90
Tristes	91
Canas	92
El faro	93
Amargura	94
No lo olvides jamás!	95
Última rima	96

II. Prosa

II. 1. Prosa poética

Vengo a llorar	101
Sensaciones	102
«El bardo rubio, el ensueño de ayer...»	103
Pensamientos	104
Proscriptos	105
«Prosa enigmática»	106
«Mi buen doctor, no te canses...»	107
El encuentro	108

II. 2. Selección de cartas de Juana Borrero a Carlos Pío Uhrbach

39	111
70	114
71	118
110	121
112	125
120	129
135	135
140	138
142	143
145	145
147	154
186	157
187	161
208	165
210	167
212	171
213	177
218	180
219	184
220	186
227	192
230	197

II. 3. Otras cartas de Juana Borrero

5 201
6 208
8 210

II. 4. Dos cartas de Carlos Pío Uhrbach a Juana Borrero

Habana 1º de ¡marzo! de 1896. 217
Habana 2 de Marzo de 1896..219

III. Cartas relacionadas con la muerte de Juana Borrero

De Esteban Borrero a Carlos Pío Uhrbach 223
De Consuelo Pierra a Carlos Pío Uhrbach 224
De Esteban Borrero a Nicolás Heredia 225
De Francisco García Cisneros a Federico Uhrbach 229
De Esteban Borrero a Dolores Borrer 231

IV. Apéndice 233
Yvone 235
Juana Borrero por Julián del Casal 237
Las hijas de Ran..244
Juana Borrero por Rubén Darío..247
Salve en lila de amor 252
Juana Borrero por Carlos Pío Uhrbach...253
Juana Borrero por José Lezama Lima 256
La imposible por Cintio Vitier 258

Otras opiniones sobre Juana Borrero

Juana Borrero, la adolescente atormentada (Angel Augier) 263
Juana Borrero (fragmentos) por Fina García Marruz 266
El retrato de Casal 267

Poemas sobre Juana Borrero

Ella 277
Virgen triste 278
Dolorosa 280
Juana Borrero...283
Esbozo 285
Última rima 286

V. Bibliografía...287

I. Primeros años. Encuentro con Julián del Casal

Juana Borrero nació en La Habana el 18 de mayo de 1877. Su padre, Esteban Borrero Echeverría, fue médico y poeta, y su madre, Consuelo Pierra y Agüero, también escribía versos. Con sólo cinco años, Juana comienza a dibujar estampas simbólicas, una de las cuales – *Romeo y Julieta* – aún se conserva. A los siete años toma ya clases de dibujo y escribe su primer poema: "Sol poniente". En 1886 estudia en la prestigiosa escuela de arte de San Alejandro, donde continúa sus clases de dibujo.

A principios de 1891, Juana Borrero conoce al poeta Julián del Casal,[1] encuentro que tuvo, tanto en aquélla como en su obra, una profunda resonancia. Años más tarde, Dulce María – hermana de Juana – rememoraría la llegada del poeta a la casona de Puentes Grandes donde vivía la familia Borrero:

> La entrada de Casal en nuestra vida fue algo así como la entrada de un ancho rayo de luna en una estancia desierta que estuviese, en sus cuatro paredes, revestida de espejos. No hubo un plano, ni un ángulo que no diera reflejos. Aquellos espejos, desnudos en su vida silenciosa, recibieron el beso azul de aquella aparición; pero sólo uno, el más hondo y pulido de todos, captó, entero, el fulgor de aquella luz.
>
> Vino el bardo [2] a nuestra casa traído de la mano por el mismo padre que cuidaba de nuestros corazones con un celo angustiado y expectante. [3] Vino el bardo a nuestra casa con las turquesas de sus ojos errantes bañadas de ese brillo que parece la plata del rocío, y que es sólo de un llanto no vertido, pero que está en reposo en las hondas cisternas del al-

---

1 *Julián del Casal* (La Habana, 1863 – 1893), una de las figuras más importantes del modernismo hispanoamericano. El prestigio de Casal como poeta no ha hecho sino crecer con el tiempo, recibiendo una fervorosa atención por parte de las generaciones más jóvenes de los escritores cubanos. Casal es, posiblemente, el primer poeta cubano verdaderamente moderno. Sus poemas están recogidos en tres libros: *Hojas al viento* (1890), *Nieve* (1892) y *Bustos y rimas* (1893, publicado póstumamente). Casal escribió, además, crónicas, crítica literaria y cuentos.
2 *Bardo*: poeta heroico o lírico de cualquier época o país
3 *Expectante*: que está a la espera de algo

ma; vino con esa luz de perla y nardo, que no llega a ser luz, sino más bien sudario que arropa dulcemente a los tristes. Vino, repito, con las turquesas líquidas de sus ojos serenos, y el mármol de su frente circuído [4] por una corona hirsuta [5] de oro muerto, y con su continente [6] de dios que va pisando la tierra sin rumor, como quien va en el fondo de una ausencia.

Casal era el poeta, y era el hombre. Nuestro padre nos fue presentando a él uno a uno, con aquel contenido acento de orgullo con que presentó sus hijas al Rey-Bueno la madre dichosa en la balada de "Los siete Caballeros".

Nos miró a todos por la primera vez, menos a Juana, que ya la conocía por la miniatura sonora de sus versos primeros, que el padre le había dado a conocer.

Sin mirarla – Casal no parecía mirar nunca,– vio desde el primer día la "tez[7] de ámbar", las "pupilas de terciopelo" y la testa[8] de la joven Musa[9] erguida en gesto altivo, involuntario. Y vio también el bardo, por esa capacidad adivinatoria que sólo poseen los tristes, que sobre aquellas facciones juveniles de la niña genial, veladas ya de una honda amargura, flotaba "la tristeza prematura de los grandes corazones".

Aquel día, hasta la madre de Juana, que no bajaba nunca durante el día a la sala de recibo, dejando la lanzadera de marfil[10] con que edificaban[11] sus finísimos dedos alegorías de milagro con el frivolité para adornar los hombros de "Juanita" – ella tuvo siempre para la bienamada ese apelativo disminuido por su carga de ternura –; hasta la madre bajó a conocer al bienvenido, y su rostro, que ostentaba ese sello habitual que pone el silencio en las criaturas que viven para otros sin reposar jamás, tuvo una sonrisa más tierna y también más duradera, que le dejó para muchos días alumbrada la faz...[12]

La hermosa evocación captura el impacto de Casal – su imagen poética

4   *Circuído*: rodeado
5   *Hirsuto*: se dice del pelo disperso y duro.
6   *Continente*: se refiere al aire, al aspecto imponente de la figura (o del recuerdo) de Casal
7   *Tez*: superficie del rostro
8   *Testa*: cabeza
9   *Musa*: (mit. gr.) cada una de las deidades que, presididas por Apolo, habitaban en el Parnaso y protegían las ciencias y las artes liberales (particularmente la poesía). Su número era vario, pero ordinariamente se creyó que eran nueve.
10 *Lanzadera*: probablemente se trata de las agujas de tejer
11 *Edificaban*: tejían
12 Dulce María Borrero. "Evocación de Juana Borrero". *Revista Cubana*, XX, jul-dic., 1945. pp. 31-33. Dulce María Borrero (Puentes Grandes, La Habana, 1883 – La Habana, 1945). Publicó sus primeros versos en la *Revista de Cayo Hueso*, lugar a donde había emigrado con su familia en 1895. Regresó a Cuba en 1899, luego de concluir la guerra de independencia. Obtuvo primer premio en los Juegos Florales del Ateneo de La Habana (1908), primer premio y medalla de oro de la Academia Nacional de Artes y Letras (1912) por su poemario *Horas de mi vida*, medalla de oro en el Concurso del Comité Avellaneda (1914) y premio de la Secretaría de Instrucción Pública y Bellas Artes (1919). En 1935 ocupó la Dirección de Cultura del Ministerio de Educación. Fundó la Asociación Bibliográfica de Cuba (1937). Colaboró en *Cuba Contemporánea*, *Revista Cubana*, *Revista Bimestre Cubana* y *El Fígaro*.

viva, actuante – en la familia. Todo espejea a su alrededor, se descompone en reflejos, y él mismo, transfigurado, adquiere, de pronto, la incandescencia, el brillo de la joya. Esa fulminante seducción descarriló a Juana, la arrancó de los brazos del padre que la protegían – y en cierto modo la avasallaban – y le confirió un destino. A partir de ahora estará sola, y se enfrentará, con un coraje y heroísmo sobrecogedores, a sus propios demonios, a sus deseos.

Lo ocurrido entre ella y Casal es, como dijimos al principio, un misterio. El poeta habanero nos dejó varios poemas que parecen estar íntimamente entrelazados con el encuentro y ruptura que, finalmente, los distanció al uno del otro. De esos poemas, el que mayor impacto tuvo en la sensibilidad de Juana fue "Virgen triste." Casal lo publicó en *La Habana Elegante*[13] el 20 de agosto de 1893 – unos meses antes de morir – y, aunque no aparece dedicado a Juana, ésta lo leyó e interiorizó, convencida de que era a ella a la que apostrofaban los versos del poema. Éste, en efecto, concluye con versos que serían premonitorios, y que Juana repetirá, obsesivamente, en algunas de sus cartas a Carlos Pío Uhrbach:

> ¡Ah! yo siempre te adoro como un hermano,
> No sólo porque todo lo juzgas vano
> Y la expresión celeste de tu belleza,
> Sino porque en ti veo ya la tristeza
> De los seres que deben morir temprano.
>
> "Virgen triste"[14]

Cualquiera que haya sido la naturaleza de la relación de Casal y Juana, ésta se quebró, dramáticamente, el 3 de noviembre de 1892 a las cinco de la tarde. Sabemos la fecha y hora exactas de ese rompimiento por la propia Juana, la cual le confiesa a Carlos Pío Uhrbach[15] – poeta también, y de quien, muerto Casal, se enamora la joven – en su carta del 31 de octubre de 1895:

> Estamos a último de octubre. Pues bien el día 3 de Noviembre es una fecha *que antes me era temida y hoy me es indiferente*. Sabes lo que se conmemora? Una perfidia mía de la cual no tuve tiempo de justificarme. Ese día a las cinco de la tarde hice sufrir a un ser muy grande. Sabes quién era?... Me reprochó duramente y mis juramentos no bastaron a disipar su resentimiento... Llevé aquella espina clavada en el alma más de diez meses y nutría en mi corazón la esperanza de verlo. Murió creyéndome perjura? (EII 89) (énfasis del original)[16]

---

13 *La Habana Elegante* (1883 – 1891; 1893 – [1896). Revista literaria, portavoz y difusora del modernismo en Cuba. Su etapa más importante se inicia en 1888, cuando pasa a ser dirigida por Enrique Hernández Miyares. Julián del Casal publicó en sus páginas, pudiéramos decir que lo más significativo de su obra.
14 Julián del Casal. "Virgen triste". *Poesías*. Edic. del Centenario. La Habana: Consejo Nacional de Cultura, 1963. p. 189.
15 Carlos Pío Uhrbach (Matanzas, 1872 – Las Villas, 1897). Poeta. Se incorporó la guerra de independencia y murió en combate.
16 Hemos respetado la ortografía de la correspondencia de Juana.

Casal y Juana se conocieron, posiblemente, en enero de 1891.[17] Puesto que la ruptura tuvo lugar el 3 de noviembre de ese mismo año, y Casal murió el 21 de octubre de 1893, entonces, en efecto, es muy posible que Juana llevara esa "espina clavada en el alma" *por más* de diez meses. El hecho de que no pudiera verlo otra vez, ni hacerse perdonar por él, explicaría entonces la fuerza del remordimiento, lo vívido aún del recuerdo[18]. Esto, incluso, debió intensificarse en su imaginación por las extrañas coincidencias que rodearon la ruptura entre ambos. Así, el 3 de noviembre es una fecha muy próxima, tanto al natalicio de Casal – el 7 de noviembre – como al día de su muerte – el 21 de octubre – la cual, por otra parte, ocurre casi al año exacto del último encuentro con Juana.

Pero, ¿qué pasó entre Juana y Casal en el tiempo que duró la relación entre ellos, es decir, en ese período que transcurre desde enero hasta el 3 de noviembre de 1892? Lo primero que hay que decir aquí es que la escasa información que tenemos no nos permite dilucidar, como ya hemos dicho, ni la naturaleza, ni los pormenores de esa relación. Por un lado, Casal, al publicar su semblanza de Juana Borrero en *La Habana Literaria* el 15 de julio de 1892, – y que más tarde incluyera en lo que sería su obra póstuma, *Bustos y rimas* (1893) – afirma: "No la he visto más que dos veces"[19]. Debemos recordar también que, de acuerdo con el testimonio de Juana, ésta habría sido la época en que ambos se habrían distanciado. No obstante, como acabamos de ver, Casal afirma que no la había visto sino *dos veces*. Pero, por otra parte, a la luz de lo que dice Juana en su correspondencia, esto resulta difícil – o imposible – de admitir porque, esas cartas, además de testimoniar cierta familiaridad con Casal, revelan también un vínculo extraño, cargado de pulsiones homicidas y suicidas. Así, en la carta 122, Juana le dice a Carlos Pío: "A mi pobre Julián *jamás le escribí* porque dolorosas circunstancias lo impidieron siempre y además porque nosotros no llegamos nunca a ponernos de acuerdo" (*EI* 429) (énfasis nuestro). El comentario es importante porque parece probar que la comunicación con Casal – no habiendo sido epistolar – debió ser personal. En este contexto, el "no llegamos nunca a ponernos de acuerdo" sugiere, cuando menos, un intercambio personal de alguna frecuencia, y, al mismo tiempo, las fricciones que, desde el primer momento, se suscitaron posiblemente entre ellos.

Tenemos, además, otra carta – la número 142 – en la que Juana alude a una escena de celos con Carlos Pío. Comenta Juana: "Te confieso que experimenté un placer cruel cuando me dijiste que *'te había gustado'*, encontrar-

---

17 No es posible afirmar esto de manera absoluta. De hecho, se observan contradicciones al respecto entre los críticos. Según Fina García Marruz y Cintio Vitier – los editores de *PC* – el encuentro tuvo lugar a principios de 1890 (294), mientras que Emilio de Armas, en su biografía *Casal* (1981), lo fecha, tentativamente, a principios de 1891 (244). Nos hemos decidido por esta última fecha porque, como puede apreciarse, el dato parece respaldado por la carta de la propia Juana.
18 En otra carta, le dice a Carlos: "Anoche soñé con Casal. No lo vi como siempre extático y triste sino preocupado y mudo. Así estuvo inmóvil más de dos horas y cuando se desvaneció en las tinieblas me miró con una mirada en que *se adivina* el reproche... ¿Por qué y *de qué* culparme?" (*EI* 43).
19 Julián del Casal. "Juana Borrero" en: *Bustos y rimas*. Edic. facsimilar. Miami: Editorial Cubana, 1993. p. 80.

me con *ese pobre* en la terraza!" A pesar de esto, intenta convencerlo de que sus celos eran infundados porque ella estaba en ese momento, en verdad, "muy lejos de los hombres". La escena está atravesada por la reacción de Carlos Pío al pensar que la había sorprendido *"infraganti"* (así lo dice la propia Juana cuando se refiere a cuánto la había lastimado la expresión): "Todavía siento la presión de tu mano", le dice Juana, e insiste: "Más después aún la última presión de tu mano" (*EII* 69). Esa *presión* es la que agita a su vez – literalmente, *revuelve* – la memoria de Juana: "¿Para qué remover voluntariamente el sedimento cenagoso del lago? Riámonos los dos de lo que no hemos podido evitar! Mi imaginación! Cuando se ha sentido la hoja de un puñal *a media pulgada de la garganta* y vibrando en una mano amada, se puede desatar libremente la fantasía" (70). Tal y como sugieren los editores del *Epistolario*, "[e]ste misterioso episodio, que Juana no revela del todo, parece estar relacionado con el asunto del poema «Dolorosa», de Casal, en *Bustos y Rimas*" (70). El texto del poema alude, en efecto, tanto a la "perfidia" de que ella misma se acusa, como al remordimiento que habría de acosarla, así como al "misterioso episodio" que le refiere a Carlos:

  Brilló el puñal en la sombra
Como una lengua de plata,
Y bañó al que nadie nombra
Onda de sangre escarlata.
[...]
  Llevada por el arranque
De tu conciencia oprimida,
Quisiste en sombrío estanque
Despojarte de la vida;
[...]
  Arrojándote a mis pies,
Con la voz de los que gimen,
Me confesaste después
Todo el horror de tu crimen;
[...]
  Mas, desde la noche fría
En que, víctima del mal,
Consumaste, alma mía,
Tu venganza pasional,
  Como buitre sanguinario
En busca de su alimento,
Por tu lóbrego Calvario
Te sigue el Remordimiento ("Dolorosa" 332 – 4).

La clave que enlaza el poema de Casal al incidente que relata Juana, está, sin embargo, en algo que ésta misma le refiere a Carlos: "Si quisiera morir qué fácil me sería! Bien cerca está el río.[20] En mi cuarto junto a la puerta hay un botiquín. En la habitación de papá tres pistolas siempre cargadas y bajo mi almohada una daga pequeña especie de puñal [palabra tachada] que me regaló Casal una tarde que me vio triste" (*E*II 46). Y de manera más explícita, dirá en otra carta: "Algún día sabrás quizás esta historia que cayó como un fardo sobre mi corazón de catorce años! Desde entonces la he llevado oculta en mi espíritu. Cuando la sepas comprenderás porqué[sic] te dije que tenía en mi poder el mismo puñal de «Dolorosa»" (*E*II 62)[21].

La casona de los Borrero, en Puentes Grandes, figura un centro de destrucción en el que todo ha sido cuidadosamente orquestado para el suicidio y el homicidio. Juana se descubre rodeada por instrumentos de muerte, pero que responden también a la pulsión erótica. Detrás de las pistolas y la daga asoma el signo fálico, uno en el que se suporponen, en tanto objetos del deseo y de la repulsión, el padre y la figura ambigua, deseada y esquiva, de Casal. La muerte de Casal – o incluso el efecto hipnótico que el poema "Virgen triste" tuvo en ella – sólo movilizan y le dan un sentido al desenfrenado y autodestructivo eros de Juana. Cintio Vitier, refiriéndose a los últimos versos del poema – "en ti veo ya la tristeza de los seres que deben morir temprano!" – comenta: "Diríase que ese *deben* se convirtió para Juana en una orden. Ella misma (en la carta 135) cuenta como, recitando la última estrofa del poema, entró una tarde en el río con propósito suicida" ("Las cartas de amor" 13). De acuerdo con esta lectura, el "propósito suicida" pareciera haberle sido impuesto a Juana, mas esto no es suficiente para explicar la "atmósfera trágica y de suicidio que flota sobre muchas de sus cartas" (187). Esa "atmósfera" no "flota" sólo sobre sus cartas, sino también sobre la casona familiar. Las pistolas, "siempre cargadas," y el puñal al alcance de la mano parecen hilvanar la tragedia en Puentes Grandes: "Ya sabrás quizás a estas horas el drama horrible que ocurrió aquí ayer noche [le dice a Carlos Pío en una de sus cartas]. Radamés[22] le clavó a Tomasa tres puñaladas en el corazón pegándose después un tiro en la sien derecha. Tomasa murió a los tres minutos de herida, a la vista de todos, viniendo a caer en el comedor junto a la puerta" (*E*II 154). Finalmente, en 1906, Esteban Borrero se suicida en un hotel de San Diego de los Baños.

Lo que articula el deseo en Juana Borrero, al igual que en Casal, es el obstáculo, el imposible, y ese obstáculo, en ambos casos, está fuertemente anudado a la destrucción y la muerte. Casal – tengo que insistir en esto – sólo es el catalizador que pone en movimiento, o que libera, ese deseo. De ahí que, muerto Casal, Juana lo vuelque, implacable, en su correspondencia con Car-

---

20   El río Almendares
21   Este comentario refuerza nuestra suposición acerca de que la relación con Casal – fulminante y devastadora – debe ser fechada en 1891. En efecto, Juana, que había nacido en 1877, cumplió catorce años en 1891.
22   sirviente de Puentes Grandes

los Pío Uhrbach[23]. Esas cartas pueden, en justicia, leerse como canales por los que corre, desbordado, el eros aniquilador de Juana Borrero. Su escritura muestra su fascinación con la muerte, siempre en ese freudiano más allá del principio del placer.

II. Un breve paréntesis antes de la muerte de Casal: El viaje a los Estados Unidos

En la primavera de 1892, Juana y su padre viajan a Estados Unidos. Según el testimonio de Dulce María Borrero, la razón de este viaje fueron las "relaciones activas [de Esteban] en la Junta Revolucionaria de Nueva York" ("Evocación" 25). Una vez en Nueva York, José Martí, "con su palabra de miel y fuego", continúa Dulce María, presenta "a la colonia cubana de Nueva York la niña prodigiosa" (26). Es durante ese viaje que Juana habría escrito el soneto "Apolo", posiblemente su mejor poema. Por otra parte, Esteban le deja a Martí, como recuerdo, "algunas pequeñas obras pictóricas de Juana, quien ya ha *sentido* el paisaje", arte en que la inició el pintor español Sanz Carta (27).[24]

De regreso a Cuba, Juana toma clases de pintura con el pintor Armando Menocal,[25] quien, por cierto, pintó el único retrato al óleo que se le hizo en vida a Casal, así como un impresionante lienzo que recoge la caída en combate de Antonio Maceo. Casal, por su parte, al comentar sobre el genio pictórico de Juana, expresa:

> "Corta serie de lecciones, recibida de distintos maestros, han bastado para que, iluminada por su genio, se lanzase a la conquista de todos los secretos del arte pictórico. Puede decirse, sin hipérbole alguna, que está en posesión de todos ellos. – No me explique teorías, porque son inú-

23   Carlos Pío Uhrbach (Matanzas, 1872 – Las Villas, 1897). Al igual que su hermano Federico, colaboró en *El Fígaro* (1893 – 1897), *La Habana Elegante* (1893 – 1895) y *Gris y Azul* (1894). Su obra y la de su hermano fue recogida en el poemario *Gemelas* (1894), y posteriormente en *Oro* (1907).
24   Valentín Sanz Carta (Islas Canarias, 1849 – Estados Unidos, 1898). Llegó a Cuba en 1882 para desempeñar el puesto de Oficial Quinto de la Dirección General de Hacienda de La Habana. Para entonces, ya gozaba de excelente reputación de un pintor en su patria. Aunque comenzó haciendo retratos, en Cuba se destacó particularmente como paisajista. En 1886, al inaugurarse la Cátedra de Paisaje y Perspectiva de la Escuela de Artes Plásticas de San Alejandro, Sanz Carta fue nombrado profesor. Marchó luego a Estados Unidos buscando la cura de sus padecimientos nefríticos, país donde murió. El Museo Nacional de Bellas Artes (La Habana) atesora muchas de sus obras.
25   Armando Menocal (1863 – 1942). Fue uno de los pintores cubanos más prominentes del siglo XIX. Estudió en la Academia de San Alejandro, donde fue más tarde profesor. Se destacó como retratista y paisajista. Uno de sus cuadros más famosos es: "La muerte de Antonio Maceo".

tiles para mí, le decía recientemente a Menocal, pinte un poco mejor en esa tela y así lo entenderé mejor. – Y, en efecto, al segundo día, la discípula sorprendió al maestro con un boceto incomparable"[26].

En el testimonio de Casal no sólo destaca el talento innato, la intuición pictórica de Juana, sino, lo que es quizá más importante todavía: la afirmación voluntariosa del carácter, el orgulloso individualismo de la artista. Sorprende, sin dudas, la rapidez con que madura, con que aguza una mirada propia. La muerte de Casal, ocurrida al año siguiente, si bien tiene sobre ella un efecto devastador, también, podríamos decir, corta sus últimas amarras. En este sentido las cartas a Carlos Pío son, sobre todo, una excusa para escarbar en sí misma, para recuperarse a sí misma en la misma escritura en que se diluye, en ese río de tinta en que se abisma – por un acto de afirmación individual – mientras repite obsesivamente los versos de "Virgen triste": "Porque en ti veo ya la tristeza / de los seres que deben morir temprano".

III. El encuentro con Carlos Pío Uhrbach. La muerte

A fines de 1894 la Biblioteca de *La Habana Elegante* publica el poemario *Gemelas*, de los hermanos Carlos Pío y Federico Uhrbach. El libro traía la dedicatoria «A la memoria del maestro Julián del Casal», así como una introducción de Aniceto Valdivia (*Conde Kostia*). Pronto el volumen de versos llega a las manos de Juana Borrero, que anota en su Diario: "Acaba de llegar a mis manos el libro de los Uhrbach, Gemelas. [...] No sé por qué adivino bajo estas páginas algo atrayente o triste." Pronto su atención se concentra en Carlos: "El primer retrato...! Es un rostro altivo. Carlos debe ser pálido, un enfermo" (*EI* 39). Más tarde, en una entrada de febrero de 1895 el dardo de su deseo fija a Carlos Pío a la corriente irrefrenable de la escritura: "Acabo de pensar algo inaudito, imposible, temerario. Oye Carlos. *Antes de dos meses tú serás mío o yo estaré muerta*" (41). Una vez más será el imposible lo que ponga en movimiento su deseo, y en carta a ambos hermanos confiesa: "me atormenta *la obsesión del obstáculo*" (43).

Recordemos, a propósito de Juana Borrero, lo que expresa Vitier: "Antes de leer este voluminoso epistolario, todos creíamos que Juana Borrero había sido una niña precoz, poetisa y pintora de excepcional talento, que había sentido una profunda atracción por Julián del Casal y una pasión, en cierto modo derivada de aquella,[sic] por Carlos Pío Uhrbach". Si bien reconoce que

---

26 Julián del Casal. "Juana Borrero". ob. cit. p. 88 – 89.

"todo esto sigue siendo cierto," Vitier concluye que "lo primero, cualitativamente, no es ya su talento artístico [...], sino el *pathos* vital de una existencia totalmente entregada al destino amoroso"[27] (183). Esa lectura conduce, una vez más, a la característica teleología de la Nación[28]:

> Si pensamos que ese nombre [Juana] fue también el de Cuba, y que el sentido amoroso, por encima de todo azar histórico, en él encerrado, es el mismo que Martí veía en nuestra isla, nos parece que en un plano profundo las contradicciones se disuelven, y que Carlos Pío muriendo por Cuba, murió por Juana, y que ella, muriendo en su delirio de amor absoluto, se daba a la patria enriqueciéndola con el misterio de su destino sobrecogedor (205).

En esta imagen poética asistimos a las bodas del heroísmo, el sacrificio y la pasión amorosa. Se trata de la característica epifanía con que ha de culminar siempre la celebración barroca de "lo cubano", celebración que no puede resolverse sino en la cancelación de las contradicciones. Pero, para llegar aquí, siempre habrá que silenciar ciertos textos, gestos incómodos, todo aquello que no contribuya a clarificar el rostro de la Nación. Habrá que obviar, por ejemplo, que si Juana es Cuba, sobre ambas – es decir, sobre la Isla y su criatura – revolotea, fatídico, el pájaro de la locura.

Es cierto que hay una pasión, un *pathos*, que define la trayectoria poética, humana, y existencial de Juana Borrero. Pero, al asignarle a ese *pathos* el sello de la pasión amorosa, se lo enmascara, se ocultan – al ungírselo con el óleo sagrado de lo amoroso-nupcial – sus salidas de tono, sus perturbadoras desviaciones. Por esta razón, prefiero hablar del *deseo* y del *obstáculo* que, sin negar la posibilidad real, y aún intensa, de la experiencia amorosa, nos permiten ir más allá de ella: habitarla, echarla a un lado, negarla, manipularla, jugar con ella.

Tanto Casal como Carlos Pío proveyeron a Juana con el combustible que exigía su deseo: el obstáculo, la barrera de lo imposible. Y ciertamente su deseo no podía haberse aferrado a dos imposibles más resistentes. Casal era el frío, el mármol infranqueable como ése que, en el soneto "Apolo", Juana intenta seducir. Y en cuanto a la relación con Carlos Pío, ésta nació bajo el signo de la prohibición paterna. Juana, seducida por ese obstáculo, lo hará crecer hasta convertirlo en un muro terrible, y, por tanto, digno de su deseo, de sus fuerzas: "Es una verdadera temeridad que yo te escriba en estas circunstancias", le dice a Carlos (*EI* 135). Y en otra carta: "tú frente a mí haciéndote el indiferente y hablando de todo, *y papá vigilando*" (213) (énfasis nuestro). Esa vigilancia metaforiza la celda de Juana, limitada, recortada por el campo de visión de la mirada paterna. Y, al dramatizarlo, Juana lo utiliza como instrumento retórico que consolida su resistencia:

---

27 Cintio Vitier. "Las cartas de amor de Juana Borrero". *Crítica* 1. La Habana: Letras Cubanas, 2000. p. 183.
28 Véase Cintio Vitier. *Lo cubano en la poesía*. La Habana: Letras Cubanas, 1998.

No creas que Papá dice ciertas cosas de mentirita. Dentro de su carácter enérgico no cabe la amenaza, como una amenaza solamente, sino como algo que se realizará. Nosotras que lo conocemos sabemos hasta donde llega su inquebrantable voluntad. ¿Te convences de que no es cobardía ni el temor lo que nos hace estar asustadas? No, no me infieras esa injusta ofensa. En este momento en que te escribo, ¡cuántas complicaciones, cuántos peligros, cuánta amenaza atraigo sobre mi cabeza! (EI 216).

No fue el suyo, por supuesto, un encierro estrictamente metafórico. Posiblemente esos temores estaban bien infundados, pero no hay que olvidar que la resistencia de Juana necesitaba también un obstáculo que estuviese a su altura.

La prisión, la vigilancia del padre, los muros de la casona familiar, desquician y producen la escritura. Es precisamente hacia esa encrucijada de encierro y lenguaje hacia donde gravita el cuerpo. "[E]l aislamiento engendra en mí triste visiones de sangre y muerte", le advierte a Carlos (*E*II 119).

No basta, sin embargo, la prohibición paterna. El obstáculo tiene que inscribirse, también, en el objeto del deseo mismo. De ahí arranca la pasión –que no de otra cosa se trata– de los celos en Juana Borrero. En el accidentado territorio simbólico de los celos es que se ilumina, en lo más profundo, el impulso (auto)destructivo de la pasión. Allí también son cuestionadas, en sus mismos cimientos, las líneas fronterizas, los derechos aduanales.

En primer lugar, es a través de los celos que la pasión de lo absoluto puede (auto)reconocerse en la proyectada escena de un crimen. "Soy capaz del crimen por conservarte" (*E*I 305) le dice Juana a Carlos Pío, amenaza que repetirá con monótona insistencia: "Me siento capaz del crimen por conservarte" (315). Y en otra carta: "Lo que me hace sufrir es el descaro de las *diabólicas*. ¡Oh! con ellas soy implacable. Las asesinaría friamente, créelo. *Si yo sospechara que alguna pretendía interesarte...* pobre de ella" (*E*II 369). No se trata de meras amenazas, y Juana lo alerta: "Con una rival sería implacable. Cuando no amaba como te amo, me vengué cruelmente de una mujer que tú has visto ya una vez" (*E*II 160).

Hay un punto en que el objeto que debe ser destruido comienza a oscilar, de tal manera que resulta imposible deslindar al deseo amenazante (la rival, supuesta o real) del deseo amenazado (Carlos Pío). Esto sucede porque la energía libidinal sólo puede realizarse como descarga de destrucción y muerte. "Tu amor me lleva al éxtasis y al crimen" (*E*I 333), confiesa. Se suceden entonces las invitaciones suicidas, y aún las criminales, en su correspondencia. Todo esto, inextricablemente enredado al erotismo punzante de la herida, de la caricia que rasga, corta, saja: "Carlos quieres que nos vayamos al lugar de donde jamás se retorna? ¿Quieres morir conmigo" (*EI* 318), / "te amara aunque fueras un gran criminal" (*EI* 347), / "Te acariaría hasta con la punta de un puñal" (*EI* 376), / "Comprendo perfectamente que tú quieras matarme" (*E*II 153). Quizá uno de los momentos de la correspondencia que mejor refleja este conflicto es cuando le dice a Carlos: "Quisiera matarte sin quitarte la vida, *aniquilarte sin perderte*" (*E*II 194). El placer no consiste en destruir al objeto del deseo, sino en destruirlo infinitamente. No se trata de aniquilarlo *para siempre*, sino *incesantemente*. Este placer devastador desmantela todas las fronteras, incluyendo, desde luego, las del sujeto deseante mismo. Así, Juana le refiere a Carlos un sueño en el que éste se había ido a la playa. Hacía un mes que no lo veía, y dejaron de llegar sus cartas. Se enteró, entonces, que él se había casado, y averiguó la dirección de su casa. Una noche – prosigue Juana –:

> mientras tú y *ella* comían descuidados me introduje en la alcoba y me oculté detrás de los lambrequines.[29] Allí esperé. Con los labios trémulos[30] de angustia y entre los dedos un puñal pequeño, especie de daga que días antes me había regalado Rosalía. Así te sentí llegar y escuché el roce de su falda sobre las alfombras. Jamás, mientras viva, se me olvidará aquella mujer, aquella desconocida que no existe y que caminaba apoyada en tu hombro. Pasaron dos minutos. Ustedes caminaban despacio conversando en voz baja. Levanté la mano y le hundí el puñal en el corazón. Entonces pasó algo cuyo recuerdo me horroriza.... Aquella mujer era yo misma (EI 372).

El placer que excita al texto es el de su (auto)destrucción. En el puñal – especie de daga – que le obsequia la amiga, reconocemos el obsequio de Casal, pero, sobre todo, reconocemos la codificación simbólica – erótica y homicida al mismo tiempo – del regalo. Sólo que los celos conducen también a Juana a otro cuarto de espejos: uno en el que la repulsión y la fascinación erótica se (con)funden peligrosamente. Refiriéndose a una amante anterior de Carlos, dice: "¡Cuántas veces te habrá besado ella! Cuántas veces habrá reclinado su frente de diosa sobre tu corazón sobre tu corazón que es mío, que debiera haberlo sido siempre! ¡No, no quiero pasar sobre las huellas de ella!" (*EI* 280). Perturbada, Juana reconoce en su celo febril la emergencia de un deseo homoerótico. Además, la ambigua alusión a la "frente de diosa" parece sugerir, en efecto – o reforzar – el deseo. Ésta es, precisamente, otra de las obsesiones que permean su correspondencia con Carlos. Así se refiere, por ejemplo, a una ex-novia de éste que había muerto: "acabo de venir del oratorio [...] No estaba sola; *nuestra* muerta amada estaba junto a mí. Siempre la encuentro. Hablamos de ti. He llegado a creer que me quiere. Anoche me dijo con una voz tristísima: «*Quiéremelo* mucho Juana, por ti por él... y por

---

29 *Lambrequín*: Heráldica. Adorno, generalmente en forma de hojas de acanto, que baja de lo alto del casco y rodea el escudo. Representa las cintas con que se adornaba el yelmo, o la tela fija en él para defender la cabeza de los rayos del sol
30 *Trémulos*: temblorosos

mí»" (*EI* 294). El triángulo que el deseo dibuja aquí adquiere una extraña concreción en el enclítico: *quiéremelo* (a mí) y *quiéremelo* (a él).[31] Además, el *nuestra* refuerza el desplazamiento del motivo de sus celos – la otra – a un espacio erótico en el que las distinciones de género se vuelven anfibias. A ello concurren varios factores. En primer lugar, porque, al ser el sujeto masculino – y no la mujer, como sucede frecuentemente – el miembro disputado, esto lo coloca por fuerza en una actitud pasiva que lo feminiza. En efecto, en el relato de Juana, Carlos se transforma en un mero conductor del deseo femenino; es a través suyo que el deseo de aquélla conecta, se enreda, con el de su supuesta rival. Más aún, puesto que esa rivalidad ha sido neutralizada y reemplazada por un acercamiento amoroso entre Juana y *la otra* – lo cual, como ya vimos, está inscrito lingüísticamente en el uso del enclítico – puede verse con mayor claridad el componente erótico que subyace en las rivalidades desatadas por el triángulo amoroso[32].

Finalmente, a la prohibición paterna y los celos, se añade la decisión de Carlos Pío de incorporarse a la guerra de independencia. Dada la amenaza de separación definitiva que esto podía significar, para Juana la despedida de Carlos asume la condición de lo *imposible* como *absoluto*[33]. Pero aquí tampoco la angustia se da en estado puro; por el contrario, el dolor último emerge en su conciencia atado al placer: "Contemplo el panorama interior el cuadro fúnebre que mi imaginación *se complace* en ponerme ante los ojos" (*EII* 227) (el subrayado es nuestro). Será, por tanto, este evento el que libere, en toda su fuerza performativa, el gesto operático, teatral, que subyace en buena parte de la correspondencia de Juana. Cuba – la patria – resume ahora sus pasadas ansiedades: es, al mismo tiempo, el padre autoritario (*pater*, *patria*) que exige el sacrificio de sus hijos, y es, también, la rival (la otra) con cuyo amor no puede competir. "Mi patria puesta a tu lado es un grano de arena. [...] Vales para mí más que mi patria." Y agrega: "Sí no lo dudes! lejos de mí te sentirás extranjero y expatriado y sin tu Juana no tendrías ¿verdad? la verdadera noción de patria!" (*EII* 226 – 27). Y en la carta 194, cuando ya la guerra ha llegado a Puentes Grandes y se siente escudriñada, e interpelado su patriotismo, exclama:

> Eres mi patria. Vales más que ella a mis ojos. [...] Vino mi tía, y se ha pasado el día hablando de... la guerra. Sus dos hijos se van mañana y ella

---

31 El fantasma del deseo homoerótico es bastante frecuente en las cartas de Juana a Carlos Pío. Ver, por ejemplo, la carta 120 (*EI* 420) donde refiere un desfile de visiones de mujeres que la acosan.

32 Véase: Eve Kosofsky Sedgwick. *Between Men. English Literature and Male Homosocial Desire*. New York: Columbia University Press, 1985. Al aludir al estudio *Deceit, Desire and the Novel*, de René Girard, comenta Kosofsky Sedgwick: "Lo más interesante para lo que queremos hacer aquí, es la insistencia de Girard en que, en cualquier rivalidad erótica, el lazo que vincula a los rivales es tan *intenso* y *potente* como aquél que vincula a cada uno de ellos con lo amado: que los lazos de 'rivalidad' y 'amor', aunque experimentados de manera diferente, son *igualmente* poderosos, y en muchos casos *equivalentes*", p. 21 (traducción y énfasis nuestros).

33 Por eso le dice a Carlos: "*Si te fueras aunque entre mil hombres que combaten no hubiera más que una probabilidad de muerte esa probabilidad podría hacerte tu víctima. Si no se disparara más que una bala esa bala podría tocarte...........!*" (*EII* 228).

tan tranquila! Su actitud ha despertado en mi familia un entusiasmo implacable y he creído notar en sus miradas un reproche mudo una interrogación no formulada. Yo estoy viendo venir algo trágico. Hace días que tengo ante los ojos una visión fúnebre."

No se equivocaba. En 1896, es decir, un año después del estallido de la guerra, obligados por causas políticas, los Borrero marchan al exilio. Juana espera, inútilmente, que Carlos Pío se una a ella en Cayo Hueso. Sus cartas se vuelven más apremiantes. Tiene suficiente lucidez para saber que el fin está cerca. El 27 de enero de 1896, le escribe a Carlos: "Todavía no he recibido una línea tuya desde que llegué. [...] Luego, a mi tristeza se une la triste convicción de mi mal físico que procuro ocultar a mi familia con todo cuidado.... [...].... Anoche creí morirme. La fiebre que jamás se me quita, aumentó con la exaltación del insomnio [...] Convencida como estoy ya de que viviré muy poco" (*EII* 272 – 3).

Muy enferma, y sin fuerzas para sostener la pluma, Juana dicta los versos de su "Última rima". El 9 de marzo de 1896 muere en Cayo Hueso. Al año siguiente, el 24 de diciembre, Carlos Pío, que había alcanzado los grados de teniente coronel, muere en los campos de la revolución.

IV. Apuntes para una valoración de la obra de Juana Borrero

No sería aventurado afirmar que Juana Borrero (una de las figuras más fascinantes del modernismo hispanoamericano) no ha recibido todavía la atención que merece. Esto podría explicarse, en gran medida, por el hecho de que sus textos no habían sido publicados fuera de Cuba. Para empeorar las cosas, hoy resulta casi imposible localizar las dos únicas ediciones cubanas de sus poesías: *Poesías*, 1966 y *Poesías y cartas*, 1978. No hablemos entonces de los dos volúmenes del *Epistolario* (1966 y 1967), los cuales no han vuelto a ser reimpresos.

Ahora bien, la no disponibilidad de los textos de Juana es sólo una parte del problema; más que la *causa* de la falta de atención antes mencionada, es, al menos hasta cierto punto, su *consecuencia*. Juana Borrero no está considerada por la crítica nacional como una de las figuras importantes del siglo XIX. En los correspondientes pases de lista del canon, casi nunca se la llama. Durante mucho tiempo se la consideró una romántica tardía, o un resultado, una consecuencia del influjo de Casal. De ahí que no se la leyera entre los románticos, o que se la considerara una modernista más o menos prescindible, en tanto *sombra* casaliana. Considerada, por otra parte, como *niña genial*, o *adolescente atormentada*[34], a Juana no se la ha tomado suficientemente en serio, y ha sido representada, consistentemente, como el apéndice de una figura masculina, ya se trate de su padre, Esteban Borrero, o de Casal[35]. Por ejemplo, Enrique Saínz y Salvador Arias comentan: "Ligada por motivos literarios y personales a Casal, Juana Borrero (1877 – 1896) roza el Modernismo, pero en el fondo es una romántica"[36]. Si nos volvemos, entonces, a la última *Historia de la literatura cubana* publicada en la Isla (2002), veremos que la crítica comienza a serle más favorable, pero sin renunciar a los tópicos heredados. Así, Susana Montero nos dice que "los poemas que [Juana] compuso a los catorce años ya no pudieron ser calificados de escarceos de niña genial [...], no sólo por la fluidez y corrección de estos versos, sino por la gravedad del pensamiento poético que reflejaban como asimilación de la crisis espiritual de esos años". Acertadamente, Montero observa que "muchos de sus versos de amor, a ejemplo de «Tántalo», están más cerca" de un erotismo que incluye los registros de Delmira Agustini y Alfonsina Storni, y más distante "de la lírica femenina precedente, incluida la de Gertrudis Gómez de Avellaneda"[37]

34 Para no citar sino unos pocos ejemplos, véase, en primer lugar, la *Breve historia del modernismo*, de Max Henríquez Ureña. Aquí Juana es "Juanita," y de la que "ha quedado", dice el crítico, "un *tomito* de *Rimas* (1895)" (énfasis nuestro). A pesar del comentario de que ese *tomito* "basta para consagrar su nombre entre los poetas de más fina y honda sensibilidad con que cuenta la literatura cubana" (420), la infantilización de la vida y la obra (*Juanita* / *tomito*) de Juana Borrero pareciera sugerir, por el contrario, que no hay que tomarla muy en serio. De manera similar, Pedro Henríquez Ureña nos dice que "Casal tuvo una hermana menor, por el espíritu, en Juanita Borrero". Y agrega: "Para mí, dos o tres estrofas de esta extraordinaria soñadora cuentan entre las más intensas y sugestivas escritas en castellano: la «Íntima» [...] y la «Última rosa»" ("El modernismo en la poesía cubana" 5). A la ambigüedad del calificativo de *hermana menor* de Casal se suma el significativo hecho de equivocarse en el título del segundo poema de Juana Borrero que menciona, puesto que es, como sabemos "Última rima". Asimismo, en *Las corrientes literarias de la América hispánica*, Pedro Henríquez Ureña menciona "[d]os poemas exquisitos ('¿quieres sondear la noche...?' y 'Yo he soñado en mis lúgubres noches...')", que, "escribió, *entre muchos otros sin relieve*, la cubana Juana Borrero" (266) (énfasis nuestro).
35 Tanto Fina García Marruz como Cintio Vitier han insistido en alienar a Juana del centro de influencia de Casal, aproximándola a Martí. "En Casal – afirma García Marruz – hay una transferencia de vida a arte que no hay en Juana" (*PC* 29), y al comentar el pasaje de una carta en que Juana le dice a Carlos Pío: «Ámame siempre, y siempre seré artista», García Marruz afirma que éstas son "palabras nada casalianas", y que, por el contrario, están ya "tan próximas a Martí" (29). Vitier, por su parte, expresa: "¡Cuánto más cerca, sí, estaba «la niña maga, la niña musa», de la Poética de Martí, que vio el Arte en el seno de la Vida, que del dualismo esteticista de Casal" ("Las cartas..." 200). En ambas lecturas, como ya hemos dicho, Juana pareciera ser un vacío, un no-lugar que sólo se hace visible o cobra un sentido *en relación con* una figura hegemónica – paterna, podríamos decir – emblematizada en Casal o Martí, o incluso en su propio padre. Esta dependencia, no sería arriegado decirlo, quizá sea una de las causas de que la obra de Juana Borrero haya ocupado también un lugar marginal, o que sea pasada frecuentemente por alto, en los cursos de literatura en Cuba.
36 Instituto de Literatura y Lingüística de la Academia de Ciencias de Cuba. *Perfil histórico de las letras cubanas desde los orígenes hasta 1898*. La Habana: Letras Cubanas, 1983. p. 417. Según las "Palabras preliminares" del *Perfil* (7), Enrique Saínz y Salvador Arias tuvieron a su cargo el capítulo III, y al cual corresponde la sección sobre Casal y el modernismo.
37 Instituto de Literatura y Lingüística «José Antonio Portuondo Valdor» Ministerio de Ciencia, Tecnología y Medio Ambiente. *Historia de la literatura cubana*. t. 1. La Habana: Letras Cubanas, 2002. De acuerdo con el índice, le correspondió a Susana Montero trabajar la poesía de la tercera etapa (1868 – 1898) de la segunda época (la literatura cubana de 1790 a 1898). p. 533.

(535). El comentario de Montero refuerza lo que hasta aquí hemos estado sugiriendo, a saber, que la importancia y complejidad de las representaciones del erotismo en Juana Borrero, la sitúan definitivamente fuera de la órbita estrictamente romántica, y nos la muestran, en cambio, no en los márgenes, sino en el vórtice de la experiencia modernista. Tal y como apunta Montero, la obra de Juana Borrero "comporta una novedad y una rebeldía contra los principios establecidos de la educación de la mujer, que resultan coherentes con sus restantes manifestaciones de modernidad: literaria, pictórica, ética, filosófica y política, ésta última entendida, por supuesto, como temprana manifestación de sus ideas independentistas" (535). Al comentar los movimientos dubitativos de la crítica, Montero expresa que "[t]al vez por la relevancia del sentimiento y el tema amoroso en su poesía, no haya habido mayor espacio para los motivos comunes al modernismo", trayendo esto como consecuencia que la crítica "no se [haya] resuelto a favor del modernismo de su obra, sino cuanto más de un romanticismo con asomos de la nueva lírica, que no alcanza el carácter esencial de su estilo" (535).

Si en lugar de buscar esos "motivos comunes al modernismo", la crítica – insisto – considerara la escritura de Juana Borrero desde la pulsión erótica, otras serían las conclusiones. El problema fundamental no es que "no se encuentran en su poesía la correspondencia hablante lírico-naturaleza ni el regodeo introspectivo propios de la literatura romántica" (Montero 535), aunque todo esto sea importante, sino el protagonismo de la experiencia sensorial del cuerpo, de la escritura entendida como trazo de ese cuerpo. Es ahí, insisto, donde debe buscarse la, para mí, indudable filiación modernista – moderna – de Juana Borrero.

Hay dos poemas de Juana Borrero que podríamos leer como los polos, o los extremos que tensan su escritura: "Apolo" y "Última rima". El primero de ellos apareció en el único volumen de poesías publicado en vida de la escritora – *Rimas*, 1895 –, mientras que el segundo fue, como sugiere su título, el último poema escrito por ella antes de morir.

En "Apolo" la figura marmórea del dios griego concentra en sí misma los rayos fatales de la belleza absoluta, y, por lo mismo, inconquistable. Sólido, frío, sordo, mudo, compacto, el mármol, justamente porque no puede ser seducido, es que seduce. La respuesta imposible de esa belleza sólo podía estar hecha para otro imposible: el del deseo. Puesto que, de acuerdo con Jacques Lacan, el deseo es el lugar de una carencia, las flechas deseantes del yo lírico dan en su blanco – la carne fría del mármol – y al mismo tiempo yerran su acometida. "[D]ejé mil besos de ternura ardiente", concluye el soneto, "allí apagados sobre el mármol frío". Imposible no notar la paradoja: aunque "apagados", esos besos son / están hechos de "ternura ardiente". *Apagados* y *ardientes* ellos revelan, iluminan, el callejón sin salida del deseo: la inviolabilidad del mármol y las dentelladas con que lo corroen la boca, la escritura.

Ahora bien, al volvernos a "Última rima" notamos, en cambio, que en este poema el deseo toma el camino contrario: en lugar de la arremetida de "Apolo", propone una fuga: "cuando tú con tus labios me beses", concluye el primer terceto, "bésame *sin* fuego, *sin* fiebre y *sin* ansias" (énfasis nuestro). Y no obstante, tanto en "Apolo" como en "Última rima" se trata de lo mismo: de la fascinación del obstáculo. En efecto, al "pecho inmóvil" y a la "belleza indiferente" de Apolo, le sigue ahora la desesperación del apóstrofe: "Oh, mi amado! mi amado imposible". No se trata sólo de la imposibilidad real de Carlos Pío – quien se encontraba en Cuba – ni tampoco de la muerte inminente de Juana, sino de lo imposible y "antinatural" de ese deseo. ¿Cómo, nos preguntamos, podría besar un novio "*sin* fuego, *sin* fiebre y *sin* ansias"? Y si lo intentara, ¿no lo arrastraría este beso a un cuarto de espejos en el que su deseo se confundiría con el del padre de Juana, con el de sus hermanas? ¿A cuántas resonancias y confusiones eróticas daría lugar *ese* deseo? Entre ambos poemas se producen zonas de fricción en las cuales lo que se disputa en última instancia es el cuerpo. Cuerpo cuyo espesor último reside en su lejanía, en su imposibilidad, o en su continuo desenfoque. Quizá ésta sea la razón por la que el deseo deba trasmutarse en literatura, en poesía: la escritura como extensión de lo imposible, y como modo de exorcizarlo. Sólo en la escritura poética el mármol puede ser animado, a cambio – claro está – de trocarlo en letra muerta, (des)encarnada.

Hasta ahora, sólo unos pocos especialistas y lectores han podido acercarse a esa provocación que *fue*, que *es* Juana Borrero. Hay, pues, suficientes razones para celebrar el entusiasmo con que *ediciones stockcero* acogió la idea de poner la obra de la escritora al alcance de un público más amplio.

Esta edición

Presentamos al lector la edición crítica y comentada de la obra poética completa de Juana Borrero. Dicha edición se ha beneficiado del cuerpo de notas de las ediciones de las *Poesías* (1966), *Poesías y Cartas* (1978), y, al mismo tiempo, se ha enriquecido con nuestros propios comentarios y aún con los de Juana, puesto que incluimos comentarios suyos sobre su obra tomados de su prolija correspondencia. Hemos mantenido la ortografía original de las cartas de Juana Borrero, y sólo hemos añadido los acentos diacríticos y ortográficos donde era absolutamente necesario. Asimismo, se incluyen numerosos poemas – rescatados del *Epistolario* – que no recogieron ninguna de las dos ediciones mencionadas anteriormente. Se completa nuestra entrega con una significativa selección del *Epistolario*, así como de otras prosas de Juana, y textos y poemas sobre ella, y, finalmente, con una bibliografía actualizada.

Abreviaturas

*E*I: Epistolario I
*E*II: Epistolario II
GF: Grupo de familia
P: Poesías
PC: Poesías y Cartas
R: Rimas

Obras citadas

Borrero, Dulce María   "Evocación de Juana Borrero." *Revista Cubana*, XX, jul-dic., 1945. 5-63.

Borrero, Juana. *Epistolario* 2 tomos. La Habana: Academia de Ciencias de Cuba, Instituto de Literatura y Lingüística, 1966 y 1967.

Casal del, Julián. "Juana Borrero" en: *Bustos y rimas*. ed. facsimilar. Miami: Editorial Cubana, 1993.

_____   "Virgen triste" en: *Poesías completas y pequeños poemas en prosa en orden cronológico*. ed. crítica de Esperanza Figueroa. Miami: Ediciones Universal, 1993

_____   "Dolorosa" en: *Poesías completas y pequeños poemas en orden cronológico*.

Henríquez Ureña, Max. *Breve historia del modernismo*. México: FCE, 1978.

Henríquez Ureña, Pedro. *Las corrientes literarias en la América hispánica*. La Habana: Instituto Cubano del Libro, 1971.

_____ "El modernismo en la poesía cubana" en: *Ensayos*. La Habana: Casa de las Américas, 1973.

García Marruz, Fina. "Prólogo." Juana Borrero. *Poesías y Cartas*. La Habana: Edit. Arte y Literatura, 1978.

Instituto de Literatura y Lingüística de la Academia de Ciencias de Cuba. *Diccionario de la literatura cubana*. t. II. La Habana: Letras Cubanas, 1984.

Instituto de Literatura y Lingüística "José Antonio Portuondo Valdor". Ministerio de Ciencia, Tecnología y Medio Ambiente. *Historia de la literatura cubana* tomo 1. La Habana: Letras Cubanas, 2001.

Kosofsky Sedgwick, Eve. *Between Men. English Literature and Male Homosocial Desire*. New York: Columbia University Press, 1985.

Vitier, Cintio. "Las cartas de amor de Juana Borrero" en: Juana Borrero. *Epistolario* I. La Habana: Academia de Ciencias de Cuba, Instituto de Literatura y Lingüística, 1966.

_____ *Lo cubano en la poesía*. La Habana: Letras Cubanas, 1998.

I. Poesías

I.1. Rimas

Juana Borrero
Edición de la Biblioteca de Gris y Azul
La Habana, 1895

Juana Borrero
(Exergo)

La niña-musa, la niña-maga, que consagró, ungiéndola con el óleo dulce de su prosa, el pálido arcángel de la poesía que duerme sueño eterno en su cripta de mármol y vive vida eterna en sus *Bustos y rimas*[38]. La flor de poesía que todas las brisas de una popularidad naciente embalsaman, añadiendo perfumes al perfume inicial.

Alma de fuego y luz en que se esmalta el oro de la rima y en que se solidifica, resistente, el platino inestimable de un pensamiento, siempre excepcional. La Inspiración – vestal soñadora – ha posado en esa frente la caricia augusta[39] que señala a los elegidos el sendero donde está prohibido transitar al mayor número. Dones de hada llenaron su cuna; dones de hada abrillantan su ser. Un rostro en que se traducen las emociones asombrosas de la vida y un alma de fuego y luz en que se esmalta el oro de la rima y en que se solidifica, persistente, el platino inestimable de un pensamiento, siempre excepcional.

Los arabescos de su fantasía, como una red de mallas luminosas, encierran las ideas transparentando la gracia alada de sus expresiones. ¡Cuánto azul en el alma de la que ha dado, como primeros balbuceos, estas lindas endechas[40] que consagran un talento de pureza helena![41] Estos versos son una promesa y una realidad. Flor y fruto a un tiempo. Flor de vida artística, fruto de bendición poética. Las líneas de su pensamiento, como una orla[42] de luz, fijan los contornos de su frase a la manera indeleble, y los arabescos de su fantasía, como una red de mallas luminosas, encierran las ideas, transparentando la gracia alada de sus expresiones.

Vive y canta siempre! La única verdad es el arte; el único consuelo la rima. El horizonte interiormente contemplado, es el menos embustero de los espejismos. Sé dichosa oh hija de un suelo desgraciado! Sobre la almohada de espinas

---

38 Título del último de los libros de Julián del Casal, publicado póstumamente en 1893. El autor se refiere a "Juana Borrero," uno de los «bustos» incluidos por Casal en la sección de ese nombre. Nosotros lo hemos reproducido en la presente antología.
39 *Augusta*: que infunde o merece gran respeto por su majestad y excelencia
40 *Endechas*: canciones tristes o lamentos
41 *Helena*: perteneciente o relativo a Grecia
42 *Orla*: adorno que se dibuja, pinta, graba o imprime en las orillas de una hoja de papel, vitela o pergamino, en torno de lo escrito o impreso, o rodeando un retrato, viñeta, etc

en que Andrómeda, caída de la roca, reposa, inclina tu alma como un arpa y que tus frases, en que irá la dulzura tristemente ideal de todo un pueblo, sean el más fecundo de los lenitivos[43]. Vive y canta siempre!

Gris y Azul,[44] rindiendo un homenaje de admiración y simpatía a lo inspirada niña, se ha conquistado todos los aplausos. Con una solicitud que el entusiasmo aprueba, ha realizado esta idea: reunir en sus páginas y ofrecer a Cuba los primeros ecos de una lira que tiene ya un puesto, y de los más prestigiosos, en su Parnaso.[45] Ni un solo instante se ha interrumpido la patriótica labor. Los primeros gorjeos del más adorable de los ruiseñores, halagan nuestro oído. Ellos dan la medida de lo alto, vibrante y seguro que es el canto de hoy. Ah sí! *Gris y Azul*, rindiendo un homenaje de admiración y simpatía a la inspirada niña, se ha conquistado todos los aplausos.

Conde Kostia [46]

---

43 *Lenitivo*: medio que sirve para ablandar o suavizar los sufrimientos del ánimo
44 Esta revista habanera tuvo una vida muy breve (La Habana, 1894 – [1895]), y en su primer número apareció subtitulada como «Revista americana». Salía con una frecuencia de cuatro números mensuales, y fue su director Francisco García Cisneros, quien usó el pseudónimo de *Lohengrin* para firmar algunos de sus trabajos. *Gris y Azul* publicó trabajos de los hermanos Carlos Pío y Federico Uhrbach, Bonifacio Byrne, Federico Baralt, Nieves Xenes, Diego Vicente Tejera, y de Aniceto Valdivia (Conde Kostia). Según la *Bibliografía de la prensa cubana (de 1794 a 1900)*, de Carlos M. Trelles, la publicación de la revista concluye en 1895.
45 *Parnaso*: nombre griego del monte de Fócida, mitológica morada de las Musas. Por extensión, conjunto de todos los poetas de la ant., o de los de una lengua o tiempo. Antología poética de varios autores
46 Aniceto Valdivia (Sancti-Spíritus, Las Villas, 1857 – La Habana, 1927). Gozó de una buena reputación en el ambiente literario de Madrid. Colaborador de *El Globo, El Pabellón Nacional, Madrid Cómico* y de *Los Lunes* de *El Imparcial*, se dio a conocer como dramaturgo. En 1882 estrenó en el Teatro Alhambra *La ley suprema*, y *La muralla de hielo* en el Teatro Apolo. Regresó a Cuba y fue introducido en *El País* por Ricardo del Monte. Se relacionó con Casal, los hermanos Uhrbach y Juana Borrero, y fue amigo de Darío. Colaboró con *La Habana Elegante* y *El Fígaro*. Fue enjuiciado y encarcelado por «graves ofensas a la madre Patria». Se dice que en su famoso baúl llegaron a La Habana las últimas novedades de la literatura francesa que influyeron en la orientación estética de Casal.

¡Todavía![47]

¿Por qué tan pronto oh mundo! me brindaste
Tu veneno amarguísimo y letal?...
¿Por qué de mi niñez el lirio abierto
        Te gozas en tronchar[48]?

¿Por qué cuando tus galas[49] admiraba,
Mi espíritu infantil vino a rozar
Del pálido fantasma del hastío
        El hálito[50] glacial?

Los pétalos de seda de las flores
Déjame ver y alborozada[51] amar,
Ocúltame la espina que punzante[52]
        Junto al cáliz está.

Más tarde!... Cuando el triste desaliento
Sienta sobre mi espíritu bajar
Y el alma mustia o muerta haya apurado[53]
        La copa del pesar;[54]

Entonces sienta de tu burla el frío
Y de la duda el aguijón mortal...
Pero deja que goce de la infancia
        En la hora fugaz!

        1891.

---

47 Apareció primero en *GF* (1892). Este libro, que fue prologado por Aurelia Castillo de González (Camagüey, 1842 – 1920), es una antología de poesía de los Borrero. Castillo de González colaboró en *La Luz, La Familia, El Camagüey, El Pueblo, El Progreso, Revista de Cuba, Revista Cubana* y *La Habana Elegante*. En 1877 obtuvo un accesit de la Sociedad Colla de San Mus por su estudio sobre la Avellaneda. Es una de las figuras femeninas más interesantes de la literatura cubana de la segunda mitad del siglo XIX.
Como afirma Fina García Marruz, "Todavía" debió ser escrito antes de 1890, puesto que, en una carta a Carlos Pío, Juana afirma: "Has de saber que mi niñez fue asaz corta... *Todavía* lo escribí antes de los catorce años. Ya había probado algunas tristezas" (*E* I, carta 98, p.351).
48 Tronchar: destruir
49 Galas: adornos, bellezas
50 Hálito: aliento
51 Alborozada: feliz, jubilosa
52 Punzante: que hiere, pincha, lastima
53 Apurado: bebido con prisa
54 El pesar: la tristeza

El Ideal [55]

¡Yo lo siento en mi alma!... Él me reanima
Y me presta el calor del entusiasmo,
Él me muestra a lo lejos, siempre verde
Laurel inmarcesible[56] y codiciado!

El inspiró los cánticos fugaces
Do[57] rimé mis primeros desengaños,
Él me conduce ahora sonriente
Por la senda difícil del trabajo

Cuando a veces me postra el desaliento[58]
O la nostalgia ardiente del pasado,
Él me ilumina un porvenir glorioso[59]
Con el fulgor benéfico de un astro.

Donde quiera me lleve he de seguirle
Y aunque deba morir en suelo extraño
Yo cruzaré tras él siempre serena
La inmensidad grandiosa del Océano.

¡Oh patria! Si la muerte inexorable
No me detiene con su helada mano
En mitad de la senda peligrosa
A donde en pos[60] de mi ideal me lanzo,

Tu recuerdo que siempre irá conmigo
Me dará nuevo ardor ante el obstáculo..
¡Yo salvaré mi nombre del olvido!
¡Yo lucharé por conquistarte un lauro![61]

1893.

---

55   En *GF*, con una dedicatoria a Mercedes Matamoros (Cienfuegos, Las Villas, 1851 – La Habana, 1906). Matamoros colaboró en publicaciones como *La Opinión* (1868), *El Triunfo* (1878 – 1880), *El Almendares*, la *Revista de Cuba* (1880 – 1883), la *Ilustración de Cuba*, *La Habana Elegante*, *La Habana Literaria* y *El Fígaro*. En 1892 Antonio del Monte impulsó la edición de sus obras completas. Fue conocida con el epíteto de *La alondra ciega*. Usó el pseudónimo de *Ofelia*.
56   *Inmarcesible*: que no se puede marchitar
57   *Do*: Donde
58   En *GF*: "cuando a veces me agobia el desaliento"
59   En *GF*: "El me ilumina un porvenir de gloria."
60   *En pos*: en busca
61   *Lauro*: honor, triunfo

Mis Quimeras [62]

En el misterio de la noche
Cuando el insomnio me atormenta
Gira en mi mente visionaria
Alado enjambre de quimeras.

¿Adónde van mis locos sueños?
Mis ilusiones ¿do me llevan?
Hacia el país de las delicias
Donde se olvidan las tristezas.

Donde es el cielo siempre puro,
Donde en las horas de la siesta
Se oye rumor de blandas olas
Al expirar sobre la arena.

Donde se siente la esperanza
Llenar de luz el alma enferma
Y los espectros de la duda
Raudos[63] huir de la conciencia.

Donde al llegar la noche breve
Siempre tranquila, siempre fresca,
Gimen las brisas del océano[64]
Como la voz de las sirenas[65],

Mientras desciende de la altura
El resplandor de las estrellas
Y se dilatan mis pupilas
En sus pupilas soñolientas!
....
....
Cuando los astros palidecen
Y el horizonte se clarea
Rápidas huyen con la noche,
Mientras el mundo se despierta

---

62   *Quimeras*: en mitología gr., animal con cabeza de león, cuerpo de cabra y cola de dragón. Aquello que se nos presenta ante la imaginación como real y posible, no siendo más que una ilusión vana
63   *Raudos*: veloces, rápidos
64   En *P*: "oceano"
65   *Sirena*: en la mitología griega, ninfa marina con busto de mujer y cuerpo de ave, que extraviaba a los navegantes atrayéndolos con la dulzura de su canto. También se la representa, impropiamente, con torso de mujer y parte inferior de pez

Y el resplandor de la mañana
En mis cristales reverbera[66].
Entonces vuelven a mi espíritu
Mis agonías y mis penas[67],

El ideal que me entusiasma[68]
El desaliento que me enerva[69],
Y la recóndita[70] tortura
Que me producen las tristezas
De aspiraciones imposibles
Que me amargaron la existencia!

           1892.

---

66 *Reverberar*: producir reflexión las ondas en una superficie
67 En *P*: punto al final de este verso. Creemos que se trata de un error, rectificado en *P C*.
68 En *P*: el verso tres se separa del que le sigue, lo que da lugar a dos estrofas en lugar de una.
69 *Enervar*: desanimar, abatir
70 *Recóndito*: muy apartado, oculto, escondido

CREPUSCULAR[71]

Todo es quietud y paz... En la penumbra
Se respira el olor de los jazmines,
Y, más allá, sobre el cristal del río
Se escucha el aleteo de los cisnes

Que, como grupo de nevadas flores,
Resbalan por la tersa[72] superficie.
Los oscuros murciélagos resurgen
De sus mil ignorados escondites,

Y vueltas mil, y caprichosos giros
Por la tranquila atmósfera describen;
O vuelan luego rastrëando[73] el suelo,

Rozando apenas con sus alas grises
Del agrio cardo[74] el amarillo pétalo,
De humilde malva la corola virgen.

1891.

---

71   En *GF*, pero sin separación en estrofas. Fue publicado por *La Habana Literaria* el 15 de noviembre de 1891. *L.H.L* (La Habana, 1891 – 1893) fue una revista quincenal ilustrada, y surgió de la refundición de *La América* y *La Habana Elegante*. Inicialmente estuvo bajo la dirección de Enrique Hernández Miyares y Alfredo Zayas, pero luego Zayas quedó como su único director. Entre los destacados escritores que publicaron en sus páginas, podemos mencionar a: Julián del Casal, Enrique J. Varona, Manuel Sanguily, Raimundo Cabrera, Nicolás Heredia, Manuel de la Cruz, Esteban Borrero Echeverría, Ramón Meza, Rubén Darío y Manuel Gutiérrez Nájera.
72   *Terso*: limpio, resplandeciente
73   En *P*: "rastreando."
74   *Cardo*: planta espinosa

Su retrato[75]

A Carlos Pío Uhrbach[76]

Sus pupilas no copian la luz del cielo,
Tienen la transparencia del mar tranquilo
Pero como las ondas también ocultan
De insondables tinieblas profundo abismo.

En su frente marmórea[77] que resplandece
Bajo el oro sombrío de sus cabellos,
Sus rasgos indelebles marcó el insomnio[78]
Revelando la historia de su tormento.

Como surge el perfume de las adelfas
La risa de sus labios brota perenne[79]...
¡Tal vez en ellos guarda filtro[80] ardoroso
Como el cáliz purpúreo[81] de la Nepentes![82]

1891.

---

75 En *El Fígaro*, Año X, no.19, 1894, y titulado *Retrato*.
76 Ver nota 21 p. xiv
77 *Marmóreo*: que es de mármol o parecido a él
78 En *El Fígaro*: "Sus rasgos indelebles marcó el hastío."
79 *Perenne*: continuo, eterno, inacabale
80 *Filtro*: brebaje con propiedades mágicas para despertar el amor de una persona. Veneno
81 *Purpúreo*: del color de la púrpura, color rojo subido que tira a violeta
82 *Nepentes*: pertenece a la familia Nepenthaceae. Es una planta carnívora que se alimenta de insectos. Resulta obvia la ambigüedad que circula por los versos de Juana. En primer lugar, *filtro* connota lo mismo la poción amorosa que el veneno. Por otra parte, si en la *Odisea* Elena les ofrece a Telémaco y a Pisístrato (el hijo de Néstor) el nepente de Egipto para apaciguarles la pena ocasionada por la conversación sobre las vicisitudes de Ulises (Rapsodia 4), hay que recordar que la Nepentes misma es, como ya dijimos, una planta carnívora. No será ésta la única vez, por cierto, que Juana Borrero aluda ambiguamente a una imagen floral. Véase, por ejemplo, la imagen del lirio en las cartas 110, 112 y 140.

¡Esperad!

A Diego Vicente Tejera.[83]

Descansan en el seno de la patria
Que con valor heroico defendieron
Oponiendo los pechos generosos
Del enemigo al sanguinario acero!

Quizás nos culpan de mirar pasivos
La agonizante convulsión de un pueblo,
Que pugna[84] en vano por romper el yugo
Que lo mantiene, a su pesar,[85] sujeto!

Quizás ¡baldón[86] mortal! nos juzgan cómplices
Del tirano, vencidos por el miedo,
Y al hijo espúrio[87] de la mártir Cuba
Fulminan[88] ya, terrible su desprecio!

Nuestros hermanos los que sufren vivos,
¿Por siempre ¡ay! siempre gemirán abyectos?
¿Será para el país que defendisteis
Estéril ¡ay! el sacrificio vuestro?...

¡No es posible! ¡Esperad! ¡quizás no tarde
De la batalla entre el confuso estruendo
De ¡Libertad! el anhelado grito
En conmover vuestros sagrados restos!

1892.

---

83 Diego Vicente Tejera (Santiago de Cuba, 1848 – La Habana, 1903). Participó en actividades conspirativas y revolucionarias para el derrocamiento de Isabel II. En Puerto Rico simpatizó con la revolución de Lares, y para librarlo de persecusiones su padre lo envió a Venezuela. Allí se unió a la revuelta contra Guzmán Blanco y fue encarcelado. Su padre lo envía entonces a Barcelona a continuar sus estudios de medicina. En Nueva York dirigió el periódico *La Verdad*, de la junta revolucionaria. Regresó a Cuba en 1879, donde fundó *El Almendares* y la *Revista Habanera*. Colaboró en *La Habana Elegante*, *El Triunfo*, *El Porvenir*, *Revista de Cuba*, etc. En Nueva York, donde residió, conoció a Martí. Fue secretario personal del presidente de Honduras Marco Aurelio Soto. En 1899 fundó el Partido Socialista Cubano.
Según Dulce María Borrero, "Esperad" fue el poema que Juana leyó en Chickering Hall, Nueva York, donde tuvo lugar la velada que Martí habría preparado en su honor.
84 *Pugnar*: luchar, reñir. Esforzarse, perseverar en conseguir algo
85 *A su pesar*: en contra de su voluntad
86 *Baldón*: deshonra, vergüenza
87 *Espúrio*: bastardo, ilegítimo. Adulterado
88 *Fulminar*: destruir

Rondeles[89]

La virgen de noble frente
Y de mirada sombría
Evocaba noche y día
La memoria del ausente.

A veces en su agonía
Lo llamaba tiernamente
La virgen de noble frente
Y de mirada sombría,

¡Y al ver su inútil porfía[90]
Derramaba lloro ardiente
La virgen de noble frente
Y de mirada sombría... !

1894.

---

89 Este poema dialoga con otro de Casal de idéntico título, y el cual, según Emilio de Armas, aquél "escribió para la joven" (*Casal* 195). De ser esto cierto, la amenaza de Casal – "Tu faz color de rosa / Se quedará demacrada / Al oír la extraña cosa / Que te deje el alma helada" – lejos de espantar, debió seducir a Juana. Sin embargo, aún si Casal no los escribió para ella, Juana parece haberlo sentido así. En la carta 70 (*EI*), responde a los versos de los *Rondeles* de Casal, y, al hacerlo, los reescribe: "Seré para ti piadosa / Si de tu vida ignorada / Me cuentas la extraña cosa / Que me deje el alma helada" (263). A ello hay que agregar que la "virgen" de estos rondeles se hace eco del poema "Virgen triste", de Casal, que también Juana hizo suyo. Es cierto que, como afirma Esperanza Figueroa, el poema de Casal "nunca tuvo dedicatoria alguna", pero el impacto del texto en Juana está fuera de toda duda. Para ello, véase la carta 135, entre muchas otras. Consúltese también el comentario de Figueroa en: Julián del Casal. *Poesías completas y pequeños poemas en prosa en orden cronológico*. Edic. crítica de Esperanza Figueroa. Miami: Ediciones Universal, 1993, pp. 352 – 355.

90 *Porfía*: insistencia, obstinación

Confidencia

No creas que en mi alma la alegría se alberga[91]
Bajo el calor fecundo de una ilusión naciente...
¡Ay! que en el pecho escondo mi sombría tristeza
Y vivo torturada por inquietud perenne!

Los ensueños de dicha que en mis horas de insomnio
En raudo giro surgen de mi mente exaltada,
Nacieron, bajo el yugo de mi dolor recóndito,
De mi propio martirio, de mi propia nostalgia.

Mas ya me agobie[92] el tedio invencible y profundo
O se llenen mis ojos de lágrimas acerbas[93]
He de llevar mi duelo para todos oculto
Y poblada la mente de febriles[94] quimeras!

1892.

---

91 *Se alberga*: se hospeda, se aloja
92 *Agobiar*: abatir, rendir, deprimir
93 *Acerbo*: de sabor ápero. Cruel, muy doloroso
94 *Febril*: que tiene, o relativo a la fiebre. Expresa la intensidad de la pasión

Cantares

Bajo tus ojos azules
Mis ilusiones se abrieron
Como las flores se abren
Bajo la lumbre del Cielo

Como el mar es la tristeza
Recóndita que me embarga,[95]
Profunda, como sus olas,
Como sus olas, amarga!

Ni la calma de tus ojos
Ni tu enigmática risa,
Harán que ignore la causa
De tu amargura infinita.

¡Desde que aprendí a reír
Para ocultar mi tristeza,
Comprendo todo lo amargo
Que en tu sonrisa se encierra!

1893.

---

95 *Me embarga*: me absorbe, me llena

Madrigal

A Jacinta.

Dime a qué flor Jacinta le robaste
El color de tus labios
Y de qué cáliz cándido extrajiste
Tu aliento perfumado.

¿Me guardas el secreto porque temes
Que te usurpe[96] en su fuente tus encantos?
¡Pierde el temor Jacinta, que esas flores
Los tristes como yo,[97] no hallan al paso!

1889.

---

96 *Usurpar*: robar
97 Nótese como el homoerotismo que destilan estos versos halla aquí, en el masculino "los tristes," un refuerzo simbólico. Desde luego que, de manera general, "los tristes" sugiere, supuestamente, un sujeto universal de género no marcado, o no especificado. Sin embargo, en este caso en particular, el sujeto masculino "los tristes" – precisamente porque es, también, el de un sujeto que corteja a una mujer – juega perversamente con el género, o con la preferencia erótica, del sujeto que lo enuncia.

Eladia Soto[98]

Silueta femenina.

Hay en su andar ligero
Algo de serpentino[99] y voluptuoso;
Hay algo de magnético
En el húmedo brillo de sus ojos.

Tiene su voz simpática
Inflexiones[100] de amor, ruido de besos,
Y tienen sus miradas
Algo que no es del mundo ni del cielo.

¡Fascinación extraña!
¡Encanto singular que yo no tengo!
Si a ti sobran las gracias
No ambiciones la gloria del talento.

1894.

---

98 En *El Fígaro*, Año IX, no.21, junio de 1893, y titulado "Anónima". Incluía la siguiente estrofa final que falta en *R*, así como algunas variantes de puntuación:

> Revélame el secreto
> Que tienes de agradar sin ser hermosa;
> Necesito la gracia de tu cuerpo,
> Y la risa incitante de tu boca!..

Una vez más nos asalta la deliciosa ambigüedad del texto: podemos leer "necesito," lo mismo como el deseo de tener una "risa" como la descrita, esto es, "incitante," que como el deseo – disfrazado aquí de necesidad – de poseer la boca que ríe de esa manera. Después de todo, hay que tener en cuenta la fuerte carga de seducción que gravita sobre el adjetivo *incitante*.

99 *Serpentino*: que pertenece o relativo a la serpiente. Que serpentea, es decir, que se mueve como la serpiente

100 *Inflexión*: torcimiento o curvatura de algo que estaba recto o plano. Elevación o atenuación que se hace con la voz, quebrándola o pasando de un tono a otro

Paulina Güell

Ella es toda bondad! en su mirada
Su carácter refléjase tranquilo.
Ella es rubia! tan rubia como el oro
Y frágil como un pétalo de lirio.

En su expresión hay algo semejante
A la primera luz de la mañana,
Conjunto del fulgor de sus pupilas
Y el resplandor interno de su alma.

Aunque cruzan a veces por su frente
Ráfagas de tristeza melancólica
No amortiguan[101] el brillo de sus ojos
Ni destierran la risa de su boca.

¡Dulce Paulina! que en la alegre fiesta
Cuando te arrastre el vals en loco giro,
Pueda llegar el eco de este canto
Como un murmullo a acariciar tu oído.

                    1894.

---

101 *Amortiguar*: disminuir, perder en intensidad

Bibelot[102]

A Estela Broch
    Mirando su retrato

¡Eres tú! ¡Sí! ¡Mi alma
Te reconoce!
Con tus pupilas negras
Como la noche,
Tu postura[103] de reina
Tranquila y noble
Risueña y hermosa
Como tu nombre!

Estela... ! que tu brillo
Jamás se oculte
Tras el crespón[104] luctuoso[105]
De oscura nube.
¡Que tu radiante disco[106]
Siempre fulgure,
Y en tu perenne dicha
No te importune
El grito involuntario
De los que sufren...!

1893.

---

102 *Bibelot*: pequeña figura de adorno
103 *Postura*: acción, figura, situación o modo en que está puesta una persona, animal o cosa
104 *Crespón*: tela negra que se usa en señal de luto
105 *Luctuoso*: triste, fúnebre y digno de llanto
106 *Disco*: astro

Tus cabellos

A María Luisa Chartrand[107]

¡Por tus espaldas mórbidas[108]
Destrenza el rubio pelo;
Deja extenderse indócil[109]
El torrente de fuego
Sobre tu seno túrgido[110]
Y el mármol de tu cuello!

¡Ay! ellos son la fúlgida[111]
Antorcha de tu genio,
Y en tu cabeza espléndida
Forman el nimbo[112] eterno,
La irradiación[113] flamígera[114]
De tu febril cerebro.

Ruedan tus manos ágiles
Ligeras como el viento
Sobre las teclas dóciles
Con rápido aleteo,
Y en explosión melódica
Surgen bajo tus dedos,
El sollozo, la súplica,
La imprecación[115] y el ruego!

107 María Luisa Chartrand. Posiblemente se trate de la hija de Esteban Chartrand, conocido pintor cubano. Dulce María Borrero comenta: "Luisa, que encarnaba la inspiración, el fuego de la pasión artística, el Numen de la Armonía clamorosa, que encarnaba en sí las infinitas vibraciones del Ritmo – que es la Vida –; que por el fuego de su cabellera, y el brillo de sus ojos, y la vivacidad de su carácter todo atracción y fuerza seductora era, ella toda, como un gran *concertante* de fulgores: Luisa, que era (y aun es) como un sol que cantara y abrasara, sellamó: 'Berenice'" ("Evocación" 30). La relación de Juana con María Luisa – a la que, en efecto, llama Berenice – transparenta erotismo. Los editores del Epistolario expresan, en una nota al pie, que Juana "[l]lamaba así [Berenice] a su amiga María Luisa Chartrand, distinguida pianista, a la que dedicó varios poemas. Es posible que ese nombre le fuese sugerido a Juana por el cuento «Berenice» de Théodore de Banville, traducido por el Conde Kostia (Aniceto Valdivia) y publicado en *El Fígaro* de 25 de marzo de 1894, p. 132 – 133" (*EI* 76).
108 *Mórbido*: que padece enfermedad o la ocasiona. Blando, delicado, suave.
109 *Indócil*: que no es suave, ni manso, ni se deja domesticar, ni dominar
110 *Túrgido*: abultado, elevado
111 *Fúlgido*: brillante, resplandeciente
112 *Nimbo*: aureola, disco luminoso de la cabeza de las imágenes
113 *Irradiación*: emisión de rayos de luz
114 *Flamígero*: que arroja o despide llamas, o que imita su forma
115 *Imprecación*: acción de imprecar. En retórica, *fig.* que consiste en imprecar. Imprecar es proferir palabras que expresen el vivo deseo de que alguien sufra mal o daño

¡Salve gentil[116] intérprete
Del genio de los genios!
Que llevas en tu espíritu
Oculto sufrimiento;
Todo el calor del trópico
Entre tus ojos negros,
Y la cabeza artística
Coronada de fuego!

1893.

---

116 *Gentil:* aquí significa noble, cortés, elevado

APOLO[117]

Marmóreo,[118] altivo, refulgente y bello,
Corona de su rostro la dulzura,
Cayendo en torno de su frente pura
En ondulados rizos sus cabellos.

Al enlazar mis brazos a su cuello
Y al estrechar su espléndida hermosura
Anhelante[119] de dicha y de ventura
La blanca frente con mis labios sello.[120]

Contra su pecho inmóvil, apretada
Adoré su belleza indiferente,
Y al quererla animar, desesperada,

Llevada por mi amante desvarío,[121]
Dejé mil besos de ternura ardiente
Allí apagados sobre el mármol frío!

1891.

---

117 En *GF*, con la dedicatoria "A Lola Rodríguez de Tió" y fechado en 1892. De acuerdo con una nota que aparece en *PC*, Mercedes Borrero – una de las hermanas de la escritora – el poema lo inspiró en Nueva York el joven Luis Rodolfo Miranda (133). Por su parte, Dulce María Borrero confirma que Juana escribió el soneto durante el breve viaje que hiciera a Nueva York con su padre en la primavera de 1892. "Este soneto suyo", comenta, "por su forma impecable y el acento pasional que lo inflama, causa en el padre, al conocerlo, un estupor de asombro" ("Evocación..." 27). Juana le dice a Carlos en la carta del 25 de enero de 1896, escrita en Cayo Hueso: "Soñaba con un hombre imposible, con un hombre casto. Acaricié mi creación con todo el amor de un artista a su obra. Aquel amado imaginario ocupaba por completo mi imaginación y lo perfeccionaba... Anhelaba un amor insólito, nunca sentido por nadie ni por nadie comprendido, un amor sin fiebre, sin materia, sin cuerpo..." (*EII* 267). Y en otra carta comenta: "yo soy tan artista como tú; adoro como tú la línea, tengo verdadera idolatría por los dioses paganos... y sin embargo me arrepiento de haber escrito «Apolo»." (*EI* 72).
118 *Marmóreo*: que es de mármol, o que tiene alguna de sus cualidades
119 *Anhelante*: Deseosa
120 *Sellar*: imprimir o dejar señalada una cosa en otra
121 *Desvarío*: delirio

¿Qué somos?

¿Qué somos...? ¡Quién lo sabe! la escondida
Solución del arcano[122] inconcebible,
Al hombre sorprender no fue posible:
Su arribo al mundo y la fatal partida.

Contempla el alma en obsesión temida
Entre las olas de borrasca[123] horrible
Del no ser el misterio incomprensible,
Más insondable[124] aún el de la vida!

El hombre imagen es del desgraciado
Que vemos vivo en el cadalso[125] mismo
Y un instante después miramos muerto.

De una inmensa prisión el condenado
Al correr de la nada hacia el abismo
Nuestro plazo[126] es más largo... pero cierto!

1891.[127]

---

122 *Arcano*: secreto muy reservado y de importancia. Misterio, cosa oculta y muy difícil de conocer
123 Borrasca: tempestad
124 *Insondable*: algo a cuyo fondo no podemos llegar
125 *Cadalso*: tablado que se levanta para la ejecución de la pena de muerte
126 *Plazo*: tiempo
127 En *GF*: 1892.

Las hijas de Ran

Envueltas entre espumas diamantinas[128]
Que salpican sus cuerpos sonrosados
Por los rayos del sol iluminados,
Surgen del mar en grupos las ondinas.[129]

Cubriendo sus espaldas peregrinas[130]
Descienden los cabellos destrenzados,
Y al rumor de las olas van mezclados
Los ecos de sus risas argentinas.[131]

Así viven contentas y dichosas
Entre el cielo y el mar, regocijadas,
Ignorando tal vez que son hermosas,

Y que las olas, entre sí rivales,
Se entrechocan de espuma coronadas[132]
Por estrechar sus formas virginales.

1891.[133]

---

128 Fina García Marruz, en el "Prólogo" de *PC*, expresa a propósito de este soneto: "Veamos el relato que nos ha dejado Aurelia Castillo de la génesis de una de sus composiciones, «Las hijas de Ran». Por cierto que Mercedes Borrero, hermana de la poetisa, nos ha dicho que había buscado este nombre de Ran en todas las mitologías sin hallar ninguna explicación acerca de él, lo cual hace pensar que se trate más bien de «Las hijas del Rhin», que nos remite enseguida a la frase de Casal: «Os creéis transportados a orillas del Rhin.» Oigamos la evocación de esta escena: 'Subía la joven las escaleras de su casa acompañada de una de sus hermanas, quien llevaba en las manos un bonito grabado representando un grupo de ondinas de mar, y se le ocurrió decir a aquella[sic]: «Juana, tú podrías hacer un soneto con este asunto» y como si aquello fuese evocación de algo sabido de antemano, comenzó a brotar de los labios de Juanita el soneto, que estaba concluido o poco menos cuando llegaron a lo alto las dos muchachas. Así salió tan fresco, tan inundado de luz'" (*PC* 25 – 26). Por su parte Juana Borrero misma, en carta fechada a 3 de febrero de 1896, en Cayo Hueso, le escribe a Carlos Pío: "¡El mar! ¡el mar! A mí me atrae. Las olas a veces mecen en sus espumas rumor de besos y ritmos de estrofas. Es misterioso como el alma del artista y como en el alma de éste florecen sus abismos las madréporas pálidas, semejantes a ramificaciones de ensueños. ¡El mar! En su seno se crían al par los monstruos y las perlas, y por sus profundidades serenas y azules se deslizan *indolentes* los peces de escamas prismáticas. De las ondas surgió la concha de nácar que fue la cuna donde nació «Afrodita»..... hecha de carne de espumas de nieve y encarnación de la belleza eterna. Yo he sentido muchas veces la nostalgia de las profundidades submarinas. [...] Luego el mar tiene la poderosa atracción del peligro y la sugestión de lo inexplorado" (*EII* 293).
129 *Ondina*: (de *onda*). Figura mitológica, deidad marina
130 *Peregrino*: adornado de singular perfección y belleza
131 *Argentino*: relativo a la plata (que tiene alguna de sus cualidades)
132 En *GF*: "Se entrechocan, de espumas coronadas."
133 En *El Fígaro*, Año X, no.16, 1894, y con la misma fecha de *R*: 1891.

VÍNCULO[134]

A Lola Rodríguez de Tió.[135]

Escuchando tu acento[136] cariñoso
Mi corazón sensible se enternece
Y la vida más grata me parece
Y el porvenir más amplio y luminoso.

Al calor de tu pecho generoso
Como niebla sutil se desvanece
El tedio funeral que me entristece,
Devolviendo a mi espíritu el reposo.

Pues me alcanzaste[137] la perdida calma
Y al abrirme el santuario de tu alma
Calmaste los rigores[138] de mi suerte,

¡Déjame que me arroje entre tus brazos
Uniéndote a mi ser con unos lazos
Que no pueda romper sino la muerte!

1894.

---

134 En *El Fígaro*, Año X, no.46, 1894, junto con la nota: "Diciembre 26, 1894." En esa edición se publicó también el soneto "Sperans!," de Rodríguez de Tió, dedicado a Juana. En el fragmento de una carta a Rodríguez de Tió, publicado en *El Fígaro* (año XLII, no. 1-2, 1925), dice Juana: "Mi aspiración más ardiente es que usted me visite. Tengo nostalgia de su conversación, de su compañía... Después de haber estado en comunión con su alma ¿cómo prescindir mi espíritu de ese «alimento» para él tan necesario? Anhelo verla [...] ¿Cree Ud. que el soneto que para usted compuse no es sincero? Pues es la verdad más grande que he dicho en mi vida. Sabiendo esto creo que usted será bastante generosa para no escatimarme su cariño" (nota al pie en *P* 80).
135 Lola Rodríguez de Tió. Famosa patriota y escritora puertorriqueña (San Germán, Puerto Rico, 1845 – La Habana, 1924).
136 *Acento*: el tono (peculiar) de la voz
137 *Alcanzaste*: aquí significa *devolviste*
138 *Rigor*: dureza, dolor, pena

Himno de Vida[139]

En el misterio de la selva hojosa[140]
Extiende amor su imperio dominante:
Allí al posarse en el clavel fragante
Se enciende de pasión la mariposa!

Allí la abeja ardiente y afanosa[141]
Liba la miel del lirio palpitante[142]
Y el aura[143] lleva el polen fecundante
Al cáliz virgen de la fresca rosa.

---

139 En *GF*: "Para mi amigo Pablo Hernández."
Pablo Hernández (La Habana, 1843 – 1919). En 1885 presidía la Sección de Instrucción de La Caridad del Cerro. Fue vocal de la Sección de Literatura del Círculo Habanero (1887). Fue colaborador de *El Almendares*, *El Aguinaldo Habanero*, *La Habana Elegante*, *El Pitcher* y *El Fígaro*.
140 *Hojoso*: que tiene muchas hojas
141 *Afanosa*: laboriosa, que trabaja esforzadamente
142 En *GF*: "Liba la miel del lirio, palpitante." De la misma manera aparece en *El Fígaro* (Año VIII, no.34, 1892), así como en: *Escritoras cubanas. Composiciones escogidas de las más notables autoras de la Isla de Cuba* (La Habana: Impr. La Universal, 1893). García Marruz nos dice, sin embargo, que prefirió atenerse a la versión que aparece en *Rimas* porque "seguramente [la] cuidó la autora y es la más segura," y porque "la coma que antecede y precede al adjetivo *palpitante*, sí señala una verdadera variante en el verso. En *GF* el adjetivo está aplicado a la abeja; en *R*, al lirio" (P, 81). Juana Borrero se refiere a este poema en una de sus cartas a Carlos Pío, y lo hace, precisamente, para aludir a su precocidad: "Piensa que desde *los cuatro años* estoy haciendo versos. A los *siete* años hice estas estrofas (cita los versos de «Sol poniente». Y añade: "están algo «cursis», pero para no tener cuando *los hice más que tres años más que* Mercita no están tan malas eh? Desde entonces he versificado sin descanso y con mis *selectas* producciones podrían holgadamente llenarse cinco tomos en folio de gran tamaño. Hoy más refinada y menos fecunda produzco poco porque me gusta esmerarme en la rima y dedicarme a tallar cada estrofa con amor y minuciosidad. Sin embargo tengo la esperanza de agotarme intelectualmente antes de mucho tiempo y entonces dejaré de ser *«una esperanza»* como dice tu amigo. (*PC* 148)."
143 *Aura*: el viento, el aire

¿Oís ese rumor, que de la umbría,[144]
Como vago concierto se levanta
Cuando aparece el luminar del día?
Es que a su luz enciéndese Natura,[145]
Y en dulce voz su desposorio[146] canta
Con el astro que vívido fulgura![147]

      1893.

---

144 En *Escritoras cubanas* los tercetos son diferentes:
   ¿Oís esa dulcísima armonía
  Que del seno del bosque se levanta,
  Cuando aparece el luminar del día?

  Es que a su luz, que plácida fulgura,
  Al despertar estremecida canta
  Himno de amor universal Natura!

145 En *GF*: "Es que, a su luz fecúndase Natura."
146 *Desposorio*: boda, nupcias
147 *Fulgura*: brilla, resplandece

I.2. Poemas escritos en la infancia

Sol poniente[148]

Por la tarde, en los sitios misteriosos
Cuando cesa la alondra de cantar
Y Véspero[149] se oculta tembloroso
            En el seno[150] del mar;
Cuando agoniza[151] el sol reverberante[152]
Y extiende por el cielo su arrebol,[153]
Sobre mi frente pensativa siento
Bajar la inspiración!

---

148 Es el primer poema de Juana, quien lo escribió cuando sólo tenía siete años.
149 *Véspero*: el planeta Venus como lucero de la tarde
150 *el seno*: lo profundo
151 En *PC*, por error: "cuando agonizante el sol reverberante."
152 *Reverberante*: la luz que se refleja en una superficie bruñida
153 *Arrebol*: color rojo de las nubes iluminadas por los rayos del sol

Vino un niño

Vino un niño
Pasajero
Que se llama
Cupidillo[154]
Mensajero
Del amor.
Vino aquí
Con alegría
Sana flecha
Me clavó
Que me hiere
Noche y día.
Y me agobia
De dolor.

1886.

---

154 *Cupidillo*: Cupido o Eros, *fig mit*. que representa al amor

A LA LUZ DE LA LUNA

Densa es la noche en extranjero suelo,
Me duele el corazón, siento fatiga;
Mas ya, tu blanda luz baja del cielo,
Como una bendición oh! luna amiga.

¡Oh luna! con los rayos de tu lumbre
Ahuyentas[155] de mi noche los enojos;
Se disipa[156] mi inmensa pesadumbre,[157]
Y se arrasan[158] de lágrimas mis ojos!...

[a este poema lo acompaña un dibujo en el que se ve el cielo lleno de nubes y la luna]

---

155 *Ahuyentar*: hacer huir a un animal o a una persona. Desechar cualquier idea o sentimiento que moleste o cause dolor
156 *Disipar*: deshacer
157 *Pesadumbre*: tristeza, pena, aflicción
158 *Arrasar*: aquí, llenar o cubrir de lágrimas los ojos

«¿Dónde estás?»

¿Dónde estás divina llama
    Que antes en su corazón
    Ejercías tu influencia
    Y me amaba con pasión?

¿Qué se hizo de aquel cariño
    Que ya rayaba en[159] amor?
    Todo se ha desvanecido,
    Sólo me queda el dolor!...

No eres una mariposa
    Como antes yo te creía,
    No eres una fresca rosa
    Como antes yo te creía.

---

159 Rayar en: acercarse o parecerse a una cosa

Amor perdido!...

Qué bello luce el mundo!... qué azul el alto cielo!...
Cuán dulce entre las ramas el aura musical,
Las flores cómo brillan regadas por el suelo,
Prendidas con las perlas del llanto matinal.[160]

Do quiera[161] que los ojos dirijo sólo veo
Semblantes que respiran amor, felicidad!..
Yo en tanto en el sepulcro yacer sólo deseo,
Teniendo entre mis brazos tu pálida beldad.[162]

1887.

---

160 *Matinal*: relativo o perteneciente a la mañana, al amanecer
161 *Do quiera*: A dondequiera
162 *Beldad*: hermosura, belleza

Todo para ti...

Todo... todo... mi bien!... mi vida entera...,
Mi sangre generosa derramara,
Mi corazón amante te ofreciera
Y mi lira[163] tus gracias[164] inspirara.

Y en mi pecho verías levantarse
Un altar, dulce encanto de mi vida,
Y verías los celos acabarse
Que trae consigo del amor la liga...

Y verías mi frente iluminada
Por el ardiente rayo de mi amor!...
Sí, mi bien, te cantara la alborada
Y descansara en paz mi corazón.

Mas si vuelvo los ojos dulcemente
Para implorar un signo de tu amor...,
De desdén una cifra[165] solamente
Me reserva tu ingrato corazón!...

Puentes Grandes.
Octubre 26, 1887.

---

163 *Lira*: poesía
164 *Gracias*: cualidades, virtudes
165 *Cifra*: una porción, una cantidad

«Eres un fiero dragón»

Eres un fiero dragón
Duro como un pedernal[166]
Y que ha venido insensato
Mi corazón a inflamar.

Y alejándose después
Dejó en mí huellas sangrientas
Y esas huellas le dijeron
La causa de mi tristeza.

---

166 *Pedernal*: variedad de cuarzo. Es compacto. Juana lo emplea en alusión a la excesiva dureza que supone en el amado. Será el desafío de esa dureza – del obstáculo – como ya hemos dicho, el catalizador de la pasión y de la escritura en Juana Borrero.

Adios!...[167]

Adios!... ya yo me voy!... mis caros[168] padres
Han retardado mucho mi partida!...
Mas nunca borraré de mi memoria
Tu imagen tan querida.

———

Fácil a ti ya te será olvidarme
Porque yo aquí más tiempo no estaré...
Pero aunque tú me olvides dulce dueño,
Yo no te olvidaré.

---

[167] Resulta sorprendente cómo este poema, escrito en su infancia, parece preludiar el final de la breve y dramática existencia de Juana.
[168] *Caro*: muy querido, muy valioso

I.3. Poemas escritos entre 1891 y 1896

Vespertino[169]

Para la amable señorita Teresa Arizti.[170]

Hacia el ocaso[171] fúlgido titila[172]
El temblador lucero vespertino,
Y a lo lejos, se escucha del camino
El eco vago de lejana esquila.[173]

Como escuadrón de caprichosa fila
Nubecillas de tono purpurino
Se desvellonan[174] en celaje[175] fino,
Etérea gasa, que disuelta oscila.

---

169 En *La Habana Elegante*, 17 de mayo de 1891., p.3. Francisco de Paula Coronado (y bajo el pseudónimo de César de Madrid) publicó una agresiva crítica en el semanario satírico *Gil Blas*. En una carta a Casal, fechada el 27 de mayo, Esteban Borrero expresa lo siguiente: "Si dijera a usted la publicación del soneto de mi niña me ha causado profundo y penosísimo disgusto no exageraría, ciertamente el sentimiento que me produjo la lectura de la crítica por todo extremo depresiva que de la composición hace en el «Gil Blas» César de Madrid. Ni la niña pensó nunca ni quise yo que viese la luz ese juguete literario; bien sabe usted que no cedí a las benevolentes insinuaciones suyas, como no cedí antes a las de Justo de Lara, que quería publicarlo haciéndolo preceder de un estudio literario serio." Y más adelante añade: "¿Cómo fueron a parar a un álbum de donde alguien los tomó para publicarlos? Lo diré a usted: la Srta. Cecilia Arizti tuvo la bondad de pedirme un paisaje pintado por mi niña y ésta en el momento de ofrecérselo me pidió permiso para dedicar a la Srta. Teresa el soneto que desde entonces poseía. Gustó a Sanguily como había gustado a usted la composición; y yo entendí que no pasarían de allí; de lo demás nada puedo decir a usted porque no he visto desde aquel día al Sr. Sanguily ni conozco siquiera al Sr. Codina por usted mencionado. No he visto tampoco el número de *La Habana Elegante* en que aparece inserto el soneto pues los números del periódico que usted dice haberme enviado no han llegado todavía a mis manos" Ver: Julián del Casal: *Prosas*. t. 3, La Habana: Consejo Nacional de Cultura, 1964., pp 88 – 89.
170 Teresa Arizti, cuñada de Manuel Sanguily (1848 – 1925). Sanguily combatió en la Guerra de los Diez Años (1868 – 1878), y alcanzó el grado de coronel. En 1877 salió hacia Jamaica, y a los E.U. a recaudar fondos para la revolución. Regresó a Cuba en 1879. Fundó la revista *Hojas Literarias* (1893 – 1894), que redactaba junto a Enrique Piñeyro.
171 *Ocaso*: puesta del sol
172 *Titilar*: centellear con ligero temblor
173 *Esquila*: campana pequeña para convocar a los actos de comunidad en conventos y casas
174 *Desvellonar*: parece tratarse de un neologismo. Su raíz está en vellón, en el sentido de conjunto de lana de un carnero u oveja que se esquila. Considerando el contexto, *desvellonarse* podría traducirse por *deshacerse*, o *deshilarse*
175 *Celaje*: aspecto que presenta el cielo cuando hay nubes tenues y de varios matices

El rayo débil que las nubes dora,
Lentamente se extingue, agonizante,
Sus fulgores lanzando postrimeros[176];
Y la noche se apresta[177] vencedora
A desceñir[178] sobre el cenit triunfante
Su soberbia diadema[179] de luceros.

1891

---

176 *Postrimeros*: los últimos (fulgores)
177 *Aprestarse*: prepararse
178 *Desceñir*: literalmente, desajustar. Se trata de un sugestivo final que podría leerse como el triunfo de "lo femenino" (oculto, misterioso, nocturno) sobre "lo masculino" (diurno, razonante)
179 *Diadema*: corona

Los astros

En la callada noche, cuando la sombra extiende
Sobre la tierra muda su velo misterioso,
Y arriba, en las alturas del éter[180] anchuroso,
Sembrado de luceros el firmamento[181] esplende[182];

Mi alma soñadora que al infinito asciende
Escucha sumergida en éxtasis dichoso,
Hablar de las estrellas su idioma cadencioso[183],
Tan dulce, que tan sólo mi espíritu lo entiende.

A mis oídos llega desvanecida y flébil[184]
El eco de esas voces como el murmullo débil[185]
Que una dulzura vaga, indefinible encierra.

De su prisión terrena mi espíritu se evade,
Y un inefable[186] goce mi corazón invade
Sintiéndose tan lejos de la mezquina tierra.

1892

---

180 *Éter*: fluido sutil, invisible, imponderable y elástico que, de acuerdo con una hipótesis ya descartada, llena todo el espacio, y por su movimiento vibratorio transmite la luz, el calor y otras formas de energía
181 *Firmamento*: el cielo
182 *Esplender*: brillar
183 *Cadencioso*: que tiene cadencia (serie de sonidos que se suceden de manera regular)
184 *Flébil*: digno de ser llorado. Lamentable, triste, lacrimoso
185 Según García Marruz, en la copia del poema que puso en sus manos – de ella y de Cintio Vitier – la hermana de Juana, Mercedes Borrero, este verso dice: «hablar a las estrellas su idioma cadencioso», y en la misma copia la variante que sigue: «el eco de sus voces como un murmullo débil». Véase *P* 87.
186 *Inefable*: lo que no puede expresarse con las palabras

En sueños[187]

Cuando se cierran mis cansados párpados
En el sopor[188] dulcísimo del sueño
Oigo una voz querida que me nombra...
Voz de un amigo que dejé muy lejos!

Palabras murmuradas en voz baja
Que pronuncian mi nombre con misterio,
Muy cerca de mi oído... y sin embargo
Son voces que han venido de muy lejos!

Entonces me incorporo sollozando,
Abro los ojos, pero nada veo,
Y no vuelvo a escuchar la voz querida
Que me estaba llamando desde lejos...!

1893.

---

187 En *P*: "En sueños." Nos decidimos por el título que aparece en *PC* por considerar que se ajusta mejor a lo que sugiere el texto: el yo lírico escucha, mientras duerme – o sea, en sueños – una voz querida, y al despertarse no ve nada.
188 *Sopor*: adormecimiento, somnolencia

En el palco[189]

A Luisa.

Aunque sólo la vieron mis ojos
    En noche remota,
No he podido borrar de mi mente
    La imagen hermosa,
Sobre el fondo sombrío del palco
    Las luces radiosas
Le ceñían[190] de bucles de fuego
    Luciente corona;
Negro traje de raso y encaje
    Cubría sus formas,
Modelando[191] del talle correcto
    La curva graciosa,
Se veían sus brazos de nieve
    Cubiertos de blonda[192],
En el pecho llevaba prendido
    Un ramo de rosas...

Pero yo comprendí al admirarla
    Que no era dichosa!
Que al través del raudal[193] de su risa
    Vibrante y sonora,
Expiraba el gemido profundo
De intensa congoja!...[194]

¿1893? ¿1894?

---

189 *P* localiza este texto en el grupo: «Poemas de Puentes Grandes. Viajes a Estados Unidos. Conocimiento de Casal», y lo sitúa entre "Eladia Soto" (1893) y "Paulina Güell," (1894). Fue publicado por primera vez en *El Fígaro*, La Habana, año XII, no.11, 1896. En lo adelante incluiremos entre signos de interrogación aquellas fechas de las que, por una razón u otra, no podamos estar seguros. Como puede verse, el poema está articulado desde la perspectiva tradicional de la mirada masculina que busca objetivar, fijar – en el sentido de inmovilizarla y domesticarla – a la mujer.
190 *Ceñir*: rodear apretadamente
191 *Modelar*: formar
192 *Blonda*: encaje de seda de que se hacen y guarnecen vestidos de mujer y otras ropas
193 *Raudal*: aquí abundancia impetuosa
194 *Congoja*: tristeza

[Soneto trunco hallado entre sus manuscritos][195]

Murió joven y amado; ¡qué fortuna!
Y lo lloró la Patria; ¡qué victoria!
Entró incorrupto en la suprema gloria
Como un rayo castísimo de luna.

No hubo en el mundo seducción alguna
Que manchara su fama meritoria[196]
Pues fue su vida noble ejecutoria[197]
De aquella inteligencia cual ninguna.

Sueños irrealizables concebía,
Su pupila radiosa[198] entreveía[199]
Claridades de un clima misterioso

Y rompiendo los lazos terrenales
Voló hacia las regiones inmortales
....

¿1894?

---

195 En *PC* aparece incluido en la sección: «Poemas inspirados en la muerte de Casal».
196 *Meritoria*: merecida
197 *Ejecutoria*: trayectoria, itinerario
198 *Radiosa*: luminosa
199 *Entrever*: sospechar, adivinar, conjeturar

La evocación

Cuando evoco tu sombra querida
Y surgir a mis ojos la veo,
Al sentir en mi frente ardorosa[200]
La fusión[201] de tus manos de hielo,
Y al mirarme en tus ojos sin brillo
De pavor y de angustia me lleno,
Y tu voz de ultratumba[202] me habla
De la noche en el hondo silencio.

Yo también como tú cruzo errante[203]
Por el mundo ideal de los sueños,
Y también en la sombra nocturna
Grato alivio a mis penas encuentro.

Cuando al ver mi temprano[204] fastidio[205]
Yo sentía oprimírseme el pecho
Nadie vio mi tortura recóndita,
Nadie vio mi martirio secreto,
Y expiraron mis hondos gemidos
De la noche en el triste silencio.

Sólo tú comprendiste mi pena,
Dulce amigo doliente y sincero,
Que viniste a calmar mis dolores
Desde el mundo ideal de los muertos...

1894.

---

200 *Ardorosa*: ardiente
201 *Fusión*: acción y efecto de fundir o fundirse. Unión de intereses, ideas y partidos. Las manos heladas del amado se funden al entrar en contacto con la frente ardorosa de Juana. Al igual que, por ejemplo, en "Sol y Nieve", también aquí la contraposición *frío-caliente* parece aludir al encuentro con Casal.
202 *De ultratumba*: de más allá de la muerte
203 *Errante*: vagando de un lugar a otro
204 *Temprano*: prematuro
205 *Fastidio*: cansancio, tedio

Dolorosa

Tornad de nuevo, efímeras[206] y alegres ilusiones,
delirios, esperanzas de un tiempo que pasó!
¿Puede mi alma, acaso, recuperar su dicha,
ni palpitar de nuevo, feliz, mi corazón?

¿Qué haré de mi ternura, qué haré de mis ensueños
Cuando en mi pecho prenda su llama un nuevo amor?
Si ya no existe el alma gemela de mi alma,
Si ya la luz del faro radiante se extinguió!

Junto a la cripta muda donde mi amor reposa
No crece el verde césped ni la fragante flor,
Así en mi alma, tumba de mil venturas muertas,
La flor de la esperanza tampoco germinó.

El cielo transparente que sobre mí fulgura
No es el radiante cielo que busca mi dolor!
Mi cielo eran sus ojos, ¡sus ojos de zafiro
Cuya radiosa lumbre por siempre se nubló!

El vigoroso tronco que el vendaval[207] deshoja
Puede quizás de nuevo cubrirse de verdor,
Pero del seco leño que calcinó[208] la hoguera
No brotarán de nuevo las verdes hojas, no!

Huid del alma, efímeras y alegres ilusiones,
¿Por qué turbar[209] la fúnebre quietud del corazón?
Dejadme que solloce junto a la cripta muda
Donde reposa el gélido[210] cadáver de mi amor!

1894.

---

206 *Efímero*: que tiene una vida fugaz, muy breve
207 *Vendaval*: tormenta
208 *Calcinar*: quemar, destruir (por el fuego)
209 *Turbar*: molestar, perturbar
210 *Gélido*: frío, helado

Nostalgia[211]

Ya perdió para siempre el espíritu
La quietud de sus días de calma
Como pierde su lumbre una estrella,
Como pierde una flor su fragancia.

En mi pecho solloza el fastidio
Y me agobia profunda nostalgia;
La belleza inmortal de Natura,
El engaño feliz de la infancia,
La memoria de días tranquilos,
El recuerdo de dichas pasadas
No han podido llenar un instante
El vacío que siento en el alma.

1894.

---

[211] Esta versión – al parecer, completa – es la que aparece en *PC*. A continuación incluimos la versión fragmentada que se incluyó en *P*. Nótese el cambio en el primer verso de lo que vino a ser la segunda estrofa: "En mi pecho *solloza* el fastidio" (1966) / "En mi pecho *se alberga* el fastidio."

(Fragmento)
....

En mi pecho solloza el fastidio
Y me agobia profunda nostalgia.
La belleza inmortal de Natura,
el engaño feliz de la infancia,
la memoria de días tranquilos,
el recuerdo de dichas pasadas
no han podido llenar un instante
el vacío que siento en el alma.

1894.

Vibraciones[212]

Escuchando las notas aladas
Que surgen vibrantes de tu arpa de oro,
Se han llenado mis ojos de lágrimas
Y ha subido a mi boca un sollozo,
Escuchando las notas aladas
Que surgen vibrantes de tu arpa de oro.

Yo no sé lo que tienen tus rimas
Que al llenar mi alma de triste dulzura,
Me recuerdan la imagen querida
De un ser adorado que duerme en la tumba.
Misterioso poder de tus rimas
Que llenan mi alma de triste dulzura.

Canta, oh bardo! Tus cantos evocan
En mi pecho enfermo profundas tristezas,
Y se puebla[213] mi frente ardorosa[214]
De febriles, fugaces quimeras
Cuando escucho tus cantos que evocan
En mi pecho enfermo profunda tristeza.

¿1894?

---

212 En *El Fígaro*, 15 marzo 1896, Año XII, no.11. Reproducido en *La Revista de Cayo Hueso* (30 de abril, 1898) con una dedicatoria a Carlos Pío. *PC* lo sitúa tentativamente alrededor de 1894 en "Encuentro y noviazgo con Carlos Pío. Exilio, enfermedad y muerte." El poema reproduce la estructura de los *Rondeles* (a su vez repetición, hasta cierto punto, de los de Casal), y parece confirmar el comentario de García Marruz de que la relación de Juana con Carlos Pío había sido una relación de tres: "[p]odría decirse que ellos se amaron «en Casal»" ("Prólogo" de *PC*, 61). Así, las rimas de Carlos le "recuerdan [a Juana] la imagen querida / de un ser adorado que duerme en la tumba."
213 *Se puebla*: se llena, se cubre
214 Nótese la repetición del motivo de la *frente ardorosa*

ÍNTIMA[215]

¿Quieres sondear[216] la noche de mi espíritu?
Allá en el fondo oscuro de mi alma
Hay un lugar donde jamás penetra
La clara luz del sol de la esperanza.
¡Pero no me preguntes lo que duerme
Bajo el sudario[217] de la sombra muda...
Detente allí junto al abismo, y llora
Como se llora al borde de las tumbas!

¿1894?

---

215 En *El Fígaro*, año XII, no.11, 15 marzo de 1896. *PC* lo localiza en el grupo: "Poemas inspirados en la muerte de Casal."
216 *Sondear*: examinar, averiguar
217 *Sudario*: lienzo que se pone sobre el rostro del difunto, o con que se envuelve el cadáver

Para siempre![218]

Sin ti ¿para qué el canto
del ruiseñor, y el céfiro[219] y la nube?
Sin ti, ¿qué haré del llanto
si brota en mi quebranto[220]?
¿Qué haré del beso si a mis labios sube?

Carta de Eloysa (E. Ferrari)

    Pienso en ti cuando el cielo se colora[221]
Con la vívida llama de la Aurora[222]
Y el sol tras la colina se levanta
Y todo el bosque al saludarlo canta.
El beso ardiente de su luz fecunda
De amargo desconsuelo mi alma inunda,[223]
Porque pienso en el beso codiciado
Que tus labios de miel nunca me han dado.
....
....
Pienso en ti cuando el cielo se oscurece
Porque el radiante Sol desaparece,
Y el último destello[224] de la tarde
Tras el[225] lejano monte apenas arde.
El beso de su lumbre moribunda
De tristeza infinita mi alma inunda,
Porque me acuerdo de mi bien perdido
Siempre anhelado y para siempre ido! ...

                ¿1894?

---

218 *PC* lo localiza en el grupo: "Poemas inspirados en la muerte de Casal."
219 *Céfiro*: viento suave y apacible
220 *Quebranto*: dolor, pena, tristeza
221 *Se colora*: se colorea
222 *Aurora*: amanecer
223 *Inundar*: llenar
224 *Destello*: resplandor vivo y efímero
225 *Tras el*: Detrás del

ADELAIDA[226]

    Con los ojitos negros
    Al cielo levantados
Y juntas con fervor las manecitas,
Está el bello querub[227] arrodillado.

    En torno de su frente
    El cabello dorado,
Fórmale como un nimbo de inocencia
Que la reviste[228] de inefable encanto.

    ¿Qué buscarán sus ojos
    Por el azul espacio...?
¿Será porque divisa[229] tras las nubes
De la etérea región a sus hermanos?

    Los ángeles ¿del cielo
    A la tierra bajaron,
O ascendieron al cielo de la tierra
Y allá[230] su patria para siempre hallaron?

    ¡Qué venturoso[231] debe
    Latir su pecho cándido!
Quién pudiera rezar como ella reza
Con el candor de los primeros años!

    Y la nostalgia ardiente
    Del venturoso engaño
Me hace llenar de lágrimas los ojos
Ante el bello querub arrodillado!

    ¿1894?

---

226 *PC* lo incluye en el grupo: "Poemas de Puentes Grandes. Viajes a Estados Unidos. Conocimiento de Casal."
227 *Querub*: *querubín*. Cada uno de los espíritus celestes caracterizados por la plenitud de ciencia con que ven y contemplan la belleza divina
228 *Revestir*: cubrir
229 *Divisar*: distinguir, percibir confusamente
230 En *PC* se lee "allí."
231 *Venturoso*: feliz

Ya que el deber tiránico me exige....[232]

    Ya que el deber tiránico me exige
Que yo te oculte mis tristezas íntimas,
Para poder hablarte y conmoverte
Voy a escribir a espaldas de mí misma.

    Para nombrarte acuden a mi pluma
Multitud de ternezas espontáneas...
¡Cómo es verdad que la pasión sincera
Aunque enmudezca el labio se delata!

    Luz de mis ojos...! ¡Vida de mi vida!
Consuelo de mis fúnebres tristezas,
Si pudiera verter[233] en tus oídos
De mi oculto pesar la confidencia![234]
....
    ¡Este retrato con mi amor recibe
Y guárdalo en tu pecho cariñoso,
Ya que no puedo verme retratada
En la cámara oscura de tus ojos!

                Marzo 15 de 1895

---

232 Escrito al dorso de una foto suya y fechado a 15 de marzo de 1895.
233 *Verter*: derramar
234 *La confidencia*: el secreto

Vorrei morire[235]

Quiero morir cuando al nacer la aurora
Su clara lumbre sobre el mundo vierte,
Cuando por vez postrera me despierte
La caricia del Sol, abrasadora.[236]

Quiero, al finalizar mi última hora,
Cuando me invada el hielo de la muerte,
Sentir que se doblega[237] el cuerpo inerte
Inundado de luz deslumbradora.

¡Morir entonces! Cuando el sol naciente
Con su fecundo resplandor ahuyente
De la fúnebre noche la tristeza,

---

235 En *La Habana Elegante*, año IX, no.10, 17 de marzo de 1895. Reproducido en *Las Tres Américas*, vol. IV, no.40, abril de 1896 (Nueva York) con la dedicatoria «A Valdivia», y con la siguiente nota al pie: «Habana, Cuba: enero, 1895». Como se recordará, fue Aniceto Valdivia (Conde Kostia) quien escribió el exergo-introducción al volumen de *R* (1895), de Juana Borrero. No es posible leer el soneto de Juana sin, al mismo tiempo, evocar un texto muy similar – "Para entonces" – de Manuel Gutiérrez Nájera. El parecido entre ambos es realmente sorprendente, y puesto que el de Nájera fue escrito primero (está incluido en *Elegías*, 1887 – 1890) es muy posible que Juana lo conociera. He aquí el poema de Gutiérrez Nájera:

"Para entonces"

Quiero morir cuando decline el día
En alta mar y con la cara al cielo;
Donde parezca sueño la agonía,
Y el alma, un ave que remonta el vuelo.

No escuchar en los últimos instantes,
Ya con el cielo y con el mar a solas,
Más voces ni plegarias sollozantes
Que el majestuoso tumbo de las olas.

Morir cuando la luz, triste, retira
Sus áureas redes de la onda verde,
Y ser como ese sol que lento expira:
Algo muy luminoso que se pierde.

Morir, y joven: antes que destruya
El tiempo aleve la gentil corona;
Cuando la vida dice aún: soy tuya,
Aunque sepamos bien que nos traiciona!

236 En la carta 96, Juana protesta contra el retrato que de ella había hecho Clemente Palma (el hijo del autor de las *Tradiciones peruanas*), y el cual le habría adjudicado "un temperamento *de fuego*." Más adelante comenta Juana: "Si él supiera que estoy profundamente hastiada de esta naturaleza viciosa y que anhelo huir de este sol «desvergonzado» que me crispa los nervios con su caricia abrasante y deslumbradora." Y agrega después: "Hoy ha hecho un bello crepúsculo. Yo soñaba, soñaba.... Al morir el día el sol – únicamente bello entonces" (*EI*, 338 – 40).
237 *Se doblega*: se rinde

Cuando radiante de hermosura y vida
Al cerrarme los ojos, me despida
Con un canto de amor naturaleza!

            1895

Sol y nieve[238]

¿Ves ese viejo tronco que la nieve
Con su manto cubrió?...
Bajo el frío sudario que lo envuelve
Conserva su vigor.

Cuando torne la tibia primavera,
A los besos del Sol,
Su desnudo ramaje ha de cubrirse
De florido verdor.

Así tu alma, aunque parece muerta,
Conserva su calor,
Y para florecer le bastaría
El fuego del amor.

Oh!, corazón ardiente de mi amado
Que prematuro invierno amortajó,[239]
¡Sé tú el árbol cubierto por la nieve,
Y yo el rayo de sol!

(1895)

---

238 En *La Habana Elegante*, Año XI, no.17, 12 de mayo de 1895. Juana le dice a Carlos Pío en una de sus cartas: "Y déjame decirte ahora que yo no publico canciones eróticas.... Las que han visto la luz ultimamente se han publicado contra mi voluntad.... *El faro* y *Sol y nieve* las tenía mi primo Carlos en su poder tiempo hacía y las publicó sin mi permiso. Es verdad que a papá no le gusta mucho que yo exponga esas intimidades... pero como tú debes comprender mucho más me disgusta a mí que se publiquen" (*EI*, 113). Y en otra de sus cartas expresa: "Un día Lola los encontró sepultados en una de mis gavetas y los mostró a Papá el cual los llevó a Casal (ay!) y éste a la imprenta. Algunos se alarmaron, otros se asombraron, dos o tres los criticaron acerbamente recibí algunas felicitaciones y no faltó quien me diera el pésame" (*PC*, 154).

239 En *PC* falta esta coma. La hemos dejado por considerar que puede tratarse de un error tipográfico.

BERENICE[240]

Para un abanico de Luisa Chartrand

Blonda[241] musa! Gentil Berenice
De límpidos[242] ojos, de rítmica voz,
De ondulantes cabellos, dorados
Como el último rayo del sol!

Al besarte en la nítida[243] frente
Te ciñe la gloria su nimbo de luz
Más brillante que el disco de un astro
Cuando irradia[244] en el éter azul.

A tus pies se doblegan[245] las almas,
El genio te ofrenda su lauro[246] triunfal
Y tu hermosa figura de reina
Deja un rastro de luz al pasar!

¡Quién pudiera copiar tu mirada,
Tus bucles de fuego, tu alegre reír,
Y fijar en la rima o el lienzo
Tu supremo donaire[247] gentil!

Blonda musa! Ideal Berenice
De límpidos ojos, de rítmica voz,
De ondulantes cabellos, dorados
Como el último rayo del sol!

240 En *El Fígaro*, Año IX, no.20, 9 de junio de 1895. En una de sus cartas a Carlos Pío (no.120), Juana le dice: "Cuando vengas te leeré una rima insignificante que hice el otro día para el abanico de la hechicera Luisa Chartrand. Se titula «Berenice»... y no vale nada. Si te gusta te la daré para el *Periódico de tu digna dirección*" (*EI*, 96). Pero en otra carta expresa sus celos porque Carlos Pío le había hecho a su amiga "una visita de las mismas dimensiones de las que [l]e hac[ía] a [ella]". Al referirse a su amiga, Juana la describe en los siguientes términos: "Ella es una mujer encantadora. Muy desgraciada y muy artista. Una histérica de buena ley. Soñadora y apasionada como yo, aunque no *depura* el idealismo ni lo lleva al extremo que yo lo llevo..... Ha sido siempre una hechicera, casi una diabólica. Se parece *algo* al tipo de mujer maravillosamente descrito por tu amigo Abraham. En ella se desposan Jésica y Ofelia. En el fondo es un ángel aunque la creo tan capaz de falsear como el resto de las mujeres" (*EI*, 418). Nótese la ambivalencia implícita en el término con el que, insistentemente, asocia a Chartrand: *hechicera*.
241 *Blonda*: rubia
242 *Límpidos*: claros, puros, transparentes
243 *Nítido*: limpio, terso, claro, puro
244 *Irradia*: alumbra, ilumina
245 *Se doblegan*: se rinden, se ponen de rodillas
246 *Lauro*: (de laurel, árbol). Triunfo, victoria
247 *Donaire*: belleza, distinción, gracia

Sol poniente[248]

A Berenice

Con el alma cubierta de luto
Te escribo estos versos,
Que vuelan errantes buscando el albergue[249]
Que les brinda[250] piadoso tu pecho...
Y entre el grupo de rosas marchitas
Que su dulce fragancia perdieron,
Hundo la cabeza
Llorando en silencio,
Mientras surge en el fondo del alma
Como un rayo de sol tu recuerdo!

¡Fúlgidas quimeras
Que nutrí[251] con mi llanto de fuego,
Esperanzas de dicha, más dulces
Que la hermosa promesa del cielo!
¿Dónde habéis huido
Que os miro tan lejos...?
Tan lejos del alma que fue vuestra cuna
Y que anhela encontraros de nuevo!...
....
....

---

248 En *El Fígaro*, Año XI, no.22, 22 de septiembre de 1895. En carta a Juana, y fechada a 31 de agosto de 1895, María Luisa Chartrand se refiere a este poema: "y encantada de «Sol poniente»" (*Epistolario* de Juana Borrero, vol. I, p.337).
249 *Albergue*: hogar
250 *Brindar*: ofrecer
251 *Nutrir*: alimentar

Ya la noche desciende al camino,
La fúnebre sombra descorre[252] su velo,
Y en el éter lejano despuntan[253]
Con tímido brillo los astros primeros.
El ocaso distante se enciende
Con rojizos fulgores de incendio,
Y un último rayo del sol moribundo
Que atraviesa un celaje de fuego,
Tenue[254] se difunde[255]
En la gasa[256] opalina[257] del cielo...

Contemplando la luz del poniente
Me parece mirar tus cabellos,
Y surge a mis ojos tu imagen, radiosa
Como el hada que inspira mis sueños.
En sus horas de ardiente nostalgia,
El alma te evoca, sedienta de afecto,
Y entonces te siento muy cerca, tan cerca
Que percibo el latir de tu pecho.
¡Oh, ven siempre al morir de la tarde,
Cuando todo yace[258] dormido en silencio,
Porque siempre en sus horas de angustia
Te espera impaciente mi espíritu enfermo,
Mientras surge en el fondo del alma[259]
Como un rayo de sol tu recuerdo!

1895

---

252 *Descorrer*: plegar o reunir lo que estaba antes estirado, como las cortinas, el lienzo, etc.
253 *Despuntar*: empezar a manifestarse el amanecer
254 *Tenue*: delicado, débil
255 *Se difunde*: se propaga, se extiende
256 *Gasa*: tela de seda o hilo muy clara y fina
257 *Opalino*: perteneciente o relativo al ópalo. De color entre blanco y azulado con reflejos irisados
258 *Yace*: reposa
259 Nótese el retorno de la estructura de los *rondeles*.

Medieval[260]

Junto a la negra mole[261] de la muralla altiva
Que alumbran las estrellas con tenue luz de plata,
El trovador insomne de frente pensativa
Preludia[262] conmovido la triste serenata.

El aura de la noche, voluble y fugitiva,
Besa los largos pliegues del manto de escarlata,
Y extiende la armoniosa cadencia persuasiva
Que el plácido reposo perturba de la ingrata.

Al pie del alto foso destácase[263] la airosa[264]
Romántica figura del rubio menestrello[265]
Que, al agitar la mano sobre el cordaje[266] de oro,

Entristecido exhala su queja dolorosa
En la cadencia rítmica del dulce ritornello[267],
Y en sus mejillas siente que se desborda el lloro[268].

1895

---

260 Manuscrito en una carta a María Luisa Chartrand del 23 de noviembre de 1895.
261 *Mole*: cosa de gran bulto o corpulencia
262 *Preludiar*: ensayar
263 *Destácase*: se destaca
264 *Airoso*: gallardo, que tiene lucimiento
265 *Menestrello*: trovador
266 *Cordaje*: conjunto de cuerdas de un instrumento musical de cuerdas
267 *Ritornello*: trozo musical antes o después de un trozo cantado. Repetición, estribillo
268 *Lloro*: llanto

Lo imposible[269]

    Como duermen inmóviles los guijos[270]
En el fondo de un lago,
Reposan en mi alma los recuerdos
De mi feliz pasado.

    Dormitan[271] en su fondo, la inocencia
De mi infantil engaño
Y el amargor[272] primero de un acíbar[273]
Que apuré[274] muy temprano!

    Al despertar mi corazón ardiente
De su breve letargo,
Víctima prematura se contempla
Del triste desencanto.

    Pero guardo en el fondo de mi espíritu
Como en sepulcro aislado,
Mi dolor, mi recuerdo, mis tristezas,
Mi nostalgia y mi llanto!
....

    Del fondo de mi mente creadora
Vi, mi noche alumbrando,
Surgir el ideal irrealizable
Tanto tiempo esperado.

    Y con el alma de esperanzas llena
Vi su ser encarnado[275]
En los divinos versos de un poeta
Sensible y desgraciado...

---

269 Este poema no aparece de la misma manera aquí que en la edición de *P*. Allí lo vemos bajo el título: "Del fondo de mi mente creadora," y sólo incluía las últimas cuatro estrofas de la versión que ofrece *PC*, y que es la que aquí presentamos. En *PC* hay una coma después "encarnado" y de "alcanzo." Las hemos suprimido porque afectan la fluidez del verso y porque, al parecer, se trata de otro error tipográfico.
270 *Guijos*: probablemente se trata de guijas (piedras lisas y pequeñas que se encuentran en las orillas y cauces de ríos y arroyos
271 *Dormitar*: estar o quedarse medio dormido
272 *El amargor*: la amargura
273 *Acíbar*: jugo del aloe. Es un jugo muy amargo
274 *Apurar*: beber
275 *Encarnado*: impreso, representado

Desde entonces lo busco infatigable[276],
Y aunque jamás lo alcanzo
Yo lo llevo en el fondo de mi pecho
Y también en mis cantos.

....

Bien ideal que alumbra mi horizonte
Como distante faro,
¿Moriré contemplándolo de lejos
Sin llegar a alcanzarlo...?

1895.

---

276 *Infatigable*: incapaz de cansarse

.... Por qué de mis sueños, por qué despertarme?[277]

.... ¿Por qué de mis sueños, por qué despertarme?
Por qué sobre el mundo de nuevo arrojarme?
¡Dejadme que sueñe, que sueñe con ellas
Las blancas y puras lejanas estrellas!
Las místicas flores de ignotas regiones
Que pueblan el éter radiantes y bellas..
¡Dejadme que forje[278] doradas visiones
Dejadme que sueñe, que sueñe con ellas!

1895

---

277 *EI*, carta 46, p. 177. No están recogidos en ninguna de las ediciones de la poesía de Juana Borrero.
278 *Forjar*: construir, imaginar

TÁNTALO[279]

Yo me muero de sed, pero mi boca
No ha de tocar el agua cristalina
Que brotando del seno[280] de la roca
Con su grata frescura me convida.[281]

¡Yo me muero de amor... mas la sincera
Y ardiente confesión sube a mis labios
Y no puedo besarte... ni siquiera
Estrecharte la mano...!

1895

---

[279] *EI*, carta 46, p. 177. A continuación del poema que empieza "¿Por qué de mis sueños..." Bajo "Tántalo" se lee la fecha de 1895, la cual podría ser específicamente la de este poema, o la de los dos que encabezan la carta. Ambos aparecen firmados por *Yvonne*. Según los editores del *Epistolario*, "Juana empezó a usar este pseudónimo a partir de la lectura de «Yvone (canto bretón)» de Abraham Z López Penha, publicado en *La Habana Elegante* el 19 de mayo de 1895, que la impresionó hondamente" (*EI* 64). En la carta 29 (*EI* 123 – 24), Juana le comenta a Carlos Pío: "Siento mucho que le hayas escrito a H. Zeta, López Penha, ese párrafo tan cabalístico, de su hechicera creación. Escríbele diciéndole cuánto me ha impresionado, y cómo la ideal figura de la pobre niña mártir de los sueños se ha encarnado en mí hasta el punto de hacerme abjurar de mi nombre. [...] La tristeza que produjo en mí la lectura de esas rimas ha quedado reducida ya a su expresión *más literaria*. Sintiéndome dichosa, sufro por una virgen triste que se muere de amor y de abandono, como si realmente hubiera existido. [...] *Ya no me considero la Yvone de antes...* he dejado de serlo *porque he dejado de ser infortunada* y la tristeza ya sentida y *ya disipada*, se conserva en esa creación delicadísima..... [...] ¡Qué encantadora la virgen que se muere de amor, que se apaga como una «*estrella herida*» y que sepultada bajo sus flores, espera la vuelta del amado, del compañero, del preferido de su alma!" Y en la carta siguiente, la 30, expresa: "Ivanhoe es un diminutivo de Juan. Siendo Yvone Juana, muy bien puedes tú firmar Yvanhoe" (*EI* 127). La fluidez de los significantes – Yvanhoe, Yvone, Juan, Juana – desdibuja la supuesta nitidez de los conceptos de género, nación, espacio y tiempo. En lo que respecta al título del poema, éste alude a Tántalo, rey de Lidia al que, según el relato mitológico, Zeus arrojó al Tártaro condenándolo a una sed y a un hambre inextinguibles.
[280] *Del seno*: del interior, de lo más profundo
[281] *Convidar*: invitar

Dime esa frase de pasión henchida[282]

Dime esa frase de pasión henchida[283]
Con que todas mis penas desvaneces,
Y al tenerme en tus brazos oprimida
Mírame con amor, mas no me beses...
¡Déjame que a la estrecha sepultura
Descienda al menos virginal y pura!
Después cuando se nublen mis miradas,
Cuando el último aliento me abandone
Colocarás tus manos adoradas
Sobre la triste frente de tu Yvone.[284]
Y estarás junto a mí mientras expiro
Para que guardes mi postrer suspiro.

1895

---

282 *EI*, 97. Poema no recogido en *P* ni en *PC*.
283 *Henchida*: llena
284 Véase nota 279 p.63

En la terraza...[285]

Niebla sutil arropa[286] entre sus pliegues
El pálido semblante de la luna
Y las estrellas débiles rutilan[287]
Como flores de luz entre la bruma....

Todo en el valle duerme... sólo vibran
Interrumpiendo la quietud[288] nocturna,
El himno misterioso de las frondas[289]
Y la rítmica endecha[290] de la espuma....

Y la dulce mirada de los astros,
Y la voz de la brisa en la espesura
Me recuerdan el brillo de tus ojos
Y de tu acento la inefable música.....

1895

---

285 *EI*, 113. No incluido en *P* ni en *PC*.
286 *Arropar*: abrigar
287 *Rutilar*: brillar
288 *Quietud*: paz, silencio, tranquilidad
289 *Frondas*: conjuntos de hojas y ramas que forman espesuras
290 *Endecha*: canción triste o lamento

¡Yo siento tus miradas[291]

¡Yo siento tus miradas
    Profundas y magnéticas
Clavarse en mi semblante
    Con dulce persistencia,
Como sobre el nectario[292]
    De la flor indefensa
En codicioso enjambre
Se agrupan las abejas...

Cuando recibo tus cartas
Siento una extraña tristeza...
¡Es la profunda nostalgia
De los besos que no llegan!

1895

---

291 *EI*, carta 31, p. 129. Firmado «Yvone». No recogido en *P* ni en *PC*.
292 *Nectario*: glándula de las flores de ciertas plantas que segrega un jugo azucarado

Céfiro leve, rauda brisa ...[293]

Céfiro leve, rauda brisa...
Al refrescar su altiva frente
Y recoger en el ambiente
Toda la luz de su sonrisa,
Bésalo dulce, dulcemente,
Céfiro leve, rauda brisa!

1895

---

[293] *EI*, 169. No incluido en *P* ni en *PC*.

Mírame! por tus ojos soñadores[294]

Mírame! por tus ojos soñadores
Cruza la ronda azul de los ensueños,
Háblame!... tus palabras desvanecen[295]
La duda cruel que me tortura el pecho.

Cruza la ronda azul de los ensueños.
Bésame!... que en mis labios impacientes
Se aglomera[296] el enjambre de los besos,
Mírame! por tus ojos soñadores.

Ámame!... tu ternura me hace falta
Para aceptar el fardo[297] de la vida!
Júrame que me adoras, que me adoras
Que soy tu solo bien, tu única dicha!
Despiértame!... mi espíritu renace
Si tu elocuente voz lo resucita..
Ámame!... tu ternura me hace falta
Para aceptar el fardo de la vida!

Aliéntame!... el sendero[298] que atravieso
Sembrado está de abrojos y de zarzas[299];
Recuérdame!... yo quiero en tu memoria
Imprimir el fulgor de mis miradas...
Consuélame!... tus frases persuasivas
Hacen abrir la flor de mi esperanza!
Aliéntame!...[300] el sendero que atravieso
Sembrado está de abrojos y de zarzas!

Escúchame!... Yo quiero refugiarme
En tu espíritu enfermo y visionario,
Compréndeme! penetra en el abismo
De eternas sombras que en el alma guardo,

---

294 *EI*, 182-3. No incluido en *P* ni en *PC*. Luego de copiar el poema en una de sus cartas, Juana le dice a Carlos Pío: "Sin saber ni cómo me han salido esos rondeles al correr de la pluma. Releyéndolos veo que tienen una forma original y nueva. Estoy asombrada de la facilidad con que los he compuesto. A mí no me disgustan pero me atengo a tu opinión. Dime lo que te parecen, con toda franqueza, sabes? (183)."
295 *Desvanecer*: poner fin
296 *Aglomerarse*: juntarse desorganizadamente
297 *El fardo*: la carga, la pesadumbre, el peso, las tristezas
298 *Sendero*: camino
299 *Abrojos*: Zarzas: plantas armadas de fuertes espinas
300 *Alentar*: dar fuerzas, estimular, dar aliento

Abrázame!... me muero y necesito
La presión cariñosa de tu abrazo...
Escúchame!... yo quiero refugiarme
En tu espíritu enfermo y visionario![301]

1895

---

301 *Visionario*: que puede o cree que puede ver el futuro; que se adelanta a su tiempo

Junto a la orilla[302]

Canción

Junto a la orilla   — del fresco río,
Aquella tarde   — que ya pasó,
Sentí la dulce   — tierna caricia
De tus miradas   — de tus miradas — llenas de amor.
Hoy nos separa   — triste la ausencia
Mas no te olvides — nunca de mí.
Recuerda siempre   — que yo te amo
Y que si vivo   — y que si vivo — sólo es por ti!
Junto a la orilla   — del fresco río
Tu amarga queja   — de amor oí
Y al escucharla   — mis ojos tristes
Te revelaron   — te revelaron — lo que sufrí.
¿Por qué mi dicha   — pasó tan breve?...
¡Todo lo pierde   — mi corazón!
Mis ilusiones   — se desvanecen,
Mis esperanzas   — mis esperanzas — mueren en flor!

1895

---

302 *E*1, 238. Este poema – no recogido hasta ahora en ninguna de las ediciones de la poesía de Juana – encabeza su carta 61 y aparece fechado: «Marzo día 12».

Soneto trunco[303]

....
Ni el arte, ni la mágica belleza
De una puesta de sol; ni el astro hermoso
Que prende su fanal en el espacio,

Desvanecen mi fúnebre tristeza
Como el fulgor velado y misterioso
Que irradian tus pupilas de topacio!

1895

---

[303] E1, 273. encabezando la carta 73. No incluido en ninguna de las ediciones de su poesía. Firmado: Juana Borrero.

DE LA CAPILLA DESIERTA[304]

De la capilla desierta
En el ambiente sombrío
Flota el alma de la muerta
Rondando el altar vacío
De la capilla desierta...

1895

---

304 *E*1, 294. Encabezando la carta 81. Tampoco había sido recogido antes en ninguna de las ediciones de su poesía. Regresa a estos versos la repetitiva obsesión de los "Rondeles".

¡Oh! ¡Quitad de mi vista[305]

¡Oh! ¡Quitad de mi vista los blancos, los regios[306] diamantes
Que al temblar como lágrimas vierten siniestros fulgores...!
Sus facetas[307] encierran un triste y amargo secreto
Que es toda una trágica historia de viejos dolores!

Ellos son los que un tiempo adornaron las frentes de nácar
Y rodearon la nieve ideal de los mórbidos cuellos........
Ellos son los que un tiempo quizás constelaron
La tiniebla azulada y fatal de los negros cabellos!

Yo diré lo que ocultan las blancas, las regias facetas..!
.... & &

1895

---

305 El, 366. En el interior de la carta 102. Juana le comenta a Carlos Pío en esa carta: "Estoy haciendo unas estrofas sugestivas – oh sí! muy sugestivas – que titularé «los diamantes». Será una rima rara de metro difícil. Las primeras estrofas son éstas. [los versos que trascribimos]. Si las concluyo se publicarán si no te *desagradan*." (*EI*, 365-6). Este poema inconcluso no lo recoge ninguna de las ediciones de su poesía.
306 *Regio*: (real) perteneciente al rey. Suntuoso, grande, magnífico
307 *Facetas*: cada una de las caras del diamante

.... Cuando la sombra,[308]

.... Cuando la sombra, como negro arcángel
      Impenetrable y mudo
Me acaricia la frente soñadora
      Con su beso de luto.... & ....

1895

---

308 *E*1, carta 121, p. 424. "Estoy componiendo unas estrofitas de sabor nocturno que van a ser punto menos que incomprensibles. La primera estrofa es así," le dice Juana a Carlos Pío en la carta 121. Estos versos no están recogidos en ninguna de las dos ediciones de las poesías de Juana Borrero.

VELADA[309]

(Prismatizando[310] el leve níveo[311])
Filtrando el vaporoso cortinaje
Que la neblina de la noche extiende,
La casta luna misteriosa esplende
Como una perla sobre níveo encaje.

Al irisar[312] el nítido celaje
Hasta la tierra su fulgor desciende
....
....
Aletargada en éxtasis dichoso,
Yo siento que la frente pensativa
Me circunda[313] su beso luminoso;

Y a confundirse con la blanca nube,
Como radiosa estrella fugitiva
El alma azul de los ensueños sube...!

1895

---

309 *EII*, carta 128, p. 12. El poema no aparece recogido en las ediciones de la poesía de Juana. "El primer verso está tachado", expresan los editores en nota al pie.
310 *Prismatizar*: neologismo formado a partir del sustantivo *prisma*. El verso alude al prima (cuerpo triangular de cristal) que se usa para producir la reflexión, la refracción y la descomposición de la luz
311 *Níveo*: de nieve o semejante a ella
312 *Irisar*: dicho de un cuerpo; presentar franjas variadas o reflejos de luz, con colores semejantes a los del arcoiris
313 *Circundar*: rodear

Yo no recuerdo bien[314]

... Yo no recuerdo bien lo que me han dicho
Los labios entreabiertos de la herida...
Sólo sé que ha venido a mi memoria
El recuerdo más triste de mi vida
Y la esperanza trágica y siniestra
De aquella[sic] que me tienes prometida...
¡Qué lenguaje tan triste el que murmuran
Los labios entreabiertos de una herida!

1895

---

314 *E*II, carta 155, p. 117. Encabeza la carta. No está incluido en ninguna de las ediciones de la poesía de Juana.

Indomable[315]

No temas que estas líneas cariñosas
Las desmienta con mano envilecida;
No cedo a imposiciones afrentosas[316],
Y antes que ser infiel seré suicida.

Yo soy de esas mujeres valerosas
A quienes la amenaza no intimida,
Porque son indomables y orgullosas,
Porque sienten el asco de la vida.

Almas gigantes que jamás se niegan
Ni su pendón[317] inmaculado[318] entregan
Y que conquistan lauros inmortales,

Porque saben morir heroicamente
Sin doblegar la luminosa frente
Ni traicionar jamás sus ideales.

¿1895?

---

315 *PC* lo incluye en el grupo: "Encuentro y noviazgo con Carlos Pío Uhrbach. Exilio, enfermedad y muerte."
316 *Afrentosa*: que causa afrenta (vergüenza, deshonor)
317 *Pendón*: insignia, bandera
318 *Inmaculado*: sin mácula, sin mancha

Quiero extasiarme en tu mirada...[319]

Quiero extasiarme en tu mirada
Tan dulcemente soñadora,
Para buscar tu amor oculto
En su penumbra misteriosa.

Quiero escuchar tu voz querida
Cuya ternura melancólica
Tiene la música del beso
Y la cadencia de la estrofa.

Quiero estrechar tu mano helada
Entre mis manos ardorosas
Y trasmitirle todo el fuego
De la pasión que me sofoca.

Cuando me envuelven tus pupilas
En su caricia turbadora
Sube a mis labios espontánea
La confidencia cariñosa...

¿1895?

---

319 *PC* lo incluye en el grupo: "Encuentro y noviazgo con Carlos Pío Uhrbach. Exilio, enfermedad y muerte." Con ese nombre – Yvone – Juana firmó muchas de sus cartas a Carlos Pío (véase nota 279 - p. 64)

Yvone[320]

(Balada bretona)

Yvone, Yvone, tu figura
Surge en mis noches de dolor,
Como una estrella blanca y pura,
Como un querub, como una flor...!

Yvone, Yvone, tu belleza
Prende en mi alma intenso amor.
Tu melancólica tristeza
Me ha conmovido el corazón!

¡Oh dulce mártir de los sueños,
Ángel de luz, rosa de abril!
Todo mi amor te pertenece,
Todo mi amor es para ti!...

¿1895?

---

320 *Idem*. No resulta difícil calibrar el impacto simbólico y psicológico que el poema de López-Penha debió tener sobre Juana Borrero (véase nota 279). Como se recordará, el poema del colombiano se titulaba precisamente "Yvone (canto bretón)". Los versos de López-Penha aludían a Yvone, "[ú]nica entre las vírgenes y hermosas", y ya muerta: "¡Yvone, Yvone, ¡oh, martir de mis amores" [...] "Murió: tal en las eras, presto marchitas, / Pasan las violetas y margaritas". Al igual que el poema "Virgen triste", de Casal, también el poema de López Penha alude a una virgen que muere temprano. Quizá Juana debió presentir que, no López-Penha, sino Casal mismo le hablaba a través de estos versos. Ellos parecían testificar el cumplimiento irrevocable de la profecía casaliana: "Porque en ti veo ya la tristeza / de los seres que deben morir temprano". La alusión a la virgen-niña-mártir en el poema de López-Penha debió llegarle a Juana Borrero, insisto, como un fatal recordatorio de su destino. Destino que, paradójicamente, ella acepta, y aún abraza, y por lo cual termina siendo ambas cosas: destino *dado* y destino *elegido*. Incluimos el poema de López-Penha, en su totalidad, en el apéndice de la presente edición.

Para entonces...[321]

Quisiera ser la estrella que alumbrara
Tu lóbrego[322] sendero solitario
Para verte marchar, con la esperanza
De conseguir el premio codiciado...

Y que luego, al llegar, cuando pretendas
A ti ligarme[323] con terrenos lazos,
Morirme al recibir tu primer beso
Y convertirme en polvo entre tus brazos!

¿1895?

---

321 *PC* lo incluye en el grupo: "Encuentro y noviazgo con Carlos Pío Uhrbach. Exilio, enfermedad y muerte."
322 *Lóbrego*: oscuro, tenebroso. Triste, melancólico
323 *Ligar*: unir

SÍMILES[324]

¿Ves esa flor, que triste se consume
Y se abrió junto al muro derruido[325]?
Hija de la humedad que la ha nutrido
Guarda en su ser recóndito perfume.

Así nació mi amor: ardiente y puro
Como de Febo[326] el ósculo[327] encendido
Hizo brotar el germen escondido
Entre las grietas del ruinoso muro.

Flor enfermiza que se abrió entre abrojos[328]
Sin recibir el ósculo del día,
Una vez que se abrió tan sólo ansía[329]
Que no le falte el fuego de tus ojos!

¿1895?

---

324 *PC* lo incluye en el grupo: "Encuentro y noviazgo con Carlos Pío Uhrbach. Exilio, enfermedad y muerte."
325 *Derruido*: destruido, arruinado
326 *Febo* (Apolo): en la mitología griega, el dios del sol y de las artes.
327 *Ósculo*: beso
328 *Abrojos*:
329 *Ansiar*: desear, anhelar

Rêve[330]

Su voz debe ser dulce y persuasiva
Y soñadora y triste su mirada...
Debe tener la frente pensativa
Por un halo[331] de ensueños circundada.

Su alma genial, cual pálida cautiva
De un astro esplendoroso desterrada,
Sueña con una nube fugitiva
Y con el traje de crespón de un hada.

Cuando la ronda azul de los delirios
Disipa sus nostálgicos martirios
Borrando del pesar la obscura huella,

Él se acuerda, en la noche silenciosa,
De aquella virgencita misteriosa
Que dejó abandonada en una estrella.

¿1895?

---

330 En *El Fígaro*, Año XII, no.1, 1896. *PC* lo incluye en la sección: "Encuentro, noviazgo con Carlos Pío Uhrbach. Exilio, enfermedad y muerte." Juana se refiere a este soneto en la carta 192 (3 de enero de 1896) a Carlos Pío: "Recibí esta mañana el F. y L. H. E. Me sorprendió mi soneto. Por qué lo publicaste mi dueño? No te supliqué que no lo hicieras? Bueno no me pondré *brava* por eso. Te abrazo y te beso. Lo que me ha producido un ligero disgusto es verlo en *El Fígaro*. Yo sé bien que mis rimas donde quiera están bien pero ese periódico me es antipático por *burgués* y antipatriótico. En fin, lo hecho hecho está. Tú sabes bien que yo no quiero publicar mis estrofas «porque abrigo la convicción desalentadora de no llegar a hacer nunca nada que te guste». Te juro que soy sincera. Tu soneto de L.H.E.! Eso sí es algo artístico! Yo no puedo nunca llegar a trasmitir a mi estrofa esa *aristocracia artística*, ese tallado primoroso.... Para qué aspirar pues...? Poetisas mediocres sobran en Cuba! No espero nada de mí misma. La niña musa es un mito" (*EII*, 244) (énfasis en el original).
331 *Halo*: aureola. Brillo que da la fama o el prestigio

A...[332]

Las dos en el transcurso de la vida
Vivimos del recuerdo del pasado;
Un amor como el mío sofocado
En tu sensible corazón se anida.

Las dos al recibir la misma herida
Sólo el triste recuerdo hemos guardado
De tanto dulce ensueño malogrado
Y de tanta esperanza fenecida.[333]

Tu pena como lava subterránea
Ruge oculta en tu seno y entre tanto
Ríes alegre entre el mundano ruido.

Yo más que tú sincera y espontánea
No puedo contener mi amargo lloro
Cuando me acuerdo de mi bien perdido.

1895

---

[332] Éste, y los dos sonetos que siguen – "Mi ofrenda" y "Anónimo" – fueron incluidos en *P* bajo el subtítulo «Sonetos», los cuales — se no dice allí – fueron publicados por primera vez en el tomo XXX de *Cuba Contemporánea*, edición de septiembre-diciembre de 1922. Inexplicablemente, *PC* sólo recoge – sin que se nos explique por qué – "A..." y "Mi ofrenda," pero no "Anónimo." Suponemos que fue un error, por lo que reproducimos los tres sonetos en el mismo orden que habían aparecido en la edición de 1966.

[333] *Fenecer*: morir, fallecer

MI OFRENDA[334]

En el vivaz[335] fulgor de su mirada
Irradia luminoso el pensamiento,
Ya lo anime el calor del sentimiento,
Ya resplandezca augusta y sosegada.

Su frente soñadora y despejada[336]
Donde se ven los rasgos del talento
Jamás se ha doblegado al desaliento
En mitad de la empresa[337] comenzada.

Su voz remeda[338] olímpico[339] mensaje,
En su cabeza el lauro se adivina,
Baña su rostro sideral[340] destello.

De mi entusiasmo acepta el homenaje,
Que solamente mi altivez se inclina
Ante el sublime triunfo de lo bello.

¿1895?

---

334 *PC* incluye este poema en la sección: "Encuentro, noviazgo con Carlos Pío Uhrbach. Exilio, enfermedad y muerte." Ver nota 324 p.81
335 *Vivaz*: vívido
336 *Despejada*: clara, limpia
337 *Empresa*: tarea, misión
338 *Remeda*: se asemeja
339 *Olímpico*: aquí, relativo a los dioses del Olimpo (mitología griega)
340 *Sideral*: perteneciente o relativo a las estrellas o a los astros

ANÓNIMO[341]

Cuando la muerte con brutal cinismo,
Vino tus ilusiones a quitarte
No te dejó una luz para guiarte
Ni rodaste por fin en el abismo.

Cuando anhelo ferviente de idealismo
Llegue sus goces puros a brindarte
¡Cómo debes sufrir al contemplarte
Esclavo miserable de ti mismo!

Pero si torpe el vicio te ha manchado,
Quizás tu alma permanezca pura.
¡Tal vez conserve su ideal de artista!

Por eso, aunque te mire degradado[342],
No te creo capaz en tu amargura
De un pensamiento bajo[343] ni egoísta.

¿1895?

---

341 Ver nota 332 p. 83. Aunque, como ya dijimos, es posible que la no inclusión de "Anónimo" en *PC* se deba a un error, tampoco hay que descartar la posibilidad de un trabajo de "edición" por parte de los editores: Cintio Vitier y Fina García Marruz. Si se lee cuidadosamente el soneto se notará de inmediato su extrañeza, o incluso su incoherencia (entre otras cosas por el uso arbitrario de los tiempos verbales). Así, en la segunda estrofa, en vez de "como debes sufrir", lo lógico habría sido: "como sufrirás", a fin de coordinar la mirada con el futuro que propone la estrofa. ¿Habrá sido el soneto en cuestión expurgado en la segunda edición sobre la base de la extrañeza apuntada? No podemos, ni afirmarlo, ni negarlo.
342 *Degradado*: envilecido, deshonrado
343 *Bajo*: vil, deshonroso

En el templo[344]

A Federico Uhrbach

Se llena de creyentes el templo solitario
Y a los acordes[345] graves del órgano sonoro,
Se mezclan en la atmósfera serena del santuario
Las voces cristalinas que vibran en el coro.

Entre las blancas nubes que arroja el incensario
Miro, con las pupilas nubladas por el lloro,
Que el sacerdote humilde, de pie junto al sagrario[346],
Entre las manos puras eleva el cáliz de oro.

Y así como el incienso que ante la imagen flota
Impregna[347] de sutiles perfumes el ambiente,
Perfuma tu recuerdo mi mente visionaria,

---

344 En la *Revista de Cayo Hueso*, vol. II, no.20, 30 de abril de 1898, dedicado a Carlos Pío Uhrbach. En la nota al pie que aparece en *P*, se expresa: "En una copia manuscrita de J. B., en lugar de la dedicatoria se lee: «Dios y tú» y al final el siguiente comentario: «¿Qué le parece a Ud. mi primer ensayo de soneto místico? Prescinda si puede del sexteto: está fuera de tono... ¡Au revoir!»" (88). Por nuestra parte, sólo agregamos algo que comenta Juana en la carta 2 de las 16 que aparecen en *PC*: "Después, el templo lleno de *fieles*, y yo *más fiel que nadie* cerca de ti allí entre la multitud, el resplandor dorado de los cirios y el rumor del órgano vibrante y solemne... ¿Te acuerdas? Yo pensé que tal vez tendrías calor y mandé a Consuelito que te echara fresco." Y añade: "¡Qué momentos tan felices pasé *en el templo!* Una semana antes había escrito el soneto que te mandé. Lo hice allí junto al primer altar de la derecha, junto a la urna de la Dolorosa" (163 – 164). No sabemos por qué el soneto, dedicado a Carlos Pío, aparece dedicado a Federico en *P*. Los editores no lo explican. Si consideramos los versos de "En el templo", en los cuales el misterio de la eucaristía – esto es, de la transubstanciación – coincide con la transubstanciación de lo erótico (divino) y lo divino (erótico), en una especie de éxtasis orgásmico, resulta imposible no ver cómo estos versos se entrecruzan con los del poema "Amor en el claustro", de Casal. En este poema, "los recuerdos [de la novicia] [...] / hacen surgir, esplendorosa y bella, / la imagen inmortal de su adorado. / Pugna por desecharla, ¡anhelo inútil! / Vuelve otra vez a orar, ¡esfuerzo vano! / Que al dirigir sus encendidos ojos / al altar que sostiene al Cristo santo, / aun a través del mismo crucifijo / aparece la imagen de su amado". Julián del Casal. *Poesías*. Ed. del Centenario. La Habana: Consejo Nacional de Cultura, 1963. p, 20.
345 Los acordes: las notas
346 Sagrario: parte interior del templo en que se guardan o reservan las cosas sagradas como las reliquias
347 Impregnar: empapar, mojar algo poroso hasta que no admita más líquido. Llenar completamente

Y de mis labios trémulos y suplicantes, brota
Tu nombre idolatrado, que vibra dulcemente
Mezclado con las frases que forman mi plegaria![348]

¿1895?

---

348 *Plegaria*: oración

Te pertenezco[349]

Te pertenezco, soy tuya
Como el fulgor es del astro,
Como el perfume del pétalo,
Como el ave del espacio.
Como la tristeza pálida

---

[349] En *Albúm poético-fotográfico de escritoras cubanas*, de Domitila García de Coronado. García Marruz nos dice que la cuarta edición (1926) fue la consultada, y que allí el poema aparece con una nueva estrofa y las variantes que siguen:

En Evocación de Juana Borrero	En la edición de García de Coronado
Estrofa primera, verso 2.	Estrofa primera, verso 2.
como el fulgor es del astro	*como la luz es del astro*
Estrofa tercera	Estrofa tercera
Estás en mí compartiendo	*Nada existe sobre el mundo*
Mis pesares ignorados	*Que pudiera separarnos*
Viviendo la vida íntima	*Estás en mí compartiendo*
De mis anhelos nostálgicos	*Mis anhelos ignorados*
Estrofa cuarta	Estrofa cuarta
Siendo en mi mente quimera	*Viviendo la vida triste*
Y sollozo entre mis labios.	*De mis anhelos nostálgicos*
Pero después ¡qué tristeza	*Siendo quimera en mi mente*
Me causa sólo el pensarlo!	*Y sollozo entre mis labios.*
Estrofa quinta	Estrofa quinta
Después nuestras almas tristes	*Pero después, ¡qué amargura*
Tomarán rumbos contrarios,	*Me causa sólo el pensarlo!*
Tú irás a buscar tu muerta	*Después nuestras almas fúnebres*
Y yo a mi muerto olvidado!...	*Tomarán rumbos contrarios.*
Estrofa sexta	Estrofa sexta
Del cementerio sombrío	*Tú irás a buscar tu muerta*
En el dintel solitario	*Y yo... mi muerto olvidado.*
Hay dos fantasmas insomnes	*Amado, cuando la muerte*
Que nos están esperando!	*Nos adormezca en sus brazos*
	Y se lleven nuestros cuerpos
	A sus sepulcros helados
	Estrofa séptima
	[Igual a la sexta de la otra versión]

Como comenta García Marruz, "[l]a versión de la *Evocación* es más depurada," y no sólo porque "evita la repetición innecesaria de la palabra «anhelos»" (*P* 113), sino también porque se deshace, en general, de otras repeticiones que demuestran ser excesivas, además de innecesarias. Es lo que sucede con «Viviendo la vida» y con «después» en las estrofas cuarta y quinta respectivamente. Si se considera que la repetición es decisiva para crear en el texto un sentido de inaplazable futuridad – esto es, de movimiento – y, al mismo tiempo, de anclaje no menos inaplazable en el pasado; mejor, en la muerte de las parejas respectivas del yo y del tú del poema, resulta obvio el imperativo de eliminar aquellas repeticiones que no fueran estrictamente las necesarias para la dramatización de la voz.

Es del alma de los bardos[350],
Y es el dolor de la dicha
Y es de los ojos el llanto.

Estás en mí, compartiendo
Mis pesares ignorados,
Viviendo la vida íntima
De mis anhelos nostálgicos,

Siendo en mi mente quimera
Y sollozo entre mis labios.
Pero después, ¡qué tristeza
Me causa sólo el pensarlo!

Después nuestras almas tristes
Tomarán rumbos contrarios,
Tú irás a buscar tu muerta
Y yo a mi muerto olvidado!...

Del cementerio sombrío
En el dintel solitario
Hay dos fantasmas insomnes[351]
Que nos están esperando!

¿1895?

---

350 *Bardos*: poetas
351 Esos dos fantasmas eran, en el caso de Juana, Casal, y en lo que respecta a Carlos Pío, una novia que éste había tenido en Matanzas, y que había muerto hacía algún tiempo.

Silueta fantástica[352]

Yo lo he visto surgir en mi mente
Como un héroe de tiempos lejanos,
Que soñara en morir defendiendo
El glorioso estandarte[353] cruzado[354].

Yo adivino su frente marmórea
Que circunda el cabello rizado,
Y sus límpidos ojos soberbios
Que ante nada jamás se han bajado.

Y mi mente febril se complace
En prestar[355] a su tipo romántico,
El donaire gentil de Ivanhoe[356]
Y el correcto perfil de Bayardo[357].

Si yo fuera una hermosa princesa,
Le brindara mi cetro y mi mano,
Y quisiera vendar sus heridas,
Con el níveo pañuelo bordado.

Yo lo he visto surgir en mi mente
Como un héroe de tiempos lejanos,
Que soñara en morir defendiendo
El glorioso estandarte cruzado.

¿1895 – 1896?

---

352 En la *Revista de Cayo Hueso*, vol. II, no.13, 9 de enero de 1898.
353 *Estandarte*: insignia, pendón, bandera
354 *Cruzado*: de los cruzados (en referencia a las Cruzadas)
355 *Prestar*: conferir, atribuir, (imaginar o soñar que "su tipo romántico" tiene…)
356 *Ivanhoe*: héroe protagonista de la novela homónima de Walter Scott (1820), y cuyo tema es la rivalidad entre sajones y normandos
357 *Bayardo*: (Pedro du Terrail, señor de). Ilustre capitán francés (1476 – 1524), tan famoso por su valor como por su caballerosidad, y conocido como el *Caballero sin miedo y sin tacha*

Tristes

En mis pálidas horas de amargura
Yo te siento cruzar al lado mío
Como una estrella enferma a quien tortura
La nostalgia infinita del vacío,
Y de tus ojos tristes la dulzura
Aletarga mi espíritu sombrío
En mis pálidas horas de amargura.

Cuántas noches de insomnio solitarias
Has venido a mis fúnebres delirios
Como vienen las dulces emisarias[358]
De la oscura región de los martirios,
A evocar mis quimeras visionarias
Que se han abierto, como blancos lirios,
En mis noches de insomnio, solitarias!

¿1895 – 1896?

---

358 *Emisario*: enviado, mensajero

Canas

    Oh escarcha del pesar, nieve temprana
Que al matizar mi cabellera oscura
Compendias[359] mi presente desventura
Y mis hondas tristezas del mañana.
¡Cubre con tu mortaja prematura
Mi pobre corazón, nieve temprana!

    Entre mis bucles, negros cual la noche,
Estas primeras canas han brotado,
Cuando sentí mi pecho lastimado
Por la injusticia cruel de tu reproche,
Y al verlas, para ti las he arrancado
De entre mis bucles, negros cual la noche.

    ¿1895 – 1896?

---

359 *Compendiar*: resumir

El faro

Tornad[360], tornad al alma! Vivid dentro del pecho,
No abandonéis la mente febril que os diera vida,
Memorias tan amadas de mi ideal deshecho.
¿Seréis como la mano que me causó la herida?

Oh, tú que conmoviste mi corazón sensible
Dejando en él la huella de una pasión funesta,
Y en mi mente el engaño de un ensueño imposible,
Alárgame[361] la mano para subir la cuesta.

Hoy que siento enervarse[362] mi alma soñadora
Entre los brazos gélidos del hastío infecundo
Esparce con tus ojos en mi noche la aurora,
Que no envuelva la sombra mi viaje por el mundo.

Disipa mis tinieblas: Sé mi faro radioso,
Alumbra de mi vida el horizonte oscuro;
Envía hasta las ondas un reflejo dudoso
Y tórname el camino[363] más breve y más seguro.

Me volverá las fuerzas si cedo en el combate
Del faro en lontananza[364] el resplandor incierto,
De las contrarias olas resistiré el embate,
Remando vigorosa para llegar al puerto.

¿1895 – 1896?

---

360 *Tornar*: regresar, retornar
361 *Alárgame*: extiéndeme
362 *Enervarse*: debilitarse
363 *Tórname el camino*: haz que mi camino sea
364 *Lontananza*: a lo lejos

Amargura

    Comprimen los sollozos mi garganta,
De lágrimas se llenan mis pupilas
Que del pecho doliente[365]
La tristeza me arranca,
La ansiedad infinita
De mi espíritu enfermo, la nostalgia,
Y el anhelo vehemente
En que me incendia sin cesar la llama
De esta pasión tan triste y tan ardiente
Que germinó en mi alma
Como flor enfermiza
Al borde de una ruina solitaria.

        ¿1895 – 1896?

---

365 *Doliente*: triste, luctuoso

No lo olvides jamás![366]

No lo olvides jamás! si no consigo
Que mi dolor y que mis ruegos venzan,
Es que tu corazón me está engañando;

Mi duda horrible morirá contigo
Y aunque me jures tu pasión llorando
No habrá pruebas después que me convenzan!

1896

---

[366] *E*II, carta 198, p. 257. Estos versos – no recogidos en las ediciones de la poesía de Juana – encabezan la carta del 11 de enero de 1896 a Carlos Pío. Juana escribió esa carta con su propia sangre. "Único bien de mi alma", empieza Juana, y después: "Jamás el lenguaje ha sido más indócil ni más insuficiente tampoco. Por eso te he querido escribir en esta clase de tinta que te sugerirá la mitad de mis pensamientos… Me he abierto las venas del brazo izquierdo de ese brazo tan tuyo y que tan confiada y tiernamente reclino siempre en tu hombro. Esto te probará mi absoluta impasibilidad ante la tortura física" (256). Carlos Pío estaba persuadido de que su deber era irse a pelear por la libertad de Cuba. Pero la pasión de Juana, por sobrecogedora, no puede sino excluir cualquier otra pasión, incluso la de la libertad. "Ha llegado la hora de la gran prueba, de la demostración definitiva – le dice, desafiante, como personaje de tragedia –. Tu patria. o *tu Juana*: elige. Si te vas me pierdes" (257).

ÚLTIMA RIMA[367]

Yo he soñado en mis lúgubres noches,
En mis noches tristes de penas y lágrimas,
Con un beso de amor imposible,
Sin sed y sin fuego, sin fiebre y sin ansias.[368]

Yo no quiero el deleite que enerva,
El deleite jadeante[369] que abrasa,
Y me causan hastío infinito
Los labios sensuales que besan y manchan.

¡Oh, mi amado! mi amado imposible!,
Mi novio soñado de dulce mirada,
Cuando tú con tus labios me beses,
Bésame sin fuego, sin fiebre y sin ansias.

Dame el beso soñado en mis noches,[370]
En mis noches tristes de penas y lágrimas,
Que me deje una estrella en los labios
Y un tenue perfume de nardo en el alma.

1896

---

367 En *El Fígaro*, año XI, no.16, 1896, y con la siguiente nota entre paréntesis: "(Escrito días antes de morir en Key West)." Juana, imposibilitada ya de sostener el lápiz y el papel entre las manos, se lo dictó a una de sus hermanas. En *PC* – creemos que se trata de otro error tipográfico – falta la coma después de "imposible" y en *P* falta la coma después de "me beses," tratándose posiblemente también del mismo tipo de error.

368 Juana le dice a Carlos Pío en la carta 99: "Dame el beso soñado, el beso puro y tranquilo, apasionado suave. El beso casto, el beso sin fiebre, el beso interminable como aquél que desposó nuestras almas. ¡Oh, dame el beso soñado!" (*EI*, 354). Y en la carta 126: "Te hubiera besado dulcemente, sin fiebre, sin espasmo. Te hubiera dado el beso *interminable* que conmueve pero que no perturba ni enciende. El beso astral. El beso-ensueño" (*E* II, 6).

369 *Jadeante*: que respira con dificultad, anhelosamente

370 En la carta 112, Juana le dice a Carlos Pío: "Sueño que te veo, que llegas, que me besas. Que me das el beso-luz el beso casto que soñé tanto tiempo" (*Epistolario* I, 393).

II. Prosa

II. 1. Prosa poética

Vengo a llorar[371]

¡Vengo a llorar ante tu fosa la certidumbre de haberme consolado! Vengo a llorar la tortura del consuelo, la suprema vergüenza de la conformidad involuntaria... Yo, de los que te amaron la que más te amó, la que menos derecho tengo quizás de llorar ante tu fosa! ¡Yo misma! ¡La que padece porque ya no sufre..., la que lleva en el alma, irresponsable, la suprema nostalgia de la dicha! Me siento lleno el pecho de sollozos cautivos; tengo sobre el espíritu la profunda tiniebla, y por eso vengo a llorar ante tu fosa la pesadumbre de haberme consolado.

Voy por mi sendero con la risa en los labios. Llevo las pupilas vueltas hacia el espacio y no quiero bajarlas al camino. No quiero ver que piso sobre el rastro de sangre que tú dejaste a tu espalda al emprender tu viaje hacia la sombra...

Me he sentado a pensar en él sobre tu sepultura. Recuerdo su mirada, su dulce, persuasivo acento. Y pienso en este amor doloroso que se arraiga en mi alma... Sí, realmente lo adoro. Lo amo con toda la nostalgia de mi pobre alma enferma, con todo mi recóndito anhelo de la dicha. En mi espíritu perdura indeleble, ¡oh, pálido mío!, tu recuerdo sagrado... Pero mi corazón está lleno de su amor infinito. Viviendo tú la vida de la muerte y ocupando él por entero mi alma he venido a las puertas del olvido a hablarte de mis nuevas quimeras.

Hermano, ensueño, bardo, amado mío... ¿Me oyes? ¡Ah! Si me fuera dado rasgar el sudario de nieve que te envuelve y ablandar con mis lágrimas el mármol infranqueable...[372] ¡Verte, verte! ¡Sólo un instante!... Tus ojos, tus dulces ojos color de cielo; y tus manos, ¡tus manos de lirio! ¿Por qué no me será dado devolverte la vida?... Pero no, no salgas de tu cripta! ¡No despiertes nunca!

---

371 En *P*: "Una página inédita de Juana Borrero" (102). Al parecer, el objeto de estas meditaciones no es otro que Casal. En ese diálogo con la sombra de Casal, el "[m]e he sentado a pensar en él sobre tu sepultura" aludiría entonces a Carlos Pío.
372 Reaparece aquí el motivo del mármol infranqueable de "Apolo". Aunque el soneto, como sabemos, no le fue inspirado por Casal, difícil sería no relacionar esos versos con la frialdad marmórea de éste. Y puesto que, insistimos, hay muchas probabilidades de que esta prosa tuviera su origen en la muerte de Casal, esto no haría sino evidenciar que Juana misma no dejó de percibir la relación simbólica Casal-"Apolo". Del mármol del soneto al de la tumba, el deseo de Juana se enreda y anilla al del cuerpo frío, de inconmovible belleza.

Sensaciones[373]

Acá en el mundo pocos lo recuerdan.. Hay un alma, empero, que vivió de su vida y muere de su muerte, un alma grande y sensible que se entregó a la suya como el perfume se entrega al beso de la brisa...

Las almas tristes olvidan, los nuevos amores nacen, las ilusiones se imponen a las existencias de los que se quedan, y lo que fue un culto, una pasión, una vida, no es más hoy que un recuerdo... Nada pueden las almas fieles ante la sencillez aterradora del no ser, ante la crueldad anuladora de la tumba! No hay besos bastante ardientes ni caricias capaces de revivir el cadáver del pasado. Y el alma inconsecuente, ¡ay!, pero irresponsable también, se abre de nuevo a las solicitaciones[374] de la vida, y el corazón lleno aún de lágrimas, responde a las emociones y a las esperanzas.

En mi corazón surge su recuerdo indeleble y pugna por desterrar de mi espíritu la aurora,[375] que ya se inicia en él, de los nuevos amores. Su imagen temida y amada, aparece en mis sueños llenándome de angustia y envenenándome la vida. La obsesión de su reproche me persigue implacable y siento fija en mí su pupila acusadora que me interroga llena de lágrimas.. ¡Traicionado en vida, traicionado en muerte! ¡Oh, mi amor primero! ¡Oh, amor de mi vida!

Ya no puedo decir: soy fiel!, porque en mis sueños se interpone otra imagen que no es la suya, y él ha muerto de nuevo y definitivamente en mi espíritu.[376]

¡Oh, doble muerte, oh, tristeza! Y para traicionarte te hice creer en promesas que yo misma quebranto,[377] y en juramentos que no he cumplido y que no valen nada, ahora, ante la marcha inexorable de la vida.

---

373 En *P*, p. 103. Otra reflexión sobre la muerte de Casal. La ambigüedad, presente en "Vengo a llorar", particularmente en la problemática alusión a las "manos de lirio" de Casal – recuérdese lo que hemos dicho al respecto – pero también en la exhortación, o la orden de que no despierte "nunca", se repite ahora en la mención de la "imagen temida y amada" de aquél. Agréguese, entonces, el motivo del *reproche* – que aparece también en las referencias de Juana a sus relaciones con Casal.
374 *Solicitaciones:* reclamos, demandas
375 *La aurora*: es decir, el amanecer, la nueva esperanza que para ella significaba su relación con Carlos Pío Uhrbach
376 En *PC* el texto continúa después de "espíritu," por lo que, en lugar de dos párrafos, tenemos uno solo.
377 *Quebrantar (una promesa)*: romperla, traicionarla

«El bardo rubio, el ensueño de ayer...»[378]

El bardo rubio, el ensueño de ayer, que vivió muriendo y murió para vivir en la resurrección del recuerdo, duerme olvidado el sueño sin aurora, sumergido en la noche sin sueños...... ¡Duerme!
...... Acá en el mundo pocos lo recuerdan.... Hay un alma empero[379] que vive de su vida y muere de su muerte, un alma grande y sensible que se entregó a la suya como el perfume se entrega a los soplos del aura.... Cuando la muerte tronchó aquella esperanza querida, cuando la nada anuló[380] aquella existencia y lo hizo morir triste e inconforme cuando muy pronto ¡ay! lo esperaba la dicha, hubo almas que lloraron sus lágrimas mejores, corazones que exhalaron sus gemidos más sinceros. Pero el gran consolador el que nivela con los sedimentos del olvido el fondo misterioso de nuestro corazón, el tiempo arrojó sobre esas almas el lenitivo[381] cruel de la indiferencia, el consuelo involuntario y desconsolador que hace sufrir aún más que el dolor de la pérdida.... ¡Y él, el bardo rubio, el ensueño de ayer, en su cripta de mármol, sumergido en la noche sin sueños duerme!.....
.... Las almas tristes olvidan, los nuevos amores nacen, las ilusiones se imponen a las existencias de los que se quedan, y lo que fue un culto, una pasión, una vida, no es hoy más que un recuerdo... Nada pueden las almas fieles ante la sencillez aterradora del no ser, ante la crueldad anuladora de la tumba! No hay besos bastante ardientes ni caricias capaces de revivir el cadáver del pasado... Y el alma inconsecuente ¡ay! pero irresponsable también se abre de nuevo a las solicitaciones de la vida, y el corazón lleno aún de lágrimas responde a las emociones y a las esperanzas!
.... En mi corazón surge su recuerdo indeleble, y pugna por desterrar de mi espíritu la aurora, que ya se inicia en él, de los nuevos amores.... Su imagen temida y amada, aparece en mis sueños llenándome de angustia y amargándome la vida. La obsesión de su reproche me persigue implacable y siento fija en mí su pupila acusadora que me interroga llena de lágrimas.
..... ¡Traicionado en vida, traicionado en muerte! ¡Oh mi amor primero! ¿Por qué no te llevaste a la fosa, mi alma, ávida de emociones, mi corazón que era tuyo? Ya no puedo decir: ¡soy fiel! porque en mis sueños se interpone otra imagen que no es la suya, y él ha muerto de nuevo y definitivamente en mi espíritu.
....
¡Oh doble muerte. ¡Oh tristeza! ¿y para traicionarte te hice creer en promesas que yo misma quebranto, y en

---

378 En *P*, pp. 151 – 152. Es una reescritura, incompleta, del texto anterior. No fue incluido en *PC*.
379 *Empero*: sin embargo, no obstante
380 *Anuló*: destruyó, puso fin
381 *Lenitivo*: que tiene virtud de ablandar y suavizar. Medicamento que sirve para ablandar o suavizar

Pensamientos[382]

La Naturaleza, nuestra madre inconsciente, obedece, dentro de un período de su existencia, a leyes inmutables: su funcionamiento constituye el grandioso conjunto del equilibrio universal. No ven este equilibrio los miopes que no abarcan la totalidad del vasto escenario.

La Naturaleza no es inexorable; no pudiera ser piadosa tampoco ni es nada a este respecto: *la conciencia está en nosotros y no en ella.*

La Naturaleza es... natural.

Lo demás es puro antropomorfismo o pura impertinencia.

---

[382] En *El Fígaro* en una edición dedicada a *La mujer en Cuba*, año XI, no.6, 24 de febrero de 1895. En *P*, p. 119.

Proscriptos[383]

(Fragmento)

Cuando la silueta distante se desvaneció en la bruma de las lejanías, la patria amada desapareció tras el horizonte, y la noche descendió sobre la planicie del mar rumoroso. Ay! y también sobre las almas bajó la sombra y desplegó su fría niebla la tristeza de la ausencia! Desde la toldilla,[384] bajo el palio[385] gigantesco del infinito tachonado[386] de estrellas trémulas, estuve largo rato con la mirada fija en la línea remota que separa el mar del espacio. Y todas las nostalgias me abrumaron, y subieron a mis ojos todas las lágrimas, pensando en la tierra querida que a mi espalda huía envuelta en las sombras nocturnas. ¡Oh! decir adiós al hogar, a los afectos más caros del alma, a la patria que sufre y lucha, es ciertamente bien triste!... Y este desgarramiento íntimo de nuestro corazón nos duele más aún porque nos reprochamos la expatriación involuntaria, porque nos parece una ingratitud para con la patria abandonarla en la desgracia!

Enfrente lo desconocido, la tierra extraña, la sombra, la triste noche de los proscriptos, la nostalgia...

Detrás, el suelo adorado donde aprendimos a venerar[387] un ideal de redención gloriosa, los hermanos que combaten, los amigos que nos aman... Y entre la incertidumbre del porvenir impenetrable, y la desoladora convicción del hundimiento definitivo del pasado, el alma del proscripto sucumbe abrumada por el fardo de las pesadumbres, y se van apagando en el espíritu los astros del ensueño.

... Entre dos infinitos de pesar, entre dos abismos de sombra, entre dos horizontes de tinieblas se emprende la marcha azarosa[388] hacia la región desconocida y extraña... A nuestra espalda se van quedando los ideales, las dulces esperanzas muertas, las crédulas ilusiones de dicha.

A nuestros ojos despliega el dolor su horizonte de lágrimas, y sobre las almas desciende la escarcha de las nostalgias aniquiladoras.

Key West, 1896.

---

383 En *La Revista de Cayo Hueso*, vol. II, no.20, 30 de abril de 1898. En *P*, p. 127. Aquí el asunto es la partida de Cuba.
384 *Toldilla*: espacio entre el palo mayor y la popa de los barcos
385 *Palio*: prenda principal, exterior, del traje griego, a manera de manto, usada comúnmente sobre la túnica
386 *Tachonado*: cubierto completamente
387 *Venerar*: adorar, reverenciar
388 *Azarosa*: que tiene en sí azar o desgracia

«Prosa enigmática»[389]

.... Las «*madonas*» *se mueren* en las habitaciones cerradas............ los lirios se marchitan en el ambiente de *las alcobas*....

No privéis[390] a las vírgenes del libre ambiente ni arranquéis a los lirios de su tallo....

Sed bastante grandes para romper con la tradición grosera impuesta *por la costumbre*............

¡Cuidad del alma! ¿Para qué más? Amad, sed amados... para qué más?...

Romped el molde antiguo impuesto por la carne... Vaciad vuestra alma en el molde espiritual de la poesía... Sed grandes hasta el fin...

Amad sed amados... Para qué más?...

Cuidad el jazmín que se os entrega.

No dejéis que el vendaval[391] lo tronche ni alarguéis para tocarlo las manos corporales....

Su contacto lo deshojaría enseguida, y desprovisto[392] de sus pétalos adónde irá su aroma...? ¿Qué haréis de la flor sin fragancia....?

..Sed bastante puros, para no reclamar jamás vuestros derechos...... Preferid el astro a la llama, el inocente nardo a la embriagadora rosa...

¡Sí! ¡Sed bastante puros para no reclamar jamás vuestros derechos....!

(He dicho.)

La pureza vigilando al amor.

Creación SIMBOLISTA.
    Dedicada al dueño de
mi corazón, a mi bardo, a mi rey,
a mi ideal, a mi amado, *a mi Carlos!*

Su Yvone.

---

389 Poema en prosa de Juana e ilustrado por ella misma. En *P*, p. 153. El origen de esta prosa enigmática es la solicitud que Juana le hizo a Carlos Pío de renunciar a sus prerrogativas sexuales sobre ella.
390 *Privar*: despojar de, arrebatarle o quitarle algo a alguien, o a algo
391 *Vendaval*: viento muy fuerte
392 *Desprovisto de*: privado de

«Mi buen doctor, no te canses...»[393]

¡Mi buen Doctor, no te canses emitiendo pareceres o desarrollando tesis inútiles... no pierdas tu tiempo recomendando la eficacia de tus drogas famosas...!

Más de una hora has estado con el oído puesto sobre mi corazón y no has oído nada. Más de una hora has estado espiando y no has adivinado nada tampoco. ¿Dónde está pues tu ciencia? Después de pensarlo mucho me recetarás cualquier jarabe infalible y te irás tan satisfecho de tu clarividencia ¡oh mi buen Doctor!

Más de una hora has estado con el oído puesto sobre mi corazón y no has podido comprender que *él* estaba dentro!

Guarda tu receta para un caso más clínico... ¡Por desgracia mi médico amado, el único capaz de curarme, está lejos muy lejos...!

---

[393] En *P*, p. 154. Se relaciona probablemente con el contenido de la carta 71 en la que se burla de los médicos que la atienden. Véase esa carta en la presente selección.

El encuentro[394]

... Suena la música cabe[395] los verdes tilos, y a su compás[396] danzan los mozos y las mozas de la aldea: hay entre ellos dos personajes totalmente desconocidos: ambos son esbeltos y elegantes.

Danzan en giros estrambóticos[397], míranse riendo y mueven la cabeza; ella le dice al oído a su galán:

> «Bello señor mío; cuelga cimbreando[398] de vuestro sombrero verde un cierto lirio que no crece más que en el fondo del Océano.... Seguro que no descendéis de la costilla de Adán... Sois un ondino,[399] un hijo del mar y venís aquí para seducir a las tiernas aldeanas. Vuestros dientes de espina de pez os delataron pronto a mis ojos.»

Y ambos se entregan de nuevo a los giros de la danza; míranse riendo y mueven la cabeza. El galán murmura al oído a su pareja:

> «Bella señora mía, decidme si os place [400] por qué hiela como la nieve vuestra mano... ? Decidme, si os place, por qué la fimbria[401] de vuestro vestido blanco está empapada en agua.... ?
> Al primer golpe de vista os reconocí, gracias a vuestras reverencias burlonas. Seguro que no sois hija de Eva, sino una ondina hija de las aguas, primita mía.»

.... Callan los violines, cesa la danza y la linda pareja se separa muy cortésmente. – ¡Ay! ... ¡por desgracia, uno y otro se conocen demasiado!

H. Heine.

---

394 Versión o traducción del texto de Heine.
395 *Cabe*: cerca de (forma arcaica)
396 *Compás*: ritmo
397 *Giros estrambóticos*: vueltas extravagantes, irregulares
398 *Cimbreando*: vibrando
399 *Ondino*: de *ondina*
400 *Si os place*: si es de vuestro gusto (agrado)
401 *Fimbria*: borde inferior del vestido. Orla o franja de adorno

II. 2. Selección de cartas de Juana Borrero a Carlos Pío Uhrbach

39[402]

(Oh María! ¡bendita eres
entre todas las mujeres!)

Mi Carlos idolatrado:
Acabo de recibir tu tranquilizadora carta...... ¡Gracias, gracias alma mía! Ahora puedo llamarme dichosa. ¡Soy dichosa!.... y a tu carta se debe! La guardaré siempre. Es un documento indispensable... quizás tenga que invocarlo algún día... entonces acuérdate bien de que lo has escrito! Piensa y reflexiona!

Yo te conjuro[403] por la memoria de tu padre, que para ti será lo más sagrado, que *no me hagas concebir esperanzas que no serán realizadas. Lo que me promete es para mí trascendental, tan dulce, tan grande, tan tranquilizador* que nunca me había atrevido *más que a soñarlo y cuando te conocí no pude renunciar a mis sueños.... Por lo mismo que te amo tanto!* Piensa y reflexiona.

Oh amor mío! qué grande y puro eres! Lo serás siempre!?.... *esto es lo que importa! Mis súplicas no son* para ahora...... ¿Me comprendes? ¡No son para ahora! Son para cuando.... para cuando tenga que ceder ante la lógica de tus *derechos*.... Me comprendes? ... ¡Para entonces!... Piensa y reflexiona. Quiero que seas siempre mi ídolo.... quiero mirarte siempre con los ojos muy altos, y por lo mismo que te amo que te idolatro que te venero, no quiero nunca sentirme avergonzada de ti.... ¡ay! y de mí misma! Tu carta de hoy tiene más trascendencia de lo que tú quisieras.... Ella me ha devuelto la felicidad verdadera que nace de la confianza absoluta.... ¡Piensa! Tienes razón! tú y yo, somos seres excepcionales... Hemos roto el vínculo del cuerpo y el alma, hemos quebrantado el yugo abrumador y degradante de las solicitaciones[404] corporales... ¡Podemos estar orgullosos de ser puros... de ser de otro barro que la generalidad! Esta es la verdadera grandeza! Y yo te creo a ti verdaderamente grande para esperar de ti, lo que jamás me hubiera atrevido ni a soñar de ningún hombre..... Tú por tu grandeza eres el único hombre capaz de ser por mí heroico... ¿no es verdad alma mía? Pues bien; yo llego a ti y te suplico que conserves mi alma, exageradamente sensible, casta y delicada... Piensa y reflexiona! Vuelvo a suplicarte que seas sincero... No prometas lo que no tendrás fuerzas para cumplir.... Voy a entregarme a la esperanza que tu carta de hoy me ha hecho concebir.... Oye bien esto. Si *un día* tengo que renunciar a ella y aceptar la imposición grosera de la realidad brutalmente lógica, *no vacilaré en quitarme la vida.* Te lo juro por Casal que es mi juramento más solemne...! Dices que te morirías antes que causarme el *más ligero disgusto?*

---

402 EI, pp. 155 – 158. Véase también la *Prosa enigmática*. Juana le exige a Carlos Pío que renuncie a sus derechos sexuales sobre ella. Se trata de una solicitud de auto-castración, y que, por lo mismo, es otra evidencia de la ambigüedad de una relación erótica basada en gestos y reclamos destructivos y autodestructivos, tanto como en las características fintas del juego amoroso.
403 *Conjuro*: ruego encarecido
404 *Solicitaciones*: exigencias, necesidades

Pues sabe que eso para mí no sería un *disgusto* sino un naufragio, una desgracia inmensa, una sentencia de muerte.... porque entonces *te odiaría* te aborrecería, me inspirarías horror, y te amo demasiado para aceptar impasible el dilema horrible de odiarte o de huirte... Piensa y reflexiona... Mi pretensión tan pura como ilógica no está basada solamente sobre un sentimiento personal.... Lo hago también por ti que serás el primero, el inflexible juez de ti mismo! Seamos grandes. Seamos poetas. ¿Por qué no hemos de tener nosotros en nuestro espíritu grandeza bastante para contrarrestar la tradición y rechazar *la costumbre*? ¿Por qué no hemos de ser bastante puros para anular ahora *y siempre* la materia y sentirnos superiores a los demás seres vulgares esclavos de sí mismos?

Carlos Carlos! *Mi* amor *mi* dueño, alma *mía!* ¿Sabes cómo te amo! Lo sospechas siquiera? Eres *mío, mío* como yo soy tuya.... te pertenezco... desde antes de que tú me pertenecieras. *Mi ideal supremo* es estar siempre *a tu lado, cuidarte,* consolarte, alentarte, esperarte, be.... besarte, estar cerca de ti, hacerte dichoso con mi solicitud, con mi ternura.... nunca jamás traicionarte con nada *ni por nada....* y *nada más.* ¡Piensa!

Esta dicha inefable espero poder dártela.... ¿no es verdad mi amado que te basta....? Quiero mirarte frente a frente, medir tu grandeza por la mía.... Poder dormirme sobre tu hombro tranquila confiada.... *sin sobresaltos* instintivos. Quiero que tu mirada no haga subir nunca a mi frente la ola ardiente del rubor indefenso.... Quiero que *jamás la fiebre* empañe el tul diáfano de este amor infinitamente *más puro que el de todo el resto de los seres....* Compenétrate bien del sentido de estas frases.... ¡Que tu resolución no sea un *aplazamiento,* sino una decisión *permanente....!* Te repito que mis súplicas no son para ahora.... Reflexiona. Te ruego que te hagas cargo de lo que te digo. Piensa que lo que me prometes no es una cosa sin importancia. No quiero engañarte. Soy demasiado noble, y te amo demasiado para ocultarte mi resolución de matarme en cuanto este amor pierda su fragancia ideal... Quiero morirme antes que odiarte... Y ten por seguro que el odio nace y el amor se extingue repentinamente cuando la materia se impone triunfante..... Oh! mi amor morirá sin remedio, desengáñate, si no eres suficientemente grande para anularte[405] a ti mismo y vivir para mi espíritu solamente.

Soy tuya, soy tuya! Soy ya tu *esposa* y la fórmula ceremoniosa no añadirá, no puede añadir nada a esta unión amorosísima, espontánea, a esta nupcia ideal, celeste de dos almas *gemelas* que se entregan una a otra seguras de sí mismas! Si no te sientes con fuerza para ser siempre lo que eres ahora, renuncia a mí que aún es tiempo! ¡No me engañes! ¡No me hagas creer, por *tranquilizarme,*[406] en promesas que guardaré como juramentos. Si algún día has de desmentirte renuncia a mí.... Piensa que lo que me prometes es serio trascendental, *único.* ¡Ay alma mía alma mía mi único bien sobre la tierra! Puedes estar orgulloso de ser amado por la mujer *más pura* de la tierra. Yo no en-

---

405 Véase la nota anterior.
406 La insistencia de la duda – articulada en advertencias, recordatorios, repeticiones – termina por convertirse en otro dispositivo del juego erótico.

cuentro en otras, mis mismas ideas. Todas están medidas por el rasero vulgar de la pasión degradante, de la tendencia bestial. Mis amigas...! Las tengo acaso?... todas son iguales. Cuando a veces me franqueo[407] con ellas se asombran y tratan de combatir mis convicciones con razones como ésta: «Pero chica[408] esa pretensión es inaudita»!..... ¡Ay! es que no tienen el alma que yo tengo.... y que tú tienes también dueño mío! Piensa y reflexiona. Hoy soy feliz. Absolutamente feliz. Te amo mil veces más que ayer y creo que mi amor crecerá día por día... Sí, creo que me amas! No puedo dudarlo ya porque sería una temeridad y una injusticia.... Tu última prueba accediendo a mis súplicas, a «mis pretensiones inauditas» me convence. Te adoro y te creo... ¡Qué jamás tenga que perder esta dulce confianza! Y aquí, una alusión oportunísima. Quiero amarte siempre del modo que te amo ahora. Quiero que seas para mí siempre el Carlos de ahora.... El *anverso* me hace venturosa.... ¡Que jamás me encuentre con el reverso de la medalla! Perdona el tono solemne de esta carta.[409] No he podido evitarlo. El negocio vale la pena.[410] Por última vez te conjuro[411] que no me engañes.- Ahora un paso atrás. Enclaustrado.... es mi credo.[412] Quiero que sea mi oración mi divisa y mi consuelo. Cuando *la duda* me asalta *lo leo y me tranquilizo*. Ahora un paso adelante: anoche cuando entraste te sentí muy bien, y sentí cuando me besaste y colocaste la almohada bajo mi cabeza, *pero me hice la dormida*.... (¡Ah!) Ya ves que soy tierna *hasta donde puedo serlo*....

Acabo de recibir El Fígaro. Leo tu Soneto... cuántos recuerdos me trae![413] ¡Oh mi temerario![414] ¡Qué bellas las rimas de Federico![415] ¿Conoces tú a esos muchachos Uhrbach? Quiero que me los presentes. Adiós dueño mío, un abrazo apretado y un millón de millones de besos sobre tus ojos tan miedosos... Recíbelos con toda el alma de tu feliz, de tu casta esposa, de tu dulce novia, de tu buena de tu Yvone.

407 Me franqueo: descubro mi interior
408 Chica: muchacha, mi amiga
409 En efecto, esta carta es también un documento jurídico.
410 Además de legal, la carta adquiere un valor comercial, un acuerdo entre socios.
411 Te conjuro: te propongo ligarnos en un juramento
412 Alusión al poema que abre *Gemelas*, de Carlos y Federico Uhrbach. En una página de diario, Juana comenta: "He leído de prisa y sin detenerme las rimas de Federico. Me fascinan. Pero Carlos... no sé por qué me atrae con su semblante enigmático y triste. Vuelvo a leer sus estrofas. *Enclaustrado*... ¿será sincero? ¡Oh Dios mío así es el hombre que yo he soñado!". El último terceto del poema de Carlos, dice: "Pueblan mis sueños vírgenes con tocas / y no me encienden las sangrientas bocas / con que besan las pálidas mujeres" (*EI* 40). Carlos queda preso así de su propia escritura. Curiosamente, si esos versos trasuntan el temor a la castración – emblematizado en el horror que le inspiran las "sangrientas bocas" de las "pálidas mujeres" –, las "vírgenes con tocas" que invoca no son por ello menos castrantes. Por otra parte, Juana, quien cree ver en Carlos al hombre que siempre había "soñado", sólo puede imaginarse a sí misma como efecto de la escritura casaliana. Estamos, pues, ante un juego erótico siniestro, caracterizado por incesantes sustituciones y entrecruzamientos de identidades y de deseos.
413 Según los editores del Epistolario, "[d]ebe referirse al soneto «Ricardo Corazón de León», que Carlos Pío le recitó en una de sus primeras visitas a Puentes Grandes. Apareció, dedicado a Nicanor Bolet Peraza, en *El Fígaro* del 2 de junio de 1895. Esta referencia nos permite situar esta carta en los primeros días de junio" (*EI*, nota al pie no. 3, 158).
414 Temerario: el que es excesivamente imprudente al enfrentar un peligro
415 Federico Uhrbach, el hermano de Carlos Pío

70[416]

¿... Seré para ti piadosa
Si de tu vida ignorada
Me cuentas la extraña cosa
Que me deje el alma helada...![417]

El y yo.

SÁBADO. AGOSTO 3. 1895
2 Y MEDIA. EN MI DORMITORIO.

— Insomnio. —

¡Carlos Carlos Carlos!..
....
sollozando, llorando amargamente, con las pupilas totalmente empañadas por el raudal ardoroso de mi llanto te escribo estas líneas
....
....

¿comprenderás al leerlas lo que pasa en mi alma? Quizás no!.... y sin embargo he sufrido esta noche tormentos indecibles, cruentos, abrumadores! — Acabo de levantarme del suelo donde me arrojé en cuanto me vi sola y donde pasaré el resto de la noche. Se llora tan bien aniquilada sobre el pavimento! ¡Ay!... y cuando se siente el desgarramiento íntimo de las fibras más sensibles del corazón, y cuando los celos monstruosos nos despedazan a dentelladas crueles el alma ansiosa de amor de ternura de paz... ¿puede dormirse? ¡Cuánto cuánto sufro! Escúchame: impulsada por un arranque[418] generoso, por el anhelo de compartir tus pesadumbres y tus recuerdos te manifesté mi deseo de que fueras sincero conmigo...... ¡Pero yo no sabía lo que era eso! *La prueba* ha sido cruenta, terrible, desesperadora, insoportable para mi pobre corazón tan lastimado siempre por todas las tristezas. Óyeme! te suplico te imploro de rodillas que no me cuentes nunca nada nada de tu pasado!... te lo suplico de rodillas te lo imploro llorando. Es tan angustioso oír de labios del hombre amado ciertas confidencias....[419] Mira yo he sufrido esta noche una tortura tan horriblemente torturadora que no me siento con fuerzas para resistir la segunda prueba. No recuerdo haber sufrido en mi vida nunca como esta noche....... ¿Es que no comprendías tú que me destrozabas el alma, que me enlutabas el corazón con tu confesión con tu sinceridad brutal-

---

416 *EI*, pp. 263 – 267.
417 Véase nota 81 p. 10
418 *Arranque*: impulso
419 *Confidencias*: confesiones

mente leal y comunicativa?......... Es imposible que puedas imaginar el grado de exaltación que me domina en este momento... Por primera vez desde que te amo he sentido la *fiebre* intensa de la pasión avasalladora llenarme el corazón con su ola de fuego y asfixiarme como una mano de hierro ceñida en torno de mi garganta llena de gritos sollozadores y salvajamente sinceros! Por primera vez desde que te conozco he sentido la conmoción violenta de mis nervios agitarme despiadadamente haciéndolos vibrar dolorosamente hasta su última ramificación! ¡Es que siento celos celos terribles de las que te han amado y que comparten conmigo tu pensamiento tu memoria. Sí tu memoria! Y bien, ¿nunca te has puesto a pensar en lo terrible que deben ser los sufrimientos causados por celos desconsoladoramente absurdos pero amargamente reales y desoladores.....? ¡Quiero la rival viva decidida, amenazadora, valerosa, con la cual pueda luchar frente a frente en noble y franca lid[420] aunque caiga vencida abrazada a los girones sangrientos de la bandera sagrada de mis ideales........[421] ¡Pero luchar con un recuerdo lúgubre, con una historia pasada ya y desvanecida tiempo atrás, sin poder siquiera conocer la mano que nos asesta el golpe...? ¡Oh! esto es horrible cruel y desolado! Por Dios, por ese amor que me juras, te imploro que no me cuentes jamás nada que tenga referencia a tus amores pasados...! ¡Quiero ignorarlo todo todo todo! Te lo perdono todo también pero sin oírte sin oír revelaciones que me despedazan el corazón con su caricia abrasadora [*Estas dos palabras tachadas, pero legibles*].....! ¡Oh Dios mío, quién pudiera morir ahora, reposar algún día! Cuánto sufro! ¿Pero es posible que no comprendieras que me destrozabas el corazón con tus palabras...? ¿Es que no has compreridido todavía que te idolatro con la intransigencia más absoluta, con el exclusivismo más exaltado, con el egoísmo más refinadamente exagerado? Si comprendieras las horribles torturas de esta noche maldita, si midieras el abismo de sombras que has abierto con tu confidencia en mi alma..... llorarías tal vez como lo hago yo en este momento! Pues bien, llora! llora también tu tormento y el mío! Ya que mi amor no es suficientemente poderoso para hacerte olvidar ese pasado odioso y aborrecido, llora tu eterna angustia! ¡Oh mi pobre alma, mi alma tan sensible y tan cruelmente lastimada siempre por las manos que más he amado! ¿Qué será de ti torturada en la sombra por todas las tristezas de los celos devoradoramente aniquiladores? ¡Y yo que creía poder consolarte poder compartir tu pasado y prohijar tus recuerdos aligerando tu espíritu de ese fardo! ¡Pero yo no sabía lo que era eso! Guárdatelos!... tus recuerdos me aniquilan. Quiero anular tu pasado sin oírlo, perdonarte sin conocerte, absolverte anticipadamente pero no escuchar de tus labios la confidencia cruel de tus pasiones desvanecidas para siempre en las lejanías de ese pasado que al morir en tu vida te deja como una herencia póstuma de lágrimas y luto, el recuerdo, el recuer-

---

420 *Lid*: pelea, combate
421 En este escenario, Juana se posiciona en el lugar de una especie de guerrero medieval que disputa a su oponente (la rival) el amor de la dama (Carlos Pío en este caso). Las identidades de género son, pues, objeto de un desplazamiento doble. En primer lugar, el "combate" cuerpo a cuerpo entre las rivales, homoerotiza ese encuentro, lo lesbianiza. Pero cuando leemos ese combate en relación al sujeto masculino relegado a la condición de *objeto*, éste se torna "pasivamente femenino", mientras que aquéllas, por el contrario, se transforman en el componente "activo masculino". Acerca del triángulo amoroso véase la nota 32 p. xx

do imborrable...! Bien lo dije! Bien lo comprendí con esa intuición fatal de los pesares venideros,[422] cuando mi alma hizo su nido en Gemelas! Y bien; ahora me dirás tu opinión sobre la seda y los diamantes. ¡Oh lo artístico! ¡Oh *la rima por la rima!* ¿Es que me juzgabas tan poco enamorada que no comprendiera que debajo de cada estrofita palpitaba un recuerdo, una época, una fecha...? Y bien; ¿por qué confiarme a medias solamente lo que fue toda una historia dolorosa....? ¿Por qué dejarme agonizante con la daga en la herida sin rematarme piadosamente por no hacerme sufrir el tormento de la agonía? ¿No sabes que mi cerebro terriblemente exaltado por la pesadumbre, *reconstruye* las escenas las frases los movimientos los arranques todos de aquella mujer que te amó y a la cual amaste aunque por compasión me lo niegues... ?[423] No me creas tan cándida. Conozco el mundo y aunque aspiro a la pureza perfecta del corazón y a la virginidad suprema del alma, sé lo que son *emociones* y lo que son recuerdos. Puedes estar convencido de que por una especie de clarividencia espantosa presencio una por una aquellas entrevistas que jamás se apartan de tu memoria! En estos momentos es cuando adivino, cuando tengo la revelación profética de los males que me amenazan. Por desgracia no soy *una inocente...!* Soy muy perspicaz en cuestiones de mundo y en manejos de mundanos. A mí también me han hecho sufrir, oh sí! antes de ahora. No es que tema que la ames.... No. No es que tema que su recuerdo me quite un milímetro del lugar que me has dado...... No. ¡Bien sé *que te poseo*, pero....... tengo celos terribles de los pensamientos que dedicaste a otras de las emociones que hicieron nacer en ti las que no te amaron las que no te pudieron amar como yo te amo.[424] Y el pesar terrible de lo irremediable de lo desvanecido ya para siempre me agobia y aniquila.

Esta carta es cruel acerba y comprendo que te ha de causar una impresión penosa..... pero es sincera. ¡Ojalá pudiera escribirla con lágrimas con gritos de aflicción suprema con estremecimientos de angustia...! Qué noche qué horrible noche! Óyeme. Es necesario que me comprendas. No te reprocho nada. ¿Acaso eres responsable de las infidelidades cometidas antes de conocerme? No es eso. Lo que quiero, lo que te suplico por lo que más ames es que no me cuentes con lujo de *detalles* verdaderamente despiadados tus amores los pasados los muertos. Y déjame decirte que no me gusta, aunque sufra mucho, oírte negar la participación que tu corazón ha tenido en esas lúgubres tragedias de tu pasado. ¿Por qué negarme que la amaste? No la amarías idealmente como me amas a mí pero la amaste de un modo u otro y no debes negarte a ti mismo ya que quieres ser sincero. ¿Acaso ignoras que al primer golpe de vista adiviné en aquellos rondelitos toda una historia dramática y arcana? No; lo que es el remordimiento número 1 no lo oigo. Ese te lo guardas.[425] Aun-

---

422 *Venideros:* futuros
423 Los celos – con todo su contenido ambivalente – son, posiblemente, el combustible que mantiene inflamada la pasión de Juana Borrero. La reconstrucción; mejor, la *construcción* de la escena erótica, más que angustia en estado puro, sugiere un gozo perverso, cierta *jouissance*, para decirlo en términos lacanianos. A través de los celos entra el cuerpo, a manera de un gozoso estertor, en la escritura.
424 La pasión de los celos encadena a Juana, la enreda a las ex-amantes de Carlos Pío tanto como a éste mismo.
425 Nótese el tono desafiante, amenazador.

que te parezca esto egoísmo no lo es. Es que estoy segura de que a la segunda confidencia me suicido. Hoy he estado a punto de hacerlo, ¿por qué no tendré el valor de tomar la dosis de ácido nítrico que tengo siempre conmigo?[426] ¡Oh! cuánto he llorado esta noche mi Carlos! No me vuelvas a contar nunca nada. Esto te parecerá incomprensible pero ponte a pensar que soy horriblemente celosa y que te idolatro ¡ay de mí! con toda mi alma, sí, con toda mi pobre alma tan lastimada por todas las tristezas. Mañana cuando mi horrible angustia se haya calmado y mi pobre cerebro haya recobrado su razón extraviada, pensaré en estas líneas crueles y me arrepentiré quizás de haberlas escrito. Pero ahora, ahora quiero ser sincera y quiero que sepas que me he pasado la noche despierta escribiendo y confiándote con una lealtad que sólo tú sabrás aquilatar mi oculta pesadumbre........ Son las cuatro casi. Pronto comenzará la aurora y entonces se habrá disipado ya mi horrible aflicción... pero no quiero romper esta carta porque quiero que llegue a ti como el grito más alto de mi alma celosa. Es que te adoro! ¡Que te amo con locura y que te ruego que me ocultes lo que tanto me hace sufrir: tus amores pasados. Mañana cuando recobre el juicio y se haya cerrado la herida abierta por tus recuerdos esta noche te volveré a escribir tiernamente implorando perdón por todo esto que debía callarme. Qué triste estoy y qué sola

....

¡Y qué dura ha sido la primera prueba! No me sometas por piedad a la segunda. Yo te absuelvo de todo de todo de todo pero no me lo digas no me lo cuentes prefiero ignorarlo ignorarlo siempre. ¡Oh los rondeles delatores![427] ¡Oh las almas exclusivas! ¡Oh las confidencias crueles! ¿Por qué no te habré acompañado yo siempre siempre desde que naciste? ¿Por qué no me conociste antes, antes de entonces? ¡Ay! éstas son las amargas preguntas que no tendrán jamás respuesta. Adiós. Voy a arrojarme de nuevo sobre el piso para consinuar llorando hasta que surja el alba. Sé de antemano[428] lo que me vas a contestar a esta carta, pero como eres tan bueno y me lo dirás por consolarme, creeré *lo que debe haber sido*.

Perdóname esta carta. Soy una desventurada. ¡Pero cuánto, cuánto sufro! ¡Cada vez que pienso..........! – Juana-.

---

426 Los pensamientos suicidas permean una zona importante de su correspondencia. Estos pensamientos – a menudo enredados al objeto deseado, ya se trate de Casal o de Carlos Pío – son, a su vez, indicadores de la ambivalente relación con aquéllos. En efecto, es a través del intercambio o del "regalo" del instrumento homicida – el cuchillo, el veneno, las pistolas –, así como de incitaciones específicamente suicidas, que Casal, Juana y Carlos Pío terminan conectados en un peculiar circuito de deseo y destrucción.

427 Habría que considerar esta exclamación, el carácter delator atribuido a los rondeles, en los propios rondeles de la escritura de Juana.

428 *De antemano*: anticipadamente

71[429]

Domingo. Agosto 3. 1895. 11 de la noche. En mi habitación.– Alma mía, mi único dueño; con el alma desolada aun por el pesar de haberte enviado la carta que escribí anoche, te escribo estas líneas para hablarte de cosas tristes muy tristes para ti y para mí bien de mi vida. ¿Qué impresión te causará mi carta de hoy...? ¡Oh, si pudiera borrarla con besos y lágrimas! Mira anoche después que te fuiste me quedé en un estado de excitación nerviosa tan grande que estuve a dos pasos de la demencia. No fue ciertamente tu visita lo que me puso en ese estado... ¡Ay de mí! yo pensé que esa noche tan esperada sería toda una fecha feliz para nosotros. Pero mi carácter estúpidamente celoso y exageradamente exclusivo me amargó la noche y me enlutó el alma con esas angustiosas *conjeturas* que son como *presentimientos del pasado!* Cuánto sufrí! Un momento después de haber enviado la carta me arrepentí: ¡lo de siempre! pero ya era tarde. La carta estaba en camino. Solamente me queda el consuelo de reconocer que estuve violenta, injusta, exagerada y estúpida... Ay! y también sincera! Carlos oye: *pasado mañana me voy para Mariano.* Mañana a las 12 y media se reúnen en una junta los Dres. Montané Jacobsen Varela Zequeira y Cabrera Saavedra[430] en casa de este último para reconocerme por última vez y pronunciar la última palabra sobre mi verdadero estado de salud. Dentro de quince días a más tardar me iré con Elena para los Estados Unidos. ¿Imaginas el bárbaro martirio que me tortura al decirte estas crueles palabras?... Esta tarde estuvo Jacobsen a verme y acordaron definiti-

429 *EI* 268 – 70
430 Luis Montané Dardé (1849 – 1936). Médico y fundador de la antropología en Cuba. Estudió en París y con sólo 20 años fue nombrado miembro titular de la *Societé d'Antropologie* de esa ciudad a petición de Broca, Bertillon (padre) y el general Louis Faidherebe. Luego de revalidar su título en Barcelona, se estableció en Cuba. Trabajó como cirujano en el Hospital San Felipe y Santiago, de La Habana, y en 1875 fue nombrado académico de número de la Real Academia de Ciencias. Fue uno de los médicos cubanos que, junto a José R. Montalvo Covarrubias y Carlos de la Torre Huerta, examinó los restos de Antonio Maceo. Joaquín L. Jacobsen fue director de la *Revista de Ciencias Médicas de La Habana,* cuyo primer redactor fue Esteban Borrero. Jacobsen fue uno de los pioneros en la investigación de la tuberculosis en Cuba, y uno de los más renombrados higienistas de la época. José Varela Zequeira (1854 – 1939), médico, cirujano, orador, catedrático y poeta. Fue profesor de anatomía de la Universidad de La Habana, y uno de los poetas antologados en *Arpas amigas* (1879). De acuerdo con la doctora Beatriz Varela, "Esteban Borrero Echeverría, Enrique José Varona y José Varela Zequeira se conocieron en la ciudad de Puerto Príncipe (los tres eran camagüeyanos), en aquellos días trágicos [de la *Guerra de los Diez Años* 1868 – 1878]". La doctora Varela cita a Varona, quien comenta que formaron, "en los años en que estos vínculos se forman, una estrecha cadena que todo ha venido a soldar: Identidad de gustos literarios, paridad de ideas políticas, similitud de estudios científicos, igualdad de aspiraciones filosóficas", agregando que, para él, "pasar de Borrero a Varela es tan natural como me sería imposible pensar en el uno sin pensar en el otro". Beatriz Varela. *José Varela Zequeira (1854 – 1939): su obra científico-literaria.* Miami: Ediciones Universal, 1997, pp. 32 – 33. Según los editores del *Epistolario* de Juana Borrero, Varela Zequeira "[estaba] emparentado con la madre de Juana y [era] padrino de su hermanita Ana María" (*EI* 268). Francisco Cabrera Saavedra (Canarias, España, 1850 – París, 1925). Se graduó de doctor en la Universidad de La Habana en 1880. Precursor de la cirugía abdominal y del uso del laboratorio clínico.

vamente sacarme de aquí..... Es decir, alejarme de ti, matarme! Óyeme. Es necesario que te hagas cargo del profundo pesar que me aniquila desolándome, porque yo no encuentro una palabra capaz de explicarlo!! ¿Alejarme de ti de mi único consuelo, de la *mitad* de mi alma? ¿Qué será de mí allá lejos de ti sin recibir carta tuya sin saber si estás bueno sin verte sin hablarte sin oírte...? Estoy a dos pasos del suicidio, créelo. La idea de tu amor y el pesar de mis padres me detiene [sic]. Mísera existencia! ¡Que no la pueda arrojar de mí como se arroja un fardo demasiado pesado a la mitad del camino! ¡No verte no hablarte! ¿Has pensado en eso? ¿Has pensado en los días crueles que me esperan devorada por la fiebre enervadora de la nostalgia y lejos de ti que eres la mitad de mi alma, el aire que respiro, mi corazón, mi vida, mi esperanza? Te escribo llorando. Llorando con profundo y amargo desconsuelo. ¡Y no podré verte siquiera una vez más antes de partir? De Marianao me llevarán a bordo y según prescripción de esos pobres diablos de especialistas tan obtusos que no comprenden que lo que yo tengo, que el mal que me aqueja y hace morir lentamente es el amor, el más contagioso de todos los males conocidos![431] ¿No podré verte un momento siquiera a solas antes de la dolorosa y fatal despedida? Me muero de tristeza de desesperación.

Estoy sola sola sola. Sola con tu recuerdo porque tú aunque estás en mi alma estás lejos.... Si pudiera verte ahora para arrojarme en tus brazos y refugiando la cabeza en tu pecho llorar llorar amargamente estas lágrimas de fuego que derramo en silencio. ¿Quién podría sacarme de allí? ¿Quién podría arrancarme de tus brazos? ¿Ay! en estas horas de prueba es cuando comprendo que te amo que te adoro con delirante vehemencia y que soy tuya tuya tuya! Comprendo que eres mío, que te poseo como tú a mí y que nada ni nadie nos podrá separar! ¡Cuánto sufro! La idea de mi partida es una obsesión lúgubre que me enloquece por la intensidad de la pena y cada vez que pienso que estaré lejos de ti más de tres meses se me oprime el corazón y los sollozos suben a mis labios ahogándome. Si pudieras verme cómo te escribo. Las lágrimas caen como anoche sobre el papel en que te escribo pero arrancadas por un sentimiento más noble y grande... por la aflicción sincera de la separación. Carlos Carlos mío, mi único, mi corazón, mi todo! Tu Ivone, tu Juana tu pobrecita consentida te suplica llorando que no la olvides, que la ames mucho mucho y que la esperes con el corazón lleno de ella como hoy. ¿No es verdad mi Carlos Pío, mi cielo, que no me olvidarás? ¿No es verdad que sufres mucho con mi ausencia? No me escribas consolándome. Escríbeme por el contrario lo más sinceramente que puedas porque tu indiferencia en estos momentos, aunque fuera fingida, me destrozaría el alma! ¡Llora llora conmigo para llevarme a mi destino tu último sollozo y tu último gemido. ¿Pero es verdad, es verdad que me voy? ¿Que voy a estar lejos de ti? ¿Que no voy a poder verte? ¿Que no voy a recibir tus cartas adoradas...? ¿Es verdad todo esto?.... ¡Oh qué triste qué triste es mi destino...? ¡Carlos mío, mi

---

431 La pasión distancia a Juana de este tejido de relaciones y alianzas médicas, literarias y familiares que, inútilmente, la examinan. El saber – o el secreto – de Juana colocan su correspondencia, y aún su escritura, en una zona de desgaste pasional, de derroche, que necesariamente – como ocurre en Casal, y en general en el modernismo – habría de abocarla a un distanciamiento de las prácticas higienistas y de la mirada positivista de la época. Véase también su prosa "Mi buen doctor, no te canses".

alma mi dueño! Sufres mucho? Mira, quema si quieres mi carta de anoche. El momento presente es demasiado dramático, demasiado triste, para convertir nuestras almas a otras tristezas que no sean éstas!

Anoche cuando escribí esa carta no sabía que me iba... ¿Comprendes? Lo he sabido hoy después que se fue Jacobsen a las cinco y media de la tarde. ¡No yo no hubiera amargado jamás adrede[432] el santo dolor de la despedida con quejas estúpidas si yo hubiese sospechado que anoche sería la última noche que yo te viera! Yo creía poder verte antes siquiera tres o cuatro veces pero la suerte contraria no lo ha querido así bien de mi vida! ¿Con qué palabras explicarte mi pena mi dolor nefando[433] infinito terrible? Todos *los míos* duermen. Sólo yo velo y sollozo. Sollozo y te escribo. Mañana no tendré tiempo. Y necesito decirte tanto tanto antes de irme! Óyeme[434]: yo te escribiré desde mañana lo más a menudo que me sea posible. Lola[435] se encargará de buscar el modo de enviar nuestras cartas. Escríbeme tiernamente a mi destino. Piensa lo triste que voy a estar allá tan lejos de ti porque no podré verte!... ¡Oh! tu Juana tu pobrecita Juana es muy desgraciada. ¡Sufro tanto! ¿Vendrás mañana? Quiéralo el Dios bueno el grande el justo. Todavía no quiero convencerme de que me voy. Acaricio como una esperanza redentora la ilusión de curarme en Marianao para que no sea preciso llevarme al extranjero... La idea de no verte a menudo antes de irme, me llena de angustia. Es necesario que yo pueda hablarte aunque sea una vez sola antes de partir para jurarte no ser más que tuya para decirte que te idolatro que me muero de angustia cuando pienso que no te veré y que soy tan tuya como es tuya tu vida! Es necesario que tú me digas que me amas que eres mío y que me jures *verbalmente* no ser más que mío aunque la distancia nos separe y la ausencia nos aleje. ¡Quisiera poder estrechar tus manos contra mi corazón tan lleno de tu amor y tan tuyo, para que cada latido te dijese lo que sufro, lo que padezco con la obsesión de esta ausencia que me mata porque me aleja de ti que eres la mitad de mi alma! Es muy tarde. Las doce y media. Me rinde el cansancio de la pesadumbre: – qué sueños tan tristes los míos de esta noche! No puedo escribirte más... hace 9 noches que no duermo y el insomnio me aniquila. Espero verte o por lo menos escribirte antes de ir a Marianao... Si no es así, abre los brazos para que recibas mi alma que te va en esta carta tan poco elocuente y tan torpe para explicar mi desconsuelo. Estréchame contra tu corazón acaríciame tiernamente y bésame, bésame! Mi Carlos mi dueño, mi rey! Te idolatro sí te idolatro. Te beso te beso y te oprimo en mis brazos. Juana.

[Esta carta está escrita en papel de luto, enmarcado con franjas negras]

---

432 *Adrede*: intencionalmente
433 *Nefando*: indigno, torpe; de que no puede hablar sin repugnancia u horror
434 La insistente repetición de ese *óyeme* sugieren el deseo de cancelar la mediación de la escritura, y, por tanto, intensifican la urgencia del discurso amoroso.
435 Lola (Dolores Borrero), una de las hermanas

110[436]

Lunes. 16 Septiembre de 1895. Larrazábal.

5 Y MEDIA DE LA TARDE.

Amor mío mi dueño adorado. Llegué a las dos y por complacer a papá me puse a pintar cuando deseaba con todo mi corazón escribirte. Ahora lo hago porque necesito decirte todo lo que no te dije anoche. Siento un anhelo inmenso de expansión que me hace llorar de ansiedad en mi impotencia. ¡Cuánto, cuánto te hubiera dicho! Si el lenguaje no fuera tan mezquino y la palabra tan ineficaz te escribiría de un modo que habría de conmoverte! En este momento quisiera estar junto a ti. Hace un bello crepúsculo. Un cielo opalino, suavemente alumbrado por la postrera luz del sol que muere. Siento que me haces falta. Es la hora de los sueños. Si estuvieras a mi lado! La luz me va faltando, casi no veo ya. A la noche amor mío seguiré escribiéndote para que te entreguen mis cartas mañana por la noche. Llaman a comer adiós dueño mío, mi bardo. Adiós mi Carlos hasta luego. Te beso — 8 de la noche — Carlos adorado. Vengo de un paseíto bajo los algarrobos. La noche azul. Como mis ilusiones. He arrancado los lirios recién abiertos que coloco aquí sobre tu carta de anoche para que la perfumen. Desde aquí veo los astros, que se abren en el éter. La brisa me besa. Una ráfaga de infinita poesía me envuelve y en ella flota disuelto tu recuerdo, tu recuerdo adorado. Soy dichosa. Las dulces emociones de anoche se reproducen íntegras en mi alma conmoviéndome y haciéndome llorar de felicidad. ¡Qué feliz fui, amor de mis amores cuando te vi llegar! No sé porqué estaba tan segura de verte. Tenía la convicción de que vendrías y te esperaba. Cuando te vi llegar hubiera querido arrojarme a tu cuello y cubrirte los ojos de besos. No pude. Bastante esfuerzo me costó no hacerlo! Cuando veo una demostración de amor tuyo hacia mí, la recompensa sube a mis labios hecha beso y caricia. Me parece una ingratitud permanecer impasible ante una prueba de amor que me conmueve hondamente. Mil veces estuve a punto de coger tus manos amadas y llevarlas a mi boca para besarlas con toda la ternura que hay en mi alma. Hubo un momento en que no pudiendo realizar mi anhelo te cubrí las manos de pétalos de rosa... ¿Te acuerdas? Todos me vieron. Pero fue un arranque involuntario. Toda mi vida me hubiera parecido poca para dártela en ese momento... Tú lo viste. Es que te amo tanto, tanto! Me es ya imposible vivir lejos de ti. Te necesito. Te necesito para mis tristezas para mis alegrías para mis sueños. Vivir tu vida compartir tu ser anímico ser tu alma tu esposa y tu musa. Esta hermosa esperanza me reanima y consuela. ¡Oh el porvenir! Iré donde vayas. Donde quieras llevarme. ¿No eres mi dueño? Hoy yo no sé dónde ha ido mi altivez de otros tiempos. No me conozco. Comprendo que estoy sugestionada por ti y me anulo en tu amor porque quiero ser tu amada y porque me es imposible ¡oh mi rey! ser tu reina. No me digas que nunca te suplique. Cuando me hablas tu voz es para mí más persuasiva que una caricia, y cuando te hablo «viene a mis labios la inflexión del ruego!» Releo tu carta tu amorosa carta de anoche. Ciertamente sería muy bello tener una casita un nido como ese... Pero sabe desde ahora oh mi esposo que para ser feliz me bastas tú, tú solo, sin [ilegible] búcaros, ni flores. *Donde tú estés allí estará mi cielo y el paraíso sin ti sería para mí un desierto*. Compartiré contigo tu situación *cualquiera que sea y estando a tu lado seré siempre dichosa ya me recline entre divanes de seda ya me albergue bajo humilde techo*. Ten esta convicción. Además yo tengo mi mundo, mi mundo de sueños donde nos refugiaremos cuando nos hiera sin piedad el medio externo y mientras podamos tener un alma y un espíritu seremos felices!... Tú solo tú. Contigo no me arredra el porvenir. El nido está en las almas y mientras haya amor en nuestro corazón habrá hogar en torno nuestro. Esto quizás podrá no ser *práctico* pero es lo que siento y te lo digo. Tu pecho es para mí *la única almohada donde estará bien mi cabeza* tan fatigada por las tristezas y por este grave fardo de ensueños que el destino ha arrojado sobre mi existencia. La luz de tus ojos *será para mí siempre mil veces preferible a la suave claridad de las pantallas, y tu mano sobre mis ojos la mejor alhaja*[437] *que ostente*[438] *mi frente*. En ti está mi universo. Fuera de ti no existe el mundo. A falta de joyas tendré sobre mi cabellera besos y sobre la frente caricias. Con tu amor mi existencia será un edén venturoso, como sin él sería un drama horrible mi porvenir y mi vida toda. Experimento además un anhelo insaciable de goces extraños que me hace soñar con climas imposibles y con escenas de amor que sólo existen en mi fantasía. Percibo claridades de astros invisibles y fragancias de flores que jamás se han abierto. Si pudiera recorrer apoyada en tu hombro el sendero imaginario que atraviesa el jardín de mis sueños sería feliz ah muy feliz! Me seduce la sombra, la sombra que proyectan en los senderos las ramas de los árboles. La naturaleza de noche me es amada cuanto me es aborrecida en pleno día. Desde aquí veo dilatarse el cielo cubierto de astros que chispean como diamantes y veo agitarse en silencio el follaje del ciprés que crece frente a mi ventana. Si estuviera contigo recorreríamos juntos el sendero, aspiraríamos la fragancia virgen de los nardos y nos sentaríamos junto a la fuente ruinosa donde la yedra invasora ha cubierto casi por completo la estatua de Neptuno. ¡Oh qué ensueños! Desde que leí tus rimas acaricié la esperanza de soñar en tus brazos. Dar libertad al ave azul de la fantasía y perderme contigo en las regiones ideales. Quisiera dormirme en tus brazos dulcemente adormecida por tu voz y envuelta en el resplandor velado de tus pupilas de topacio. Anoche. Sentía un anhelo inmenso de reclinar mi cabeza en tu hombro y de pasar mi brazo en torno de tu cuello. Debe ser muy dulce soñar sobre el corazón de la persona amada. Oh!

437 *Alhaja*: prenda muy cara o costosa, joya
438 *Ostente*: exhiba, muestre

Si yo pudiera estar siempre a tu lado no te enfermarías jamás ni estarías triste. Yo quisiera poder llevar a tu alma la paz y a tu corazón la dicha completa. Quisiera que tuvieras la revelación de mi pasión para que vieras claro en mi alma y pudieras medir la inmensidad de mi ternura. Anoche. Esta frase viene a mis labios y a mi pluma con la tenacidad de una obsesión venturosa. El recuerdo de tus frases de tus palabras de tus miradas me hace languidecer de dicha y comprendo que te adoro, que te adoro con una pasión que es religión y credo, alma corazón y existencia. Tu amor lo llena todo, todo lo satisface. Poseer tu alma es poseer la dicha. Perderte sería morir. ¡Cuántas noches, en mis horas de insomnio he llorado pensando en este amor que ilumina mi horizonte entenebrecido por todas las tristezas!... Cuántas veces con la frente apoyada en las manos he reconstruído las emociones que precedieron a nuestra dicha y he sentido en lo más hondo del alma un enternecimiento profundo involuntario y lleno de vagas dulzuras... ¡Oh tu amor! ¡tu amor! Si lo perdiera me hundiría en la nada. He puesto en este postrero ideal todas mis esperanzas las que un día murieron, y todas mis ilusiones, las que un día se marchitaron. He vivido ya mi vida. Al principio de mi senda me sentía desfallecer. Has de saber que yo he sido un ser profundamente triste y combatido por todas las nostalgias. No tuve infancia. Desde los siete años comencé a sufrir como si hubiera nacido para el dolor. Crecí entre los que me aman, pero jamás he sido comprendida. Siempre he sido una desequilibrada para los míos. Mejor. Tú me comprendes porque me amas y me amas porque me comprendes. — En este momento dan las nueve. Me fatiga escribir sin levantar la cabeza. Voy a suspender porque si no me desvelo. Adiós corazón mío mi Carlos. Bésame y hasta luego. – 10 y media de la noche. – Estoy sola, sola contigo. Aquí frente a mí dos lirios hablan entre sueños. A mi lado un ejemplar de «Gemelas» que pedí prestado a mi tía. Lo he traído conmigo porque quiero revisar sus páginas fatales y amadas. Leyendo el bello soneto que titulas «Monacal» ha venido a mi mente la figura de «la niña de frente simbólica»...... A través del velo misterioso que envuelve estos dos sonetos descubro la figura de una novia que ama y sufre. No sé porqué me figuro que ha existido. De todos modos tú me dirás si me he equivocado ¿eh? con sincera franqueza. Yo creo adivinar existencias reales bajo cada una de tus creaciones. «Satsuna», «Afrodita» «Mundana» «Melancolía» ¿qué son sino esto?... Percibo claramente huellas que dejaron en tu alma las plantas fugaces de las amadas efímeras. ¡Oh «Gemelas!» Ese libro será siempre para mí un misterio y una fuente de dulces tristezas. Me gusta recorrer ese sendero *donde no podría descubrirse la más ligera señal de mi paso. Me gusta hundir el alma entre esas páginas donde se abrió el nardo de este amor tan profundo que me inspiras!* ¡Rememorar ¡Es tan dulce la melancolía del recuerdo! ¿Cómo despertó tu pasión en mi alma? No lo sé, únicamente tengo conciencia de que te amo *hace tiempo. Sí, entonces te amaba, y tú...... tú estabas allá.* Evocando el recuerdo de esos días comprendo que te adoro y que me eres muy necesario, oh sí! *muy necesario!* Ya no puedo estar lejos de ti. Te necesito, te anhelo con toda mi ternura con toda la impaciencia de mi nostalgia. Bésame y abrázame. ¿No soy tuya? Dan las once. Me rinde el sueño y me duele un poco la cabeza. Si pudieras besarme se me quitaba la neuralgia. Mañana te seguiré escribiendo. Ahora estoy sola. Mis ojos se cierran.... ¡Oh tan lejos! Adiós esposo, dueño y ensueño, ideal y bardo. Te idolatro oh sí! te idolatro. Te beso con delirio. Juana.

112[439]

Miércoles. 18 de Septiembre de 1895. Larrazábal– Misiva[440] gris
— 3 de la tarde —

Amor mío, Carlos adorado. Entregué ayer a Dulce[441] cartas para ti que debe haberte dado anoche pues según entendí el domingo pensabas volver a casa. Ojalá que te las hayan entregado ya. Escribí anoche a nuestra madre una carta un poco zalamera pidiéndole el anillo. Le digo que mejor quisiera verte en la manigua[442] que en Matanzas. Esta es la verdad. ¿Por qué no ser sincera con ella? Veremos si se apiada y nos lo manda. Tú mismo lo colocarás en mi dedo. ¡Oh momento *solemne!* ¡Con qué impaciencia lo espero! Será la *gran fecha.* Habrá de todo: besos, caricias, chiqueos y malacrianzas..... Ya lo verás. Me siento lo más atrevida del mundo. El mejor día te hago pasar el susto de registrarte los bolsillos. Si encuentro algún *documento....* se armará lío grande. La otra noche lo hubiera hecho si no hubiera habido delante *tanta gente....* Qué anhelo sentí de despedirte con un beso! Anoche soñé contigo. Tengo un fotograbado que arranqué de Gemelas, clavado a la cabecera de mi lecho y me duermo con las manos puestas sobre él. Sin embargo, *no sé por qué* ese retrato no me agrada. No fue hecho para mí.... no! El disgusto que se traduce en sus facciones no era ni el disgusto de no verme, ni el disgusto de no hablarme, ni el disgusto de no saber de mí, ni el disgusto de no recibir carta mía.... ¿Me habrás comprendido? No, no puede serme amado ese retrato. Sin embargo a falta de otro he puesto ése a mi cabecera para que vele mi sueño. Acabaré por quitarlo pues su contemplación me hace ir al pasado. Aquí viene muy bien aquella frase tuya de «los efectos retrospectivos». Anoche por poco me mata la fragancia de los lirios.[443] Los arranqué por la tarde al morir el sol. Los coloqué en un vaso frente a tu retrato y no me acordé de sacarlos de mi habitación por la noche. Me dormí respirando la emanación homicida de sus corolas y a eso de las dos y media desperté casi asfixiada. Me incorporé haciendo un esfuerzo y los arrojé por la ventana. Hasta las flores nos traicionan! Esta perfidia de unas flores que me son tan amadas me ha hecho pensar..... Los he recogido hoy de junto a mi ventana y los he guardado porque perfumaron tu imagen y porque su fragancia fatal tendrá desde hoy para mí el encanto del peligro. Sin embargo, no volveré a dormirme cerca de ellos. Quiero vivir para ti, para hacerte feliz y para acompañarte el resto del camino. Viviré por y para ti. A tu lado me parecerá hermosa la vida y florida la

---

439 *EI*, 391 - 395
440 *Misiva*: Carta
441 Dulce María Borrero, la hermana
442 *La manigua*: el monte cubano, donde se luchó por la independencia
443 Nótese la significación homicida asociada a los lirios. Como se recordará, ya nos referimos a esto antes. Véase también la carta que precede a esta.

senda.⁴⁴⁴ Puedes tener la seguridad de que jamás intentaré nada contra una existencia que siendo mía te pertenece. Esto no quiere decir que no esté dispuesta a morir contigo el mejor día. Quiero vivir tu vida y morir tu muerte. Anhelo demostrarte de algún modo mi infinito amor mi pasión profunda. Quiero que sepas que te adoro. Que eres mi único bien mi esperanza de dicha más hermosa y redentora. Quiero que sepas que te idolatro. Que por conservarte soy capaz del crimen y del heroísmo. Que te pertenezco. Que soy para siempre tuya y que anhelo darte mi existencia toda como te he dado mi alma. Todo esto ¿no lo sabes ya? Y sin embargo necesito decírtelo. Necesito llevar a tu alma la convicción alentadora, la fe ciega de la certidumbre. En este momento te siento tan en mí que casi te veo. Estás en mi alma reinando como dueño y como ensueño. Anoche después de haber besado con pasión tu retrato me dormí con el corazón rebosante de profunda ternura. Entre sueños te ví, te sentí, te oí. Rondaste en torno mío hasta que despuntó el vicioso Febo y entonces te refugiaste en lo más hondo de mi alma huyendo de la luz importuna. ¡Cuántas cosas te dije que no recuerdo! Hubo un momento en que estreché tus manos ¿Fue un sueño?... Tal vez! pero yo sentí la presión de tu mano.⁴⁴⁵ Esta dulce ilusión me hizo tan feliz que aun me extasía su recuerdo. Soñé contigo, soñé que te miraba muy cerca de mí, que reclinaba mi cabeza en tu hombro. Estábamos solos. Solos en nuestro clima soñado. Nos iluminaba el fulgor de los nuevos astros y nos envolvía una ráfaga de perfume de nardos. Esta fragancia se hizo tan penetrante que por no sentirla hundí la frente en tu pecho. Allí me invadió una angustia inexplicable y sentí que me ahogaba. Aquel perfume me enervaba me perseguía con su caricia fragante y llegué a sentirme morir entre tus brazos. La angustia me despertó y entonces comprendí lo que era. Cogí los lirios y los arrojé al suelo. Después abrí la ventana y los tiré al jardín. Allí amanecieron mustios y ya sin fragancia. Los recogí y los he guardado como un recuerdo simbólico de mi sueño..... Si no llego a despertar me hubiera dormido para siempre. ¡Pérfidas flores!⁴⁴⁶ Tú sólo no engañas. Tú dólo[sic]⁴⁴⁷ no dañas. Sólo en ti creo. Sólo en tu amor encontraré la dicha. Si pudiera estar a tu lado! Son las cuatro y media de la tarde. La hora precursora del crepúsculo. El cielo se ha cubierto de un manto gris pálido que me encanta. Sopla un airecito frío (estoy abrigada) que es como una caricia anticipada del otoño. Se prepara un crepúsculo opalino de esos que nos hacen soñar tan dulcemente. Adoro la niebla de la tarde. Ese tul vaporoso que tamiza⁴⁴⁸ los rayos solares y vela⁴⁴⁹ el disco de las primeras estre-

444 Desde luego, en esa senda florida podrían esconderse los lirios homicidas.
445 Juana volverá a referirse a la *presión de la mano* de Carlos Pío, pero entonces tendrá un significado abiertamente hostil
446 La fragancia de los nardos (o de los lirios) se torna obsesiva. Habría que preguntarse si esta obsesión con un perfume fatal, seductor y homicida, no es, acaso, otra de las máscaras de la voz casaliana, del perfume de esa voz que la conmina a morir, y que, según se verá, Juana no dejará de repetir, obsesivamente también: "en ti veo ya la tristeza / de los seres que deben morir temprano".
447 *Dolo*: engaño, fraude, simulación.
448 *Tamizar*: pasar algo por tamiz. Depurar, elegir con cuidado y minuciosidad
449 *Vela*: cubre

llas. Me seduce lo pálido. Cuando el cielo finge un plafond[sic]⁴⁵⁰ gigantesco adquiere la blancura láctea de las ánforas de alabastro, siento una calma profunda, una languidez soñadora que me produce la sensación de un bienestar indefinible. En esas horas mis sueños abren las alas y vuelan vuelan... Van a tu alma. Van a buscar el albergue de tu corazón, la compañía de tus ensueños. Es indescriptible la dulzura de este crepúsculo. Es la hora de las vagas delicias, de los sueños incoherentes. Es cuando se despliega a los ojos del espíritu el panorama ilimitado de las quimeras, alumbrado por la luz velada del astro de la dicha. Sueño contigo. Sueño que te veo, que llegas, que me besas. Que me das el beso-luz el beso casto que soñé tanto tiempo.⁴⁵¹ Sueño que me refugio en tus brazos. Que me envuelve la claridad misteriosa de tus pupilas. Sueño que me dices al oído esa frase sin palabras, esa palabra sin sonido que tan hondamente me conmueve. Me dejo invadir por la pereza lánguida del ensueño. Son las 5. Pronto declinará el sol y vendrá la sombra, la amiga y discreta sombra. Se abrirán las estrellas y las flores nocturnas. Y el firmamento desplegará su palio de tinieblas y tú no estarás a mi lado! Y la estrofa se perderá en la brisa de la noche y el beso morirá en los labios y sentiré la profunda melancolía de la nostalgia. ¡Oh mi Carlos! Si estuvieras aquí! Por qué me harás tanta falta? La noche vendrá. La noche amiga tan propicia a las delicias íntimas y a los misterios idílicos. Y yo me iré a recorrer sola el sendero que atraviesa el jardín y después me encerraré triste, triste a buscar el sueño que me alivia porque me hace perder la noción de la ausencia! Y antes de dormirme besaré con el alma tu recuerdo y me dormiré por fin para volver a soñar contigo y para despertar y encontrarme sola! ¡Oh qué falta me haces! ¡Qué falta me haces! Ya no puedo vivir lejos de ti. Te necesito para mis sueños, para mis alegrías y para mis tristezas. Pensando que estás lejos que no puedo estar a tu lado desfallezco y me postra⁴⁵² la pesadumbre de la separación, marchitando las flores de mis dulces ensueños. Te amo tanto! Cuando pienso que sufres se me cubre el alma de luto y mi cabeza se dobla bajo el peso de la pesadumbre. Anhelo consolarte. Anhelo hacerte dichoso. Si perdiera la esperanza de conseguirlo me quitaría esta vida mísera que tanto me ha herido hasta que te conocí y supe que me amabas. ¿Para qué quiero vivü si no he de realizar mi dulce quimera de disipar tus tristezas? Cuando pueda estar siempre contigo y me sea dado⁴⁵³ compartir tu existencia espero que no sufrirás ni te invadirá esa tristeza profunda que involuntariamente se apodera de tu alma. Anhelo leer tu carta que debe haber en casa para mí, y buscar en ella esa felicidad que me hace tan dichosa. Quiero leer si fuiste venturoso el domingo, si te retiraste contento si descansaste de tu largo camino.

450 *Plaflón*: 1) adorno en la parte central del techo de una habitación, en el cual está el soporte para suspender la lámpara. 2) lámpara plana traslúcida, que se coloca pegada al techo para disimular las bombillas. La alusión posterior a la "blancura láctea" del cielo parece tener como referente a la segunda acepción de la palabra
451 El anhelo de "Última rima"
452 *Me postra:* me debilita
453 *Me sea dado*: pueda, (en el sentido de una dicha otorgada por una voluntad superior, externa al yo)

Quiero seguir leyendo tus frases de ternura que tanto bien me hacen. Ésta te la enviaré probablemente mañana para que le entreguen a mi buen hermano el sentimental Federico. Él me hará la caridad[454] de entregártelas. Hoy no ha venido nadie de allá. Esto me ha hecho sufrir porque debían traerme tu carta. Mañana me la traerán. Quiero saber qué te ha parecido la rimita[455] para Berenice. Quiero saber también cómo está Carmen. Háblame de ella. Su recuerdo es hoy una de mis obsesiones tristes y no consigo apartarla de mi imaginación. Pobrecita! Con esta carta va el pliego[456] que escribí anoche para tu mamá que es por esto mía. Envíala pronto. Cuando veas a Rosalía salúdala en mi nombre y manifiéstale mi anhelo de conocerla. Cuando escribas a Abraham Z. López Penha[457] dale en mi nombre las gracias por su lindo articulito. Si no estuviera tan *estólida*[458] escribiría algo sobre Cromos. Pero más vale que no. Para qué? Emplearé ese tiempo en escribirte y quererte. Todo que no seas tú me es indiferente. Nada me importa fuera de nuestro amor que llena por completo mi vida. Tú siempre tú.— 6 y media. Es pleno crepúsculo. La sombra baja. Las estrellas comienzan a brillar. Yo acabo esta carta que de seguro no será lo bastante elocuente para demostrarte mi pasión. Estoy sola, tres veces sola. Te llevo en mí pero no puedo verte. Estás lejos y cerca, visible pero intangible. La tarde ha muerto. Apenas veo lo que te escribo. Es la hora más soñadora de todas las del día. ¡Cuánto diera por verte a mi lado! Cómo sería poética entonces la llegada de la noche! Todo convida al idilio, a la confidencia al delirio supremo de la dicha. Los astros, las flores, la quietud, el silencio misterioso de la noche, el sendero, la extensa galería, la escalinata de mármol ... todo, todo lo tengo. Sólo me faltas tú y al faltarme me falta todo. Estoy sola. Sola con tu recuerdo que jamás me abandona. ¿Cómo ha de abandonarme si ha llegado a ser mi propia alma? Ya no veo. Es casi de noche. Adiós, ensueño y esposo. Recibe mis besos, mis besos de pasión infinita. Escríbeme ¡oh amado! lo más tiernamente que puedas. ¡Me hace tanto bien tu ternura! «Recórdame». Piensa siempre en tu Juana. Piensa que te adoro. Piensa que soy tuya. Abísmate en la idea de mi amor,[459] oh bien mío! y no sufras. Tu Yvone, tu Juana te idoltra. Soy totalmente tuya. Escríbeme largo si no te fatiga. Si te hace mal no lo hagas. Tú antes que todo. Recuérdame. Cuando tu cabeza se doble con tristeza piensa que estoy a tu lado. Besa mis retratos; los besos que les das yo los siento en mi corazón. Piensa que eres mi ensueño, mi rey, mi esposo, mi esperanza y mi dueño. Piensa que te adoro, que te adoro con toda mi alma. Que nada podrá separarnos —. Es la noche. No veo ya. Bésame con toda tu alma abrázame con toda tu fuerza. Soy tuya! Te adoro y te beso. Juana.

---

454 *Caridad*: bondad
455 *La rimita*: el poema
456 *El pliego*: la carta
457 Abraham Z. López Penha, poeta y prosista colombiano, nació en Curaçao. Sus padres eran judíos. Fue el autor de la novela *Camila Sánchez* (1897).
458 *Estólido*: falto de razón y de discurso
459 *Abísmate*: húndete en el abismo.... una vez más la ambivalencia amorosa

120[460]

Viernes 27. 1895. Septiembre. Larrazábal. 9 y cuarto.

Misiva triste. – Noche – De lo poco de vida que me resta
Diera con gusto los mejores años
Por saber lo que a otros
De mí has hablado!..

Bécquer.

Amor mío, mi dueño, mi Carlos, mi esposo; supongo que no habrán podido ir a Puentes[461] por impedírselo la lluvia. Esto como supondrás me contraría[462] y entristece porque esperaba que llevaras a casa cartas para mí cartas ¡ay! que espero hace seis días! Es la primera vez que me tardan tanto tus cartas, tus amadas cartas! He dado hoy a Lola las qué escribí ayer y antier[463] para ti y que pensaba darte con esta antes de saber que ibas a casa esta noche. En esta creencia se las di para que no te faltaran cartas mías esta noche... Me hace sufrir tanto la ausencia de tus cartas que no quiero privarte de las mías por evitarte esa tristeza. Ahora antes de acostarme vuelvo a escribirte para darte éstas el domingo en la noche. Ya queda poco tiempo para esta fecha feliz. ¡Si pudiera acelerar el curso de las horas! Es tal mi anhelo de verte que todas las potencias de mi alma están convertidas en esta esperanza. Verte, verte! Hablarte, estrechar tu mano! Carlos *mi Carlos!* Sabes cómo te amo? Con toda la tristeza con toda la amargura que hay en mi pobre alma, acumulada en ella por viejas desventuras y pesares recónditos. Es por esto que el fondo de nuestra pasión es esencialmente doloroso. Quizás te está pareciendo esta carta algo pesimista... Culpa es de tus cartas que no han venido a consolarme. Si las hubiera recibido ayer estaría contenta y feliz. Hoy por la tarde recibí carta de Berenice..... Me dice que estuviste a verla. Gracias.... y no vuelvas. Si te rogué que fueses era porque se lo había prometido y no podía negarle esta satisfacción a ella a quien tanto quiero a pesar de ser una de las mujeres que más me han hecho sufrir en el mundo. En la carta me da cuenta – por encargo mío – de la hora en que llegaste y de cuando te despediste...... Le has hecho una visita *de las mismas dimensiones* de las que me haces a mí. De siete y veinte a diez y veinte. Me dice que hablaron de mí.... ¿Qué dirían?... Ella me quiere según dice.... Yo la quiero y la admiro. Su historia es tan triste...! Algún día la sabrás quizás aunque no te interese. Mañana le escribiré y mandaré la carta *por correo...* Me dice ella que le prometiste volver. ¿Fue cortesía? Dímelo. Dime si

---

460 *EI*, 417 – 422
461 Puentes Grandes, donde vivía la familia
462 *Me contraría*: me disgusta, me enfada
463 *Antier*: antes de ayer

estuvo comunicativa contigo. Ella es una mujer encantadora. Muy desgraciada y muy artista. Una histérica de buena ley. Soñadora y apasionada como yo, aunque no *depura* el idealismo ni lo lleva al extremo que yo lo llevo..... Ha sido siempre una hechicera, casi una diabólica. Se parece *algo* al tipo de mujer maravillosamente descrito por tu amigo Abraham. En ella se desposan Jésica y Ofelia. En el fondo es un ángel aunque la creo tan capaz de falsear como el resto de las mujeres. Ella está contentísima con tu visita. Es natural. Tú eres simpático, ¿no lo sabías?.... Y ella es muy subjetiva. Comprendo que te agrada hablar con ella. Es una *refinada*. Muy virtuosa aunque algunos la tachen de frívola y mundanal. Ella con sus clases mantiene esa casa que habita su familia. Yo la admiro. Es un carácter digno de estudio. Y luego... es tan atractiva! verdad? En la carta que me escribió flota una tristeza desolada que me afecta hondamente. Es una extraña carta, tan extraña como ella, que me hace pensar. Te la daré para que la leas y me la guardes. No le contestes tú, eh?... esto es un juego. Y hablemos ¡ay! de nuestras tristezas, de nuestra separación, de nuestra ausencia, ausencia que me mata y hace desfallecer de angustia! Cuándo podremos estar siempre juntos? ¡Oh el domingo ¡Cuánto me tarda! ¿Ves? ahora siento, no sé porqué, un anhelo infinito de oírte decir que me amas.... de oírtelo jurar. No es que lo dude. Si lo dudara no existiría. Es que a veces me devora la nostalgia de tus palabras de amor que tanto bien me hacen porque me aseguran tu pasión, tu pasión que es mi consuelo y mi dicha. Estoy triste... Quisiera ocultártelo, pero ¿a quién sino a ti, consuelo mío, revelar mis pesadumbres?..... Mi tristeza *no me la explico. Sin duda* obedece a la falta de tus cartas. Ay! Cómo las necesito! Si pudiera culparte te diría que era una crueldad privarme de ellas..... Perdóname! No sé lo que digo. Son las diez. Afuera llueve. La noche está como yo, triste. Tenebrosa como un presentimiento. Voy a dormirme triste, *preocupada,* enferma y abatida. Mañana cuando me entreguen las cartas que quizás habrás podido llevar a Puentes, se me pasará todo, estoy segura. La esperanza de verte es toda una redención. Seré expansiva contigo mi Carlos! Ya no puedo ocultarte por más tiempo tantas tristezas como encierra mi alma. Si pudiera llorar en tus brazos qué feliz sería! Eso es lo que anhelo. Siento una sed suprema de sentir el consuelo de tu caricia. Pon la mano sobre mi frente. Bésame. Ahora dime que me amas, que a nadie más que a mí me adoras, que soy *la única dueña* de tu corazón. Esto lo sé. Son verdades hermosas que me hacen tan feliz! Bésame alma mía. Consuélame. Estoy tan triste tan triste! Por que siento ese afán misterioso, este anhelo inmenso de llorar sin consuelo.....? Mi Carlos, mi Carlos, mi Carlos! Amado mío, esposo de mi alma! Me adoras? Dímelo júramelo. Bésame. Déjame besarte. Te adoro! te beso. Tu Juana.

VIERNES. 2 Y CUARTO. MEDIA NOCHE.

– Insomnio –
(Misiva extraña)

Carlos mío! Mi único, mi dueño. Después de inútiles esfuerzos por dormirme me levanto a escribirte. Estoy profundamente triste. He llorado mucho, desolada, acerbamente. El insomnio me martiriza. Afuera silba el cierzo[464] agitando furiosamente las ramas de los árboles del jardín que rodea mi habitación. En una noche como ésta debió penetrar el cuervo fúnebre en la alcoba y en el alma del visionario Poe..... En una como ésta. Al través de mi vidriera descubro el cielo. Un cielo lívido,[465] sombríamente aclarado por fulgores eléctricos que opacan a veces grupos siniestros de nubes fugitivas. ¡Qué triste la noche, qué desolado el paisaje! Cierro la vidriera y abro Gemelas. Por una *coincidencia* inexplicable el libro se abre por la *página 66*....[466] Esto me angustia de un modo indecible. Todas mis supersticiones evocadas por la tristeza despiertan y me asaltan..... Cierro Gemelas. No quiero leer. No quiero llorar. No quiero dormir. ¿Morir? ¡Morir tampoco! ¿Qué es lo que siento! ¿Lo sabes tú?..... He pasado una hora entera llorando. ¿Llorando por qué? No lo sé tampoco. Te ruego amor mío que me perdones si te entristezco con mis inexplicables pesares. A la verdad son absurdos. Y sin embargo los siento. Tengo el corazón oprimido... He llorado todas mis lágrimas. He gemido, he sollozado. Te he llamado y no has tenido. Si tuviera tus cartas podría siquiera dormir tranquila. Pero no tengo ese consuelo supremo, no lo tengo! No sé de ti desde el domingo pasado. Es la primera vez que me faltan tus cartas. ¿Por qué no me mandaste dos letras[467] siquiera con Federico cuando fue el miércoles a ver a su Helena?[468] Dos letras siquiera: «Estoy bueno y te amo»....... Si soy injusta alma mía, perdóname. ¡Te amo tanto!... Es mi pasión la que me dicta estas frases. Ella inspira, esta queja tiernísima que te hará ver cuán profundamente te adoro. Van a dar las tres. Esperaré despierta el alba. Vendrá la importuna luz del sol a perturbar mi profunda pesadumbre! ¡Oh sol odiado! Y sin embargo la noche es bien triste! A tu lado no me parecería así, estoy segura. En este momento acabo de ver una visión extraña. Una mujer blanca de pie junto a mi velador. Estas apariciones me sobrecogen. Sin embargo era un bello fantasma. Blanco. Blanco. Una mujer? ¿No lo sé! ¿Será ella, *la amada casta,* la pobre muerta?[469] ..... Se ha disuelto en el aire. No sé porqué me horroriza tanto el pobre espectro. ¿Qué viene a pedirme?... Estoy en un estado de nerviosismo indefinible. Cierro los ojos. Evoco las quimeras blancas, las visiones incoherentes. Todas pasan. Es un desfile mágico, una venda misteriosamente visionaria. Ahora veo una mujer alta, delgada, que me mira fijamente y luego se va. Acaban de decirme algo al oído..... algo que no he podido entender pero que debe ser muy triste porque la voz temblaba como cuando se llora. No creas que te hablo de cosas puramente ideológicas. Estoy viendo todo esto. ¿Quién es ésta que ahora cruza, tan triste?

464 *Cierzo*: viento septentrional
465 *Lívido*: pálido
466 Página de *Gemelas* en que aparece el soneto «Afrodita» (*EI*, 419)
467 *Letras*: un mensaje breve
468 Federico, el hermano de Carlos Pío, estaba comprometido con Elena
469 La novia de Carlos que había muerto (figura clave en la triangulación del deseo de Juana Borrero)

Tiene los ojos cerrados y el pelo rubio. Rubio. Ahora viene otra. Una mujer espléndida. Blanca y hermosa de ojos color de topacio. Me mira y se ríe. ¿De qué? Tiene los cabellos peinados a la griega y en el cuello un collar de gotas de sangre. Me ha vuelto la espalda insultándome con su belleza..... Ahora veo que la siguen varios buitres. Ella no los ve pero ellos la alcanzarán.... Acaba de pasar otra. Es casi una niña. ¿Quién es? Lleva un ramo de rosas en el talle. Detrás viene..... pensativa. Los ojos abiertos, llenos de lágrimas y los labios plegados con sonrisa extraña. *¡La pobre!* No se va. Se detiene frente a mí y *me pregunta algo.* ¿Porqué no entenderé lo que me dice? Su voz parece que amenaza y ruega. Me dice una frase triste y se aleja sin tocar el suelo. Todavía la estoy viendo. Vestida de negro, *alta,* bastante bella. Ya se fue. Las demás me son desconocidas. Y siguen pasando. De las últimas viene una que me roza la frente con sus rizos... Es angelical.... casi casi es un ángel.... Pasa. Esa que viene ahora envuelta en un manto rojo recamado de arabescos de oro ¿es Satsuna? Ha dejado un olor suave a pastilla de incienso. Se le ha caído del cabello *un crisantemo.* La que viene detrás lo recoge. Qué flor tan hermosa! Han pasado ya todas? Reinas y vírgenes, madonas, castellanas, novicias, querubes, diabólicas, seres etéreos y mujeres hermosas como esculturas. Se van todas. Me quedo sola, sola conmigo misma y con tu recuerdo. Ahora viene una rezagada. Se acerca a mi lecho. Está mirando tu retrato. Le comprendo que quiere llevárselo. Parece que te conoce. Cuándo se irá? Ahora pasa junto a mí y se aleja. Ya se fue. Al fin! – Abro los ojos y me encuentro en mi lecho con la cabeza oculta entre Gemelas...... ¡Todas estas *visiones* han salido de entre sus hojas?...... A la verdad que jamás me he sentido así. Estoy en un estado de excitación nerviosa tan extraordinario que casi puedo decir que estoy en pleno alucinismo.[470] Me siento menos triste. Son las tres y media de la madrugada. Pronto será de día y las visiones se irán con las sombras. De día ya y completamente calmada te escribiré. Cuando leas esta absurda carta no te entristezcas bien de mi alma. Este estado de mi espíritu es hijo legítimo de mi sensibilidad nerviosa. Un solo beso tuyo me tranquilizaría. Pero tú no estás a mi lado!!.. He sentido esta noche el desasosiego que precede a la locura. Es la verdad que soy un poco visio... nista.[471] Cuando cierro los ojos veo los seres más extravagantes. La noche se ha despejado. La luna, una luna pálida y enferma se oculta y filtra su luz moribunda hasta mi habitación dibujando en el suelo de mármol las franjas oscuras de las persinas. El viento ha cesado. Yo también me siento más consolada. Creo que lograré dormirme. Después de estas crisis de tristeza me quedo tranquila y feliz. Ahora es cuando flotan en el espíritu los desvaríos, incoherentes. Ahora te veo, casi te siento en mí.... Me mimas con tanta ternura! Bésame... Siéntate ahí en el sillón y duérmeme en tus brazos. Cántame. Ya estoy tranquila. Ahora me dormiré. Me refugio en el sueño huyendo de mis sueños como lady Macbeth.[472] ¿Soñaré contigo? Ahora antes de dormirme te beso. Te estrecho en mis brazos. Te acaricio la

---

470 *Alucinismo*: alucinación
471 *Visionista*: visionaria (que puede ver el futuro, lo que vendrá)

frente y me duermo contenta. Mañana... Esta carta me parecerá una sarta de necios disparates. Sin embargo traduce en cierto modo el estado de mi espíritu durante estas horas crueles de insomnio — 4 de la madrugada. Carlos mío, mi dueño. Hasta mañana. Voy a dormirme completamente tranquila. Te adoro y soy tuya. Bésame y déjame besarte. Te idolatra tu novia, tu Juana.

SÁBADO. 28. 1895. SEPTIEMBRE.

9 DE LA MAÑANA.

Carlos mío, mi dueño adorado. He amanecido bien. Contenta y feliz. Me dormí a las 5. He dormido tres horas y mi sueño ha sido reparador[473] y sosegado. Rememorando ahora mi estado nervioso de anoche me asombro porque lo encuentro ilógico. Las líneas que te escribí anoche durante mi exaltación quizás te extrañarán bien de mi alma. Perdónamelas. Voy a dar a mis hermanas para que lo devuelvan a su dueño el ejemplar de Gemelas que tengo siempre conmigo. Tengo el convencimiento de que él me produce esta especie de locura. Si pudiera estar siempre a tu lado jamás tendría obsesiones ni sobresaltos. Mañana, mañana! Me devora la impaciencia. Verte! Si pudiéramos pasar cuatro horas como las del domingo pasado! Te acuerdas? La esperanza de verte me hace tan profundamente dichosa que se desvanece hasta la última tristeza que ayer me atormentaba. Siento una alegría intensa que me embarga y hace encontrar hermosa la triste vida. Mañana! Mañana! Quizás no haya luna. El tiempo está nebuloso.[474] Mejor. Las nieblas frías de la noche son deliciosamente poéticas. Se parecen a mi alma. Me seducen tanto como me son odiosos los rayos solares. Si pudiéramos hablar con libertad! — Hasta luego alma mía. 3 de la tarde. Mi dueño, estoy tan ocupada con los preparativos de mi partida que me es imposible escribirte extensamente como anhelaba. Tengo que recoger toda mi ropa, guardar mis papeles &... A la noche te escribiré aunque sean dos líneas. Mañana temprano me voy, para quedarme en casa ¡Oh mañana! – Hasta la noche pues dueño adorado, Carlos de mi alma. Te beso y te abrazo. 10 y media de la noche. Al fin, dueño y ensueño, puedo decir con júbilo que faltan pocas horas para que te vea. Ya está guardado todo. Tus cartas, tus amadas cartas, van con mis cintas en una misma caja. Tu retrato va entre mis borradores de rimas que he escrito aquí soñando contigo. Gemelas Gemelas! también me las llevo. — Estas cartas te las daré yo misma. La impaciencia de verte no me deja escribirte. Si pudieras apresurar el curso de las horas! Quizás no podamos hablarnos como el domingo pasado. Qué horas tan felices! Por poco te beso. Fui tan feliz oyéndote decir que me adorabas que te hubiera estrechado entre mis brazos. Cuando te vas quisiera llevar a mis labios tu mano adorada para dejarte mi alma en un beso infinito. Esto sería para mí un goce tan intensamente espiritual

472 La identificación con lady Macbeth reaparece en otros lugares de su correspondencia. Véase, por ejemplo, la carta 218.
473 *Sueño reparador*: sueño que devuelve las fuerzas y da vigor
474 *Nebuloso*: que abunda en nieblas o cubierto por ellas. Oscurecido por las nubes. Sombrío, tétrico. Falto de luz y claridad

que tal vez me enfermaría...... Mi amado, mi Carlos! Mañana. Oírte, verte, decirte que te adoro, escuchar tu voz, reflejarme en tus ojos.... ¡he aquí mi única y suprema dicha! Verte contento, saber que eres feliz, iluminar tu alma sombría, ¡he aquí mi aspiración! Mi única y suprema aspiración. Ahora siento un anhelo profundo de dormirme en tus brazos. ¡Qué esperanza tan dulce! Créete que el día que pueda reclinar mi cabeza sobre tu corazón y dormirme en tu hombro seré totalmente dichosa! — Es tarde. Las once; y tengo que levantarme temprano. Te beso y te abrazo. Te beso dulcemente con toda la ternura que hay para ti en mi alma. Bésame con pasión. Dame el beso que sueño. El beso que tú no has dado todavía el que aún nadie te ha dado! Amame siempre. Piensa en mí. Piensa que te adoro y que soy tuya. Bésame alma mía! Te adoro. Te beso. Juana.

135[475]

Domingo. 13. 1895. P. G. Misiva triste. ————— 9 de la noche.
Carlos, Carlos, Carlos! Cuando te fuiste bien mío, sentí invadirme la angustia de la separación y por poco lloro al estrecharte la mano. Cuánto te adoro! Ay sí.......... te adoro. He sido hoy totalmente dichosa. Te sentí a veces tan cerca de mí! Qué anhelo me torturaba de besarte! Y cuántos, cuántos importunos! En fin el miércoles, quizás.... Oye. Nunca ni en juego vuelvas a decirme que te quiero menos. Ten la seguridad de que esto me hace sufrir atrozmente. Quererte menos! ¿Sabes lo que dices? En primer lugar jamás *te he querido*. Desde el primer momento *«te idolatré»*. Después mi pasión ha ido en aumento. ¿Te explicas esto? Cuando te oigo decir que comprendes perfectamente que te quiero menos, se me oprime el corazón y las lágrimas se asoman a mis ojos. No, no y no alma mía! Ni en juego ¿Sabes? vuelvas a decírmelo. Sé que lo haces *por verme*. Esto en el fondo es cruel. ¿A qué hacerme sufrir cuando *no puedes* consolarme?........ Si te idolatro! Hoy me he sentido tan tuya, que te hubiera abrazado delante de todos. Junto al río ¿te acuerdas? Cuánto pensé en aquella tarde! Y si supieras! Hace tres años, por estos mismos días, si me hubieran dicho que yo volvería a estar al caer la tarde sentada junto al ser amado me hubiera reído de la profecía.... ¡Y ya ves! ¡Oh! «El verde río»...... Cuantas veces he recorrido la orilla, dominada por obsesiones suicidas! Una vez fui decidida a no volver. Fue por estos días..... Una tarde al iniciarse el crepúsculo. Pero fui *sola*. Sola! Me senté en las piedras y me puse a orar, es decir, a recitar rimas de Casal.... Cuando concluí la última estrofa de Virgen Triste,[476] empecé a caminar hacia el agua. Jamás me olvidaré de aquella tarde. Estaban las ondas frías y me llamaban con insinuantes reclamos, llenos de promesas de eterno sosiego...... Introduje los pies en el agua. Te juro que estaba decidida a morir.[477] Estaba tan sola! Estaba tan triste!...... Y hubiera muerto, pero oí la voz de mamá que me había visto desde el portal. Tuve que responderle. Vino a la orilla y me vio. Comprendió perfectamente lo que yo intentaba y se sentó a llorar donde estuvimos sentados juntos esta tarde. Le juré le prometí no intentar jamás de nuevo nada que la hiciera sufrir. Le supliqué ocultara a papá lo que había pasado y ella lo ha cumplido. ¿Me hubieran comprendido acaso?...... Siempre hubieran creído que mi determinación había obedecido a desequilibrios o perturbaciones mentales. Y no hubieran sabido ver la inmensa desolación de mi alma! Lo que me hizo buscar la muerte no era solamente el profundo pesar de ver morir en flor mi esperanza.... No. Había en mi decisión algo más triste. Había un remordimiento.

---

475 *EII*, 45 – 48
476 Poema de Julián del Casal, publicado por *La Habana Elegante* el 20 de agosto de 1893.
477 Tanto los impulsos homicidas como suicidas se alimentan de la cita y la representación teatral. Los textos de Lady Macbeth, Ofelia, y de la Virgen triste de Casal, se funden en la escritura de Juana Borrero.

Este acontecimiento está íntimamente ligado con Berenice... ¡Oh! Es una historia muy triste y muy larga...... Algún día la sabrás... Por qué no? Todo eso está tan lejos, tan lejos!.... Me parece que todo mi pasado ha sido un sueño. Un sueño angustioso y vago cuyas reminiscencias me llegan a veces...... Te aseguro que estas cavilaciones no me hacen sufrir. Quisiera ocultarte todo esto pero *«este recuerdo a mi pesar me vine»*...[478] Perdóname. Te juro que todo mi pasado es un girón de luto que se llevó el soplo huracanado de las últimas sensaciones. Es como el cendal oscuro de humo que dejan detrás las naves cuando se alejan. Hoy sólo existo para mi presente. Para ti que eres mi existencia entera. No quiero morir sino contigo. Cuando tú mueras. Entonces. Amo la vida porque tú vives. Si quisiera morir qué facil me sería! Tan cerca está el río. En mi cuarto junto a la puerta hay un botiquín. En la habitación de papá tres pistolas siempre cargadas y bajo mi almohada una daga pequeña especie de puñal *[Palabra tachada]* que me regaló Casal una tarde que me vio triste. Ya ves. Además hay algo más mortífero para mí que todas las dagas, pistolas, tósigos y ríos: *el relente homicida* de la noche que tanto daño me hace. Te digo esto no por inquietarte sino para que comprendas hasta donde es decisiva tu influencia en mi vida. Más me encadena a la vida una palabra tuya, *«cuídate»* que todas las lágrimas de mi madre y que todas las tristezas de mi padre. Esto créelo. Me basta que me digas: *vive para mí*, para que mi vida, mi triste vida, me parezca hermosa. Te he dado toda mi existencia. Es tuya y no me pertenece. Si no procurara conservarla para ti, no tendría alma ni virtud. Quiero vivir para hacerte dichoso. ¡Oh hacerte feliz, verte contento! realizaré esto algún día? Dios mío!...... ¡Y qué anhelo siento de estar siempre a tu lado! Cuándo, cuándo, cuándo? Tú dirás.

....
....

He leído tus cartas. Las que me trajiste. Las que me traen un pedazo de tu alma. La última, la de ayer, la que escribiste enfermo, es demasiado desgarradora para que intente analizar las sensaciones que me ha producido.......... Carmen Carmen![479] Su estado me angustia exaltando mi sensibilidad hasta un grado de pesadumbre indefinible!

He llorado sobre tu carta las lágrimas más sinceramente tristes de mi vida. ¿Todavía sé llorar?...... Lo comprendo con profundo asombro. Me siento tan feliz hace días! Pero ella, me preocupa como una obsesión lúgubre. Conque ya no puede *ni aún hablarte*....? Las palabras que escribió al llegar tú, en la pizarra, son desgarradoras y dolorosamente elocuentes...... Esa pregunta: ¿cómo está tu Juana? es de lo más dramático que he oído en mi vida. Hay situaciones que, por lo trágicas, dan solemnidad a la frase más simple............ «¡Tu Juana!» Si la ves no le hables de mí. Te lo suplico. Vuelve allá. Despí-

---

478 Verso inicial de la estrofa sexta de la oda al Niágara, de José María Heredia (*EII*, 46)
479 Carmen de Céspedes

dete de ella. Si esto te hace sufrir no vayas. Tú ante todo. Mira, estoy llorando. Quisiera verla. Quisiera salvarla. Quisiera decirle que la quiero. Y esto ¿qué realizaría?....... Nada. Nada! Esto es horrible. Qué mes tan triste se nos prepara....! ¡Qué crueldades tan inexplicables las del destino! Siendo como somos los dos felices porque nos amamos y teniendo todas las condiciones para ser totalmente dichosos, el dolor nos solicita de diversas maneras. La tristeza reclama inexorable sus víctimas. No, no podemos sustraernos a las solicitaciones del dolor. Es por esto que en horas como éstas en que me encuentro dichosa tomo la pluma para escribirte una *«misiva triste»*. Son las diez y cuarto. Voy a dormirme porque estoy rendida. Antes de dormirme te beso con delirante anhelo, con afán angustioso de hacerte más mío. Soy tuya! Soy *«tu Juana»* .. .. Te beso y te abrazo. Te adoro — Hasta mañana. — Lunes 14 – 9 de la mañana. —— Adorado mío, mi Carlos, mi dueño. Acaban de entregarme una carta de Berenice. La pobre! Recibo también una tarjeta de Florinda Mazorra, una diablesa que me pide «una canción picaresca para la temporada de Cojímar» Bueno...... ¡Si creerá ella que todavía estamos en el año de 1893......[480] Una canción picaresca compuesta por mí y cantada por ella! Me ha hecho muchísima gracia la ocurrencia! Digo! Las dos cartas son muy curiosas. Una – la de Luisa – íntima y triste. La otra alegre y mundana. Se quedarán las dos sin respuesta. Como el correo está mal creerán que no han llegado. Y dejemos esto que nada te importa, para hablar de nuestro amor único asunto que me reclama con dulces seducciones. Nuestro amor! es tan grande! Anoche te escribí unas líneas tristes. Sentía en el alma abrirse la estrella de la dicha irradiando su fulgor misterioso sobre mi alma. Y sin embargo estaba triste. Qué quieres? Como tiene perfume la flor, estrellas el cielo y perlas el abismo «yo tengo compasión por los que sufren». Te juro que la suerte de Carmen es una obsesión lúgubre para mi espíritu. No puedo resignarme a verla morir. ¡Oh! ¡En estos días tristes! Hoy es día 14. 15 16 17........... Bueno. ¡Qué hemos de hacer? Si te he entristecido perdóname. Consuélate pensando que soy feliz........ ¡Qué egoísta es la dicha.......! Y sin embargo sufro. Mi dicha es mi tormento. En fin, lloraremos juntos........ Ve a verla o manda a saber por ella a su casa. Si supieras! Quisiera escribirle..... ¿Quieres llevarle mi carta?..... Ven el miércoles. Seremos felices si las circunstancias lo permiten..... Ojalá. Nos apoyaremos en nuestra baranda. Allí – todo lo que los dos hemos callado – lo tenemos que hablar! – como dijo Bécquer. Te abrazo y te beso. Con salvaje ternura. Te idolatro. Te adoro y soy tuya. Bésame. Soy tu amada tu novia tu Juana.

---

[480] Los editores del *Epistolario* comentan en una nota al pie: "Se refiere a la Srta. Florinda Mazorra y Manrique. La Srta. Mazorra gustaba de cantar este tipo de canciones. En la Crónica de *El Fígaro* del 12 de agosto de 1894 se da cuenta de una matinée efectuada en Cojímar en casa del Sr. Fonts, en la que leemos: «Se cantaron graciosas, oportunas y originales peteneras por Florinda Mazorra y Manrique, quienes *(sic)* aludieron en chispeantes e intencionadas coplas a cada uno de los circunstantes. Una de ellas, dedicada al director de *La Discusión* fue muy celebrada y aplaudida». Es probable que Juana le hubiese escrito algunas en la temporada anterior, en que coincidieron en Cojímar. En cuanto a esta fiesta, de que se hizo eco *La Discusión* de 21 de agosto de 1894, vemos que no aparece citada Juana entre las señoritas concurrentes. Nada hemos encontrado tampoco referente a Juana en las crónicas de *El Fígaro*, *La Habana elegante* y *La Discusión* de esta temporada de 1893 a que ella alude en la presente carta" (EII 47).

140[481]

	Para desatar el lazo	
Jueves 24. Octubre.	*que te une a* «suerte sombría»	8 de la mañana.
1895.	*Quiero albergarte en mi abrazo...*[482]	

– Misiva azul –

Carlos mi Carlos, alma mía! Me acosté anoche apenas te fuiste, sin escribirte una línea. Quería conservar íntegra la emoción dichosa de haberte visto feliz a mi lado. Qué hermosa fecha! Me sentía tan tuya que no me importaba la presencia de los demás. Lo que más me admiraba era mi perfecta tranquilidad nerviosa. Cuando llegaste estaba en un estado horrible de angustiosa desesperación. Había pasado dos días bien. Pero ayer por la tarde *a eso de las 5 y media* me asaltó de repente una *inquietud* inexplicable. Ah!...... para qué hablarte de....? Yo comprendo que soy muy exigente contigo, contigo que me amas tanto........ ¡Perdóname. Pero es lo cierto que al fin me matará mi egoísmo. Y hablemos de nuestro amor tan grande y tan único. ¡Anoche, anoche! ¿Fuiste dichoso? Yo no recuerdo haber sentido *jamás* tan dulcemente *la felicidad como esta noche feliz* transcurrida *casi toda* en tu hombro. Me sentí tan totalmente tuya! Irradió mi alma aquella emoción exenta de tortura, aquella *tranquilidad pasional* que soñé como un bien imposible! Verdaderamente somos grandes. Estoy convencida de *mi blancura*. He visto mi alma y me he convencido de ello. Qué grande es nuestro amor! Y qué feliz me haces! Te debo la única dicha que he disfrutado en mi vida como te debo los sueños más dulces que han germinado en mi mente... Te adoro! ¡Ay! ¿por qué no se podrá escribir con besos? El lenguaje es ya tan ineficaz que a veces no quisiera escribirte! Anoche anoche! Por qué no me besaste?...... Estuvieron mis pupilas a dos pulgadas de tus labios. Jamás me he sentido tan honda – y tan dulcemente conmovida. Te hubiera abrazado tan confiadamente! Pero en medio de mi dicha me torturaba la obsesión de tu malestar. Oye alma mía. No puedo ser feliz porque tú estás enfermo. Cuídate. Cómo puedes decirme, *a mí*, que los años de tu vida están contados? Mira cuando pienso que puedes estar gravemente enfermo, siento el anhelo tristísimo de abandonarme también a la enfermedad *que nos acecha*. Estabas mal. Si pudiera yo curarte con mi ternura! No, no quiero, no quiero que estés enfermo. Sufro mucho con esto.... Por qué he de tener siempre una inquietud? Dios mío! Y cuando pienso que la lluvia de estos días puede haberte hecho mucho daño! Por mí. Por venir a

---

481 EII 61 – 66
482 Versos del poema «Para Chicha», de Carlos Pío, *Gemelas,* pp. 54-55 (EII 61).

mi lado! Esto me angustia. Cuídate, si no me van a aniquilar mis inquietudes! Yo he vuelto a sentirme mal en estos días pero me cuido exageradamente para ti. Haz tú lo mismo. Ya estoy mejor. ¡Oh sí, mucho mejor! Me miraste mucho anoche y tu mirada consuela y disipa todas mis tristezas. ¡Oh tus miradas! *Siempre tienes un alma que darme cada vez que me miras!* Me hacen tan dichosa como nunca me atreví a soñarlo. Mírame siempre. Mi pasión, la nuestra necesita alimentarse de la luz del ensueño «que asoma como un nimbo a las pupilas.» Yo he visto cruzar por ellas una extraña falange[483] de visiones diversas y fugaces. He visto pasar las estrellas negras de las remembranzas[484] tristes y la constelación deslumbrante de las esperanzas *redentoras*...... Tu alma se refleja en el fondo de tus pupilas y este es el secreto de mi adivinación...... Sin saberlo tú ellas me han delatado a veces tu más recóndito pensamiento como anoche me dijiste que pensabas morirte en Diciembre.[485] .... ¡Oh Diciembre! Yo también tengo recuerdos lúgubres de esa época triste. Cuando todo es regocijo y........ Cuando se levanta el clamor beodo como estrofa deforme del gentío.... Algún día sabrás quizás esta historia triste que cayó como un fardo sobre mi corazón de catorce años! Desde entonces la he llevado oculta en mi espíritu. Cuando la sepas comprenderás porqué te dije que tenía en mi poder el mismo puñal de «Dolorosa»....[486] Cuando yo te diga algo que te parezca gracioso, *no te rías*, porque a veces las ocurrencias ocultan historias muy tristes!...... *Esto te lo digo yo.* Y basta de tristezas. Soy demasiado feliz para nutrir pesadumbres nuevas. Mis recuerdos! Se han muerto para siempre. Sólo queda flotando en mi conciencia el perfume funesto de un lirio negro: el último remordimiento. Ya se desvanecerán. Soy tan dichosa que he roto el hilo sombrío que me ligaba al pasado. Al pasado tan largo y tan breve, tan próximo y tan lejano! Quiero entregarme libremente a mi dicha. La he comprado a costa de tantas lágrimas! Quiero que tú también arrojes de tu espíritu la última obsesión el último buitre del último recuerdo. Las confidencias que me prometes........! Me armaré de valor para entonces. Te confieso que no estoy resuelta a oírte contar *esas cosas* que aunque disculpables para mí, me hacen sufrir esos accesos sombríos de celos terribles que me aniquilan. Anoche cuando te dije con la mano sobre el hombro y me dijiste *«que estabas acostumbrado»* aunque comprendí perfectamente que era una broma tuya, sentí oprimírseme el corazón. No puedo tolerar ciertas ideas... te hacen daño, y me hacen más daño aún, porque vienen a mí revestidas de la perplejidad torturadora de la incertidumbre. Entonces es cuando se abre a mis ojos «el horizonte ilimitado de la suposición». Tú comprendes bien mío que estas son exageraciones. Pero discúlpame porque son hijas de mi profundo amor. No te tortures pensando en el pasado. El crimen más horrendo no dejaría huella ninguna en mi conciencia. Será que tengo pervertido el sentido moral?.... quizás. Yo no lo creo. A la verdad no me explico la imposibilidad de mi espíritu en estos días pasados. Ah! es que cuando se tie-

---

483 Falange: grupo numeroso
484 Remembranzas: memorias de algo pasado
485 Carlos Pío Uhrbach murió en los campos de la Revolución el 24 de diciembre de 1897 (*EII* 62).
486 Poema de Casal. Lo publicó *La Habana Elegante* el 19 de febrero de 1893. Ya nos referimos a esta carta en la introducción.

ne el alma llena de un amor como el nuestro todas las potencias anímicas convergen a un solo sentimiento: el de la posesión completa de la dicha. He sido feliz en estos días. Lo confieso lealmente porque jamás he fingido estados pasionales. Hoy día me siento totalmente venturosa porque tengo tu amor y porque soy tuya. Soy feliz, feliz, feliz. Unicamente me torturan a veces mis celos, infundados o absurdos, pero enloquecedores y aniquilantes. ¡Oh mis celos! Son extraños;.......... Son más terribles porque no tienen fundamento. Se nutren de conjeturas y florecen en el pasado. Son como esos tallos sin hojas ni pétalos pero llenos aún de espinas. A veces me matan y comprendo perfectamente que algún día me llevarán al crimen. No puedo tolerar la idea de que *«mi Carlos»* haya podido alguna vez ser *«su Carlos»*. ¿Cuánto tiempo ha estado abierto el mechero de gas en la habitación a oscuras?...... No lo sé. Pero sí sé decirte que ha habido *un escape* estéril que no ha llegado a convertirse en luz...... Esto te parecerá quizás *gracioso*. Es exacto. Yo no pretendo conocer lo que no he visto. Aunque soy *tan creyente*, ignoro *casi por completo* tu vida pasada. No me importa. *Te amo.* Te amé cuando de ti sólo sabía tu nombre, y te amaré aunque fueras diez veces criminal. Para mí no encierras más que perfecciones. Ah! los que han amado alguna vez sin esperanzas conocen el amor abnegado! Tú lo eres todo para mí en el mundo. Ninguno vale una chispa de tu ser moral. Eres *único.* ¿Qué tiempo hace que te lo dije? Te acuerdas? Eres como te soñé! *¡Ah! cuando yo me arrojé tan audazmente a las profundidades de tu alma sabía muy bien que había de encontrar perlas!......* Y ha habido tantas que sólo han visto el *oleaje* de la superficie! *Sí las playas son superficiales. Por eso a ellas sólo arriban restos de conchas y ramos de algas. Las ramificaciones coralinas, las bellas madréporas, las perlas, son del fondo. Hay que bajar a buscarlas porque ellas jamás suben.* Y yo he bajado. Y al encontrarme a solas con tu alma en lo más hondo, me he encontrado tan alta! Estoy allí sola contigo. Me seducen estas correrías submarinas por tu espíritu. A veces tropiezo con los restos de algún naufragio medio oculto en la arena del fondo. He visto tantas cosas en ese abismo. He encontrado también eslabones aislados de cadenas y brazaletes de mujer confundidos con restos fósiles de monstruos extraños. Tantas cosas he visto! A veces me parece tu espíritu un abismo marino, otras un espacio limitado y constelado de astros. Estas son creaciones de mi imaginación. Tu espíritu *es como es.* Extraño, enigmático a veces, pero siempre noble y grande. Por eso te adoro. Satisfaces las exigencias de mi alma y eres único porque me has dado la dicha que te pedí, la que tanto tiempo soñé, la que juzgué un imposible o un absurdo: el amor esencialmente puro. Desde lo más profundo de mi corazón, te bendigo y te adoro. Me siento tan tuya como la belleza lo es del arte. Y nuestro amor es sentimiento y arte, porque es torturador y grandioso. Me entrego por completo a la dicha de sentirme tuya y de poseer por completo tu alma! Soñé tantas noches con esta posesión! Hoy que he realizado mi sueño porque me amas con el amor ansiado, hoy me siento dichosa y no hay tristeza capaz de ahuyentar de mi alma el ave blanca que ha construido con ella su nido definitivo. Eres mi Carlos! Sabes lo que representa para mí esta frase? «Mi Carlos». Representa la dicha. Pero la dicha absoluta restauradora y suprema. Anoche anoche! Por qué no cogiste mis manos entre las tuyas? Las tenías heladas. Esto me hacía padecer atrozmente. No puedo aceptar la idea de que sufres. Cuídate dueño mío. Hazlo por tu Juana, como yo lo hago por mi Carlos. —— Todavía no te he hablado de tus cartas de anoche. Las leí antes de dormirme y ellas reintegraron las emociones inefables de la noche. ¡Qué bellas son y cómo me conmueven!........ Tus cartas, tus cartas! el día que me falten qué será de mí? Oye alma mía, el día que te sientas indispuesto no me escribas más que dos letras. Yo me resigno a todo menos a verte sufrir. El escribir seguido y con luz artificial es lo que te produce esa neuralgia cerebral que tanto te hace sufrir y que tanto me atormenta a mí también —— Con qué ansiedad espero el domingo! Ojalá se nos proporcione *una noche como la noche de anoche!* Te acordarás siempre? Qué bien está mi cabeza en tu hombro! Qué bien está mi amor en tu alma! Qué bien estás en mi corazón alma mía! ¡Jamás quieras salir de él! Jamás me destierres del tuyo! – Son las 11 y media. Voy a almorzar. Después volveré a escribirte. Hasta luego pues mi dueño. Bésame porque lo anhelo y porque soy tuya. Te adoro. —— 9 de la noche. Amor mío, mi Carlos, mi único. No pude escribirte como pensaba, esta tarde, por habérmelo impedido las circunstancias. He tenido que coser, porque según *frase gráfica de* Lola «toda la vida no es soñar». Ahora que se han ido todas a casa de Clemencia I, me quedo con Elena y puedo escribirte. Ellas han ido a ensayar el coro y yo te escribo porque es lo único *útil* que hago en mi vida y lo único que anhelo cuando no estoy a tu lado. Escribirte! A veces me desespera la ineficiencia cruel del lenguaje. Sin embargo es tal mi anhelo de comunicarme contigo que no puedo dejar de escribirte. Quisiera poder enviarte mi alma en cada letra un beso en cada frase. Aquí se podrían escribir hermosas cartas. Ay! Cómo anhelo que transcurra el tiempo para volver a verte! Ya no me es posible vivir sin ti. Te necesito a todas horas. ¿Cuándo será, cuándo? Qué esperanza tan hermosa la de viajar juntos! Casi no me atrevo a acariciarla.... puedo entregarme libremente a ella? Te suplico que me hables ahora como siempre: sinceramente. Yo no quiero hacerme la ilusión de que pronto podemos irnos lejos porque es demasiado extasiante. Ya la vida sin ti me parece absurda. Por qué no hemos de estar juntos? Por qué?...... —— Estoy contenta. Todavía siento la presión de tu mano[487] y la luz de tus ojos. ¡Qué feliz me sentía *casi en tus brazos!* El domingo quiero que reclines tu cabeza sobre mi hombro. Anhelo verte dichoso. Te amo tanto, tanto!...... No lo sabes bien.

—— Siento la cabeza llena de ensueños. Si pudiera traducir a una forma bella mis creaciones. Estoy haciendo un soneto mal intencionado, que de buena gana dedicaría *«al más provinciano de los bardos niphones»*...... a B. Byrne.[488]

---

[487] Se repite la imagen de la *presión de la mano* de Carlos Pío. Ver nota 445 p. 126
[488] Bonifacio Byrne (Matanzas, 1861 – 1936). En 1890 fundó los periódicos *La Mañana* y *La Juventud Liberal*. Tuvo que emigrar en 1896 por razones políticas. Regresó a Cuba en 1899. Debe su fama principalmente al poema "Mi bandera" en el que, a su regreso de Estados Unidos, expresó su frustración ante el control norteamericano de la Isla. Sin embargo, su libro *Excéntricas* – apenas recordado y publicado en 1893 – es uno de los títulos importantes del modernismo cubano y fue celebrado por Julián del Casal.

Podré concluirlo? He leído de B. B. una rima; en «El Fígaro»[489] creo. El asunto lo conoces tú muy bien... Podrá ser todo lo subjetivo que se quiera pero la forma es demasiado *simple* para que me impresione. Adoro en la rima la huella del buril. Me gusta el verso *torneado*, elegante, artístico, sin perder por esto su subjetivismo. Esto es lo que jamás podré alcanzar para mis rimas! – No puedo escribirte más. Mañana por la mañana volveré a hacerlo. ¿Estarás ya en Bejucal......? – Te adoro mil veces más que a mi patria[490]; nunca te olvides de esto! El día que me faltaras me suicidaba ¿Sabes? – Esta te la daré el domingo. Bésame y abrázame con fuerza con ternura! Soy tuya. Te idolatra tu Juana.

Cielo mío, mi Carlos. Llega tu amigo. Lo recibo gustosa. Leo tus líneas Cuánto te amo! Ven mañana a las siete. Te espero impaciente. Te escribo largamente y te daré las cartas mañana. Cuídate y no te acuerdes de la fecha de los días. No estés triste. Te lo ruego. Te adoro y soy tuya. Tu Juana oyes? tu Juana. Hasta mañana.

Soy tu Juana.

[Al dorso de esta pequeña carta hay un dibujo hecho por ella que representa la figura de una joven. Al parecer está inconclusa].

---

[489] Puede referirse al poema «Juramento», de Bonifacio Byrne, que apareció en *El Fígaro* del 20 de octubre de 1895 (*EII* 65).

[490] Esta afirmación está sin dudas relacionada con la disposición de Carlos Pío Uhrbach de sumarse a la causa independentista. A partir de esos momentos, Juana no dejará de insistirle a Carlos Pío que para él sólo hay dos alternativas: o ella, o la patria. En cuanto a Juana misma, elegirá la pasión amorosa antes que los ideales revolucionarios.

142[491]

Viernes. 25. 1895. 10 y *media* de la noche. – En mi habitación –. Amor de mi alma! Unico amor mío! todavía no quiero creer que te he visto esta noche. Llegaste en un momento supremo de nostalgia. Me hace daño ya la luz de la luna. Es indefinible la sensación que me produce esa blancura tan blanca de Selene.[492] Cuando llegaste, sentía el anhelo de verte a mi lado, como jamás lo había sentido. Esto te lo digo y debe bastarte. Jamás me he negado contigo. Te adoro sobre todas las cosas. Más que a mi familia más que a mi Dios, más, mil veces más que a mi patria...! *Jamás te olvides de esto* – Todavía siento la presión de tu mano,[493] de tu mano tan prodigiosamente generosa para conmigo. He visto cruzar por tus ojos un relámpago que esperaba con impaciencia... Te confieso que experimenté un placer cruel cuando me dijiste que *"te había gustado"*, encontrarme con *ese pobre* en la terraza! Lo que me dolió fue la palabra *infraganti*.[494] Jamás la repitas, eh? es demasiado acusadora, demasiado grave, demasiado *importante* para aplicársela a situaciones *triviales*. Cuando llegaste estaba muy lejos de las Puentes y por consiguiente muy lejos de los hombres. Soñaba con mi bardo. Estaba mirando cómo la noche reflejaba sus estrellas en las ondas del río. Elena me llamó la atención hacia ustedes que llegaban. El sacudimiento dichoso que experimenté no puedo traducirlo al lenguaje. Volver a verte...! Si no hubiera habido delante dos *profanos,* te abrazo sin remedio. Después tus palabras que me llenaron al par de pesar y tristeza, tus miradas, tu risa, ¡oh tu risa...! Más después aún la última presión de tu mano... Y vuelvo a escribirte porque quiero coger el hilo azul de mis ideas, roto por tu llegada. Te hablaba según creo del crepúsculo de hoy. Pensé tanto en ti bien mío... Pensaba en tu amor, en tu amor y en el mío. Pensaba en ti, en tu mirada, en tu voz... pensaba en tu risa, en tu risa, que es horrible a veces, porque es inconsciente.... Ríete ahora! ¡Oh *"mi imaginación"* creadora! ¡Oh las noches de días pasados, las noches negras transcurridas llorando y devorando a solas el fruto amargo de una confidencia abrumadora! ¡Qué te rías, te digo! Tu risa es dramáticamente sincera. Sí, ciertamente tengo una imaginación creadora. ¿Para qué remover voluntariamente el sedimento[495] cenagoso del lago? Riámonos los dos de lo que no hemos podido evitar! Mi imaginación! Cuando se ha sentido la hoja de un puñal *a media pulgada de la garganta* y vibrando en una mano amada,[496] se puede desatar libremente la fantasía. Tu risa de esta noche me ha hecho daño. Ha evocado en mí un recuerdo que me hizo estremecer involuntariamente. Me acordaba de otra risa, risa horrible que todavía me persigue como una tortura eterna.

---

491 *EII* 69 – 70
492 *Selene*: la luna
493 Ver notas 445 p. 126 y 487 p. 141
494 *In fraganti*: en flagrante (delito). En el mismo momento en que se está cometiendo el delito o realizando una acción censurable
495 *Sedimento*: fondo
496 Véase en el Prólogo lo relativo a la anécdota del poema "Dolorosa," de Casal.

Cuando el poeta trémulo de angustia me reveló "aquella cosa, que me dejó el alma helada".[497] [*Palabras tachadas*]... ¿A qué hablar de eso? Ríete. Somos del presente. La tristeza de los recuerdos no puede ser muy honda ya en mi alma. Tengo tu amor que es mi talismán más poderoso. Con él me siento la mujer más feliz del universo. Con él no me intimidan presentimientos ni recuerdos ni remordimientos, de esos que duelen tanto como los aplausos *inmerecidos!*......... Esta noche! esta noche.... qué anhelo sentía de besarte! ¡Oh los importunos! El domingo el domingo el domingo! Seremos felices. Veremos la luna, me reclinaré en tu hombro y me dirás que me *quieres*. Aunque te hacen tanta gracia no te hablaré una sola vez de mis creaciones fantásticas. "Quizás sepas algún día", *hasta donde llega* "mi imaginación".... Entre tanto ríete. Bésame. Bésame la frente de donde han salido ideas *tan graciosas*................ En este momento soy feliz. Únicamente me tortura la idea de que sufres. Voy a dormirme y soñar con mi Carlos. Mañana volveré a escribirte. Perdóname si te he entristecido.... Te aseguro por nuestro amor que estoy contenta. El domingo! Cuánto nos tarda! Bésame. ¿Qué soñaré esta noche? No lo sé. Mañana te lo contaré. Te adoro y soy tuya. Te beso. Soy tu novia tu Juana.

---

497 Alude a los "Rondeles" de Casal en *Bustos y rimas*, publicado póstumamente (1893).

145[498]

«Aún eras niño cuando sentías
Como legado de tus mayores
Esas tempranas melancolías
De los espíritus soñadores......»

J. C.

LUNES. 28 OCTUBRE. 1895. —— 9 DE LA MAÑANA. ——Único amor mío, Carlos idolatrado. Con qué angustia te vi despedirte sin poder estrecharte en mis brazos! Subí enseguida porque me ahogaba el llanto y necesitaba estar sola, sola con mi desesperación. He pasado una noche cruel pensando en que quizás te fuiste triste.... Sufrimos tanto! Jamás me han parecido tan importunas las amigas como anoche porque se interpusieron entre mi cabeza y tu hombro.... Todas mis esperanzas se convierten al miércoles. La angustia de anoche es aniquiladora. Me quedé en un estado de postración horrible y era tal mi desesperación que me arranqué del cuello el collar rompiéndolo por varios puntos. Este *desahogo*[499] me dejó más tranquila y pude leer tus cartas. ¡Tus cartas bien amadas! Me conmovieron como hubieran podido conmoverme tus caricias. ¡Qué tiernas son y qué *sinceras!* ¡Qué mío te siento...! ¡Qué definitivamente soy tuya... ¡Tus cartas, tus cartas! En ellas viene tu alma que penetra en la mía llenándomela de suave resplandor de ensueño.... He estado anoche mirando antes de dormirme tu retrato en que eras *«un niño»*. ¡Qué sensación tan extraña! ¿Habrá frases que la traduzcan? He besado con delirante anhelo de pureza, esa boquita entreabierta y esa carita cándida que me pertenecían entonces más que ahora, *porque todavía* no habían recibido los besos febriles de las mujeres carnales... Pero ¿es qué yo también he sido niña?... ¡Oh! Es realmente triste ver cómo el tiempo realiza su obra criminal sin que pueda el hombre oponerse a ella. ¡Oh tiempo! ¿Y Yo?... Yo también tuve infancia! Corta y triste pero infancia al fin, inocente y blanca! He dejado sobre ese rostro de niño *besos de amor, inmensamente puros y sinceros.* ¿Qué pensabas? Aún entonces flotaba sobre tu frente como un crespón impalpable la tristeza! Hay sobre esos ojos algo extraño como una preocupación misteriosamente sombría. Me dormí con la tarjeta apretada sobre mi corazón. La he besado tanto! Jamás niño alguno ha recibido besos más puros. He calmado algún tanto mi sed de idealismo besando esa imagen de lo que fue un niño. Por nada en el mundo cedería ese retrato. Quiero tenerlo siempre conmigo, para proporcionarme sensa-

---
498 EII 75 – 84
499 *Desahogo*: manifestación violenta de un estado de ánimo

ciones extrañas. Lo he colocado en la *cabecera* de mi lecho para que lo vean mis pupilas, al despertar. —— No pude escribirte anoche porque me fue imposible dada mi excitación nerviosa que no desapareció sino con el sueño. Hoy más calmada te escribo aunque sé muy bien que no encontraré palabras que traduzcan el estado de mi ánimo. Anoche, anoche! Cuánto sufrí! Sentía un anhelo infinito de rodear tu cuello con mis brazos y de reclinar la cabeza sobre tu corazón. Mis ojos! Mis ojos no pueden dormir porque les faltan tus besos. Siento sobre los párpados la nostalgia de tus labios! Quiero que cuando me beses me des lo más puro que haya en tu alma. ¡Que me trasmitas tu espíritu, que me comuniques tu idealismo. ¿Sabes tú lo que es *realizar un ideal?*
— 2 y media de la tarde. Amado mío, tuve que interrumpir ésta, esta mañana y ahora no puedo continuarla porque me llevan a Marianao. A la noche te escribiré. Te beso amor mío, y soy tuya. Abrázame y bésame. Te idolatro —

LUNES. 28. 1895. OCTUBRE. 12 Y MEDIA DE LA NOCHE —— Amado mío, Carlos de mi alma; llegué hace poco de Marianao de casa de Adela de Armas[500] a quien fui a dar el pésame por la muerte de su madre. Me llevé conmigo, en el seno, tu retrato. El retrato en que todavía eras niño. Me he apasionado de esa tarjetica. Como todas mis afecciones tienen algo de enfermizo, experimento sensaciones intensas mirado[sic] esa cabecita inocente. Hoy día adoro en ti lo que resta de aquello... lo que perdura de niño en tu alma.... Oh! [*Varias palabras tachadas*] virginidad del alma! Y tú la has conservado De eso estoy tan segura! Si se pudiera reconstruir la infancia y unir de nuevo el vínculo inocente, trunco y deshecho por la fuerza *del tiempo!* He sentido muchas veces la nostalgia, del engaño aquel tan dulce, de la conciencia del niño. A veces anhelo retornar a los días felices, en que la existencia me animaba inconsciente y en que era irresponsable de mi propia vida. Después.......... después. El blanco tul se deshace, los pétalos se abren, el corazón experimenta nostalgias profundas. Y después.... los que tienen un alma vulgar se hunden asociándose al cuerpo y haciéndose cómplices de sus abyecciones, pero los que tienen como yo un alma grande, la conservan íntegra porque no la contamina el contacto de lo impuro. ¡Oh la infancia! Quién me diera volver a ella! Pero volver contigo. Ahora me atormenta la obsesión de verte así como apareces en la fotografía. Esto es un absurdo que me hará sufrir mucho. ¿Quién deshace el camino andado? Me consuelo pensando que en tu alma queda todavía algo de la niñez. Siquiera sean *los recuerdos......!* ¡Oh los recuerdos! 2 de la madrugada del Martes. —— Me he levantado a escribirte porque no consigo dormirme. Aunque soy dichosa me atormentan dos inquietudes. Primero la de verte enfermo. No puedo tolerar esta idea. Si me amas cuídate por mí. Ahora que comienzo a ser totalmente dichosa no quiero pensar que puedas estar enfermo. Esta idea es

---

500 Adela de Armas de Carricarte, madre de Arturo Carricarte (*EII* 76). Arturo Carricarte (La Habana, 1880 – 1948). Obtuvo el premio de crítica en los juegos florales del Ateneo y Círculo de La Habana (1908). Fue cónsul de Cuba en Montevideo. Recibió el Gran Premio de Literatura (1913 – 14) de la Academia Nacional de Artes y Letras por su novela *Historia de un vencido (El Ñáñigo)*. Fundó el Museo José Martí y la Biblioteca Municipal de La Habana (1920), dirigiéndola hasta 1931.

lúgubre para mí. He llorado ya todas mis lágrimas. Quiero ser algún día feliz. Feliz sin obsesiones ni inquietudes. Y la idea de que sufres me desespera. ¿Es qué no sabes que te adoro, o es que jamás nadie se ha interesado por tus dolencias?... Cuídate mi Carlos para que tu Juana pueda dormir tranquila. La otra inquietud menos fundada pero más dolorosa es la idea de que puedas pensar seriamente dejarme por cualquier «CAUSA» que sea.[501] ¿Sabes *de qué* hablo? Yo no tengo más patria que tu alma. Fuera de ella estaré siempre *desterrada*. He compendiado en ti todos mis amores. Eres mi patria, mi religión, mi arte, mi universo, mi alma y mi Carlos... Entre *mi pobre Carlos y mi pobre patria* me quedo mil veces contigo. Vales para mí más que todo en el mundo. Eres el amor definitivo de un alma que hubiera muerto a no haberte encontrado. Lo representas todo. Entiendes? Todo! Quiero estar siempre junto a ti aunque se me diga que soy la «hija feliz de un suelo desgraciado». Bien comprendo amor mío que no pudiste decir en serio que pensabas irte.... Pero demasiado bien sabes que una simple conjetura es suficiente a martirizarme. El día que tuviera razón para pensar que pensabas dejarme me suicidaba. Créeme... Te lo imploro! A mí me parece insoportable la vida lejos de ti. Necesito verte *diariamente.* ¿Qué sería de mí si viera transcurrir los meses sin oírte sin hablarte, sin verte? Sería horrible! En ese caso me sobraría valor para darme un tiro en la frente. Como hizo Garcín cuando quiso dejar en libertad al pájaro azul.....[502] Yo vivo porque tú me has dicho: «vive para mí». Pero el día que no pudiera verte realizaría mi soñado ideal: el suicidio. Estoy tan cerca de él! No hay más que once pasos de mi lecho al armario......[503] Y que yo no tendré *quien me arrebate de las manos* la pistola, *como el poeta del cuento........* Te estoy hablando en serio. Te juro por ti que eres mi Dios que me mataré si llego a convencerme de que piensas irte... Esta idea me quita el sueño y me amarga la vida. ¿Por qué no podré ser nunca venturosa? Naturaleza me ha dado *una sola patria*, pero me ha dado también *un solo Carlos!* Si te pierdo, ha concluido mi vida. Y pudiéramos ser tan felices! ¡Alma mía, si me amas, jamás te separes de mí! Quisiera poder ocultarte a todas las miradas. Este egoísmo será tal vez culpable pero es lo que siento y te lo digo. Tú, tú y tú! ¡No verte! ¿Has pensado en esto?...... – Son las cuatro. Pronto será de día. Aunque la inquietud no me deja dormir siento sueño. Si consigo dormir amaneceré mañana más tranquila. Entonces te escribiré. Hasta luego pues alma mía, Carlos adorado. Bésame porque soy tuya y te adoro. Te abrazo con delirante vehemencia, con temor de perderte, con ansiedad horrible de tenerte a mi lado! No, no y no. No quiero estar lejos de ti! Me moriría cuando apenas he resucitado! Déjame ser feliz algún día... Te adoro. Soy tu Juana. Eres mío; me perteneces y no te cedería por nada ni por nadie. Sábelo.[504] Amame y recuérdame. Bésame. Hasta luego —— Martes 29. 1895 —— 8 de la mañana. Amor mío, mi Carlos; conseguí al fin dormirme a las cinco y me despierto

---

501 La CAUSA, es decir, la causa de la independencia de Cuba.
502 Alude al cuento "El pájaro azul", de Rubén Darío, en *Azul*.
503 La escritura de Juana parece, en verdad, alimentarse en gran medida del eterno retorno de lo mismo: las pulsiones homicidas y suicidas
504 *Sábelo*: Quiero que lo sepas

ahora. He amanecido calmada de mis inquietudes. Estoy contenta. He soñado con felicidades inefables, con horizontes de dicha, ilimitados. He soñado contigo! Con tu amor, con nuestro porvenir. Este sueño hermoso me ha devuelto la calma que tanta falta me hacía!...... Te adoro. Ya no encuentro una frase que sea lo suficientemente tierna para nombrarte. Mi Carlos, ámame, mucho, mucho porque te adoro! ¡Ah si supieras cómo! Por más que trates de imaginarlo no podrías abarcar la extensión verdadera de mi pasión. Lo representas *todo* para mí. La patria, el Arte, la religión, el ensueño, la dicha, la esperanza, el puerto, el triunfo, la divisa, la existencia, y la paz de mi espíritu. ¡Todo, todo, todo! Si me faltaras tú estaría desterrada en mi suelo natal. Cuando un alma agobiada por la tristeza, encuentra una pasión redentora es para entregarse a ella con todas las potencias y con todas las aptitudes del espíritu. Yo te he encontrado cuando había desaparecido en el horizonte de mi vida la última nave de mi esperanza. Me *resucitaste*. Es por esto que lo representas todo para mí. Si te perdiera, mi existencia habría concluido. Piensa y reflexiona ——— 9 y media. Amor mío. Acabo de besar con infinito amor la carita de tu retrato. No puedes figurarte lo que representa para mí esta tarjetica. Representa...... mucho. Jamás me la pidas porque no podría dártela! La necesito para mis desbordamientos íntimos. ¿Cuándo tendré tu retrato, el de Carlos P. Uhrbach? ¿Y tu anillo? Qué falta me hace! Qué graciosa mamá. La pobre! Cómo anhela verte! Veré si me decido a mandarte allá en Febrero del año que viene. Lo que es en estos días.... Digo! —— Hoy es una fecha que debiera ser triste para mí si no tuviera tu amor que ahuyenta de mi alma todas las tristezas. Conmemora una circunstancia especial de mi vida que ha sido hasta ahora mi castigo constante. Ya no hay recuerdo capaz de entristecerme. ¿Puedes creer?... Yo no sé donde ha ido mi conciencia.[505] ¿Estará también embargada por el amor que me inspiras y que ha invadido hasta la más recóndita profundidad de mi ser moral?... Cómo te llevo en mi corazón! Te siento latir en él, vivir en mi pensamiento, florecer en mi ensueño. Cómo anhelo besarte! Cuando lo haga me desmayaré quizás de emoción. Me había acostumbrado a soñar *con mi beso* como se sueña *con un imposible!* Mañana... ¡Mañana! ¡Cómo son lentas las horas de la espera! Quiera el cielo concedernos una noche como *aquella*. El recuerdo de la del domingo me exalta hasta la desesperación. Jamás he sufrido tanto. Cuando te fuiste me quedé temblando. Estaba tan disgustada y tan triste! En esos momentos es cuando necesito tener a mano *algo que romper*. Un vaso, un abanico, un pañuelo, cualquier cosa... Como no puedo a veces desahogarme llorando, sufro lo indecible. Qué importunas son las visitas! Espero que mañana estaremos solos. Dios lo quiera. Tengo tanto que hablarte! Anhelo reclinar mi cabeza sobre tu corazón. Quiero sentir sobre la frente la caricia de tu mano adorada. Bésame. Quiero besarte con toda mi ternura. Estrecharte contra mi corazón y reclinar mi

---

[505] Se trata, posiblemente, o del aniversario de la muerte de Casal (21 de octubre de 1893), o del de la ruptura de Juana con aquél (3 de noviembre de 1892), o de ambos. La carta a Carlos Pío, fechada a 28 de octubre, figura, en efecto, un puente el 21 de octubre y el 3 de noviembre. A esto se añade lo que podríamos considerar una alusión al motivo del *remordimiento* – "Yo no sé dónde ha ido mi conciencia" –, fuertemente asociado, como ya sabemos, con ambos sucesos.

cabeza en tu hombro. ¿Te han dado alguna vez el beso de amor verdadero?...... No me importa. Te amo lo suficiente para darte el alma en un beso infinitamente más tierno que el que hayan podido darte alguna vez. Quiero dormir en tus brazos. Perseguir el desvarío de los ensueños, con mis pupilas fijas en tus ojos y mi mano estrechada en las tuyas. Entonces volará de mi alma el último pesar y florecerá en ella el lirio de mi dicha. Es un anhelo tan grande el que siento de tu ternura que me sería imposible renunciar a la esperanza de besarte. Quiero oírte decir mil veces que me *adoras*. Que eres mi Carlos. Que soy tu único amor. Todo esto lo sé. Pero son verdades tan dulces! Jamás me cansarían. Jamás, jamás. Yo necesito que me ames con toda tu alma y siempre. El corazón que me has dado es la única y suprema conquista de mi alma. Tu amor es mi triunfo más legítimo. Por eso tengo ese miedo horrible de perderte.....! Cuídate, te lo suplico por nuestro amor por nuestra dicha actual y por nuestra dicha futura!.... Piensa que eres mi única y reedntora esperanza y vive para mí. Yo me siento muy bien. Hoy he amanecido perfectamente. La esperanza *de verte* mañana es la fórmula maravillosa que me ha curado. Me cuido hasta la exageración... No salgo a la terraza. No tomo agua helada. Procuro dormir y si no lo consigo culpa es de... de mis inquietudes. De ti depende que yo pueda dormir tranquila. Cuídate y no pienses jamás separarte de mí. Entonces no me atormentarán obsesiones.... Sólo entonces. – 10 y cuarto – El tiempo transcurre y cada minuto que se va nos acerca uno al otro. Cómo es triste la espera! Si no te viera mañana ¿qué sería de mí?..... Me haces mucha falta. No puedes imaginártelo. Quisiera poder hacerte una cárcel entre mis brazos para encerrarte en ella para siempre. Así no sufriría tanto como sufro a veces..... Mis celos continúan tan tontos y absurdos como hasta ahora. Hasta que no pueda *verte siempre junto a mí*, no estaré tranquila. Lo más gracioso es que no pudiera encontrarse en ellos la más ligera sombra de duda. Son porque son. Más violentos cuanto más ilógicos. Al fin acabarán conmigo y.... con tu paciencia. Perdóname. Te amo tanto!... Estoy de una estupidez *perfecta*. No hago hace tiempo una sola rima. Sueño mucho pero mis sueños se quedan dentro de mi alma torturándome y haciéndome pensar cosas tristes. Por una coincidencia cruel jamás he sentido tan intensamente la fiebre del arte. Experimento el anhelo de *exteriorizar* en una *forma perfecta* mis concepciones. Será esto transitorio o definitivo?..... No sé. El tiempo dirá.... Cada día me gustan más tus rimas. He vuelto a leer en estos días unas estrofas que firman ustedes dos y que deben ser sólo tuyas. Dedicadas a M. S...... Están perfectas. Tienen ese *burilado*[506] que yo jamás alcanzaré para mis estrofas. Verdaderamente has acumulado en esa rima todo lo que hay de bello en la mente y de artístico en el Arte. En fin una rimita *«simpática»* tanto como debe serlo la inspiradora...... He pensado mucho en lo que me dijiste de mi penetración. Es nula....... Me he convencido de ello. Mi penetración! Esto es

---

506 *Burilado*: pulido, terminado, perfección (resultado del trabajo artesanal con la palabra)

triste. Lo que debiera ser una tierna broma resulta una frase amarga. Lo que me ha parecido un sarcasmo es aquello de *«mi afán de acertar»* ¿De acertar?.... ¡Ojalá me equivocara siempre! No me lo vuelvas a decir ¿eh dueño mío?... Y ahora un beso. Bésame siempre. Necesito tus besos para poder vivir contenta. ¡Que jamás me falten! Te amo tanto! Cuando me beses por la vez primera me quedará en el alma la nostalgia de tus besos. Entonces me será doblemente triste la ausencia. *A pesar de eso quiero besarte* porque lo necesito. Estoy ávida de tu ternura porque sin ti no puedo vivir. Amándote tanto hace tiempo, tengo perfecta conciencia de que mi pasión aumenta cada día. Esto es inexplicable porque lo infinito no es suceptible de aumento, y sin embargo *es*. Cada día me haces más falta. Ya es un anhelo torturador, éste que me abruma, de verte. Cuando te vas de mi lado experimento un pesar tan hondo que quisiera disolverme en llanto. No no puedo. Por evitarte un pesar daría mil veces mi existencia entera, pero me es imposible dejar de llorar cuando te vas... ¿Qué quieres?..... ¡Te amo tanto! —— 11 —— Voy a almorzar. A la tarde concluiré este pliego. Quiero darte cartas extensas. Hasta luego. Te idolatro y te beso. Soy tuya. Soy tu Juana. Eres mío. Eres mi Carlos..... Bésame, bésame, bésame! Estréchame contra tu corazón. Te adoro! —— l y media de la tarde. —— Alma mía, Corazón mío. Carlos mío. Interrumpo mis que haceres para decirte que te adoro. Es lo único útil que hago: escribirte. Todo lo demás es secundario y sin importancia. Tú solo tú. Ahora y siempre. Mañana! Mañana! Ya falta poco y sin embargo me parece que faltara un siglo. Tengo tal anhelo de verte. Si supieras, si pudieras saber cuánto te amo! Es necesario que lo adivines porque no encuentro una frase capaz de encerrar la milésima parte de la ternura que guarda para ti mi corazón! Convéncete de que te adoro. De que eres mi única dicha, de que me haces falta...... ¡Oh sí! mucha falta! Experimento el anhelo insaciable de sacrificarme por ti. De sufrir por consolar alguno de tus pesares. La prueba, el sacrificio que pienso imponerme es cruento[507] pero me consuela porque te hará bien. Consiste en oír toda entera la historia de tu vida. Me has prometido una confidencia.... ¿Sabes cuál es mi primer impulso?.... Decirte que no, que no me reveles nada! Pero después pienso: «quizás la sinceridad de su expansión lo consuele». «Aunque yo sufra». ¿Y qué?..... Estoy dispuesta a oírte. Si tú pudieras comprender lo que sufrí *aquella noche!* Y eso que sólo me contaste el *prólogo* del drama... Sólo por consolarte sería capaz de oírte. Créelo porque es horrible...! Ya te he dicho otra vez que si tu fueras un criminal dejaría el crimen de serme odioso. No saldrá de mis labios una sola frase que pueda envolver un reproche. Mi sufrimiento consiste en mi carácter egoísta y celoso que tanto daño me hace y que tantas tristezas me proporciona. Tú no puedes imaginar el tormento que me causa pensar que...... hayas amado a otras mujeres. Estas exigencias son eminentemente injustas, pero yo no tengo la culpa de ser como soy. El

---

[507] *Cruento*: doloroso

mejor día mi carácter me llevará a un extremo.... ¿contra quién? ... Contra ninguna. La causa de mi sufrimiento no existe y sin embargo mi sufrimiento es real. Diera lo que no tengo por ser imbécil cuando me pongo a conjeturar ciertas cosas. Quisiera no tener inteligencia para poder reírme.... Pero cuando te oigo contar ciertas *ocurrencias* se me llenan los ojos de lágrimas y me siento morir de desesperación. Cuando pienso que puede haber una mujer que se jacte de haber sido *tu amada* me parece que la vida se me cubre de luto y me muero de angustia y de resentimiento..... ¿Qué quieres mi Carlos! Soy así. Tú dices que soy tu amor primero... ...... Bueno. Quiero creerte. Ya te he dicho que eres mi Dios y de Dios no se duda. Además.... ¿Qué derecho tengo sobre tu vida pasada?.... Soy muy injusta. Esto me entristece porque quizás te harán sufrir mis exigencias. Perdóname. Piensa que mis celos tontos son hijos de mi profundo amor: ¡Es que te adoro, como no puedes imaginar, como *ninguna jamás* te ha amado!.... Eres mi Carlos sólo mío. Así como yo soy tu Juana sólo tuya. Nos pertenecemos. ¿Por qué me atormenta pues con preocupaciones absurdas? Dispénsame tanta tontería. Cuando me pongo a hablar de.... tus amores, desbarro en grande. Pero tú sabes muy bien que te idolatro... Verdad que lo crees?... Bésame porque te adoro y abrázame porque soy tuya. Te adoro mi Carlos. Soy tu Juana. Hasta la noche en que volveré a escribirte. Bésame mucho, mucho........! 4 y media de la tarde. —— Carlos, adorado mío. No sé por qué me figuro[508] que te veré esta noche. Esperaba carta tuya hoy con la de Helena pero no han venido. La esperanza de verte me hace esperarte. Iba a salir pero me quedo. Si acaso no vienes me engañarán por primera vez mis presentimientos. Esto sería triste porque anhelo verte. Te espero en el tren de las siete, después me pondré a concluir este pliego. Es mi esperanza lo que me hace creer en tu venida. Es el anhelo inmenso de verte a mi lado. Hasta luego pues. Te adoro y soy tuya. Bésame porque necesito tus besos. Soy tu novia, tu Juana. Hasta luego. 9 de la noche. Bien de mi alma; hasta ahora te he estado esperando. Engañada por el espejismo de la esperanza que es tenaz como el anhelo. Yo no sé por qué te esperaba tan segura de que vendrías. En fin me resigno porque mañana te veré. Son las nueve de una noche espléndida. La luna envuelta en sus tules de niebla ilumina la terraza donde he estado sentada esperándote desde las seis y media. Hay algo de absurdo en esa obstinación de la esperanza. Bien es verdad que yo siempre te espero. Y esta noche ha sido propicia al idilio. Todos fuera. Elena y yo solas en la terraza y la luna más bella que nunca. Ojalá se nos presente mañana la misma *decoración!* Me tortura cruelmente la suposición de una noche como la del domingo... Es verdaderamente horrible verte a mi lado y no poder hablarte, verte y no poder besarte. La otra noche ¡Cuánto sufrí. Aquel cuarto de hora último; Lola no encontró bobería de que no te habló. Yo estaba desolada y tú impasible. Cómo deben hacerte sufrir estas cosas

---

508 *Me figuro*: imagino

¿verdad? Yo necesito verte a solas. Donde no profanen nuestra intimidad las miradas curiosas de los seres vulgares. Los idilios a la expectación pública me inspiran repugnancia, porque me parecen profanaciones de la pasión. Y sin embargo necesito hablarte, verte, oírte. Por eso estaba tan triste la otra noche. Sentía el anhelo vehemente de arrojarme en tus brazos y tenía que permanecer impasible. Estas luchas me aniquilan. Anhelo reclinar la frente sobre tu corazón. Este afán es ya una obsesión torturadora... ¿Cuándo, cuándo?... Confío en que te portarás, en su oportunidad, más valeroso que noches pasadas... ¿Te acuerdas? Cuánto te amo! – Voy a dormirme para que pasen pronto las horas que me separan de ti. Siento el sueño de dos insomnios. Antes de cerrar los ojos te beso y te abrazo salvajemente, con tierno egoísmo. Soy tu Juana, tu amada, tu virgen, tu musa. Hasta mañana. Bésame tú! ──

────── Miércoles. 30 de Octubre. 1895. Amor de mis amores mi Carlos. Acabo de recibir tu cartica. Son las 9 de la mañana, de la mañana del miércoles! Por fin puedo decir: ¡esta noche! ... Con qué impaciencia te espero! Verte y hablarte constituyen los únicos goces de mi vida. Anoche me dormí contenta con la esperanza de verte hoy. Tuve un sueño dulce que no recuerdo bien. Sé que soñé contigo...! He amanecido bien. Tan bien que me disgusta, porque tú no lo estás, y me parece un egoísmo estar saludable mientras tú sufres. De veras. Quiero compartir tus sufrimientos morales y físicos. Vivir tu vida, sufrir tu dolor, llorar tu llanto!... Toda mi ternura que es muy grande, me parece poca para consagrártela. Quisiera morirme de amor delante de ti. Poder demostrarte que te adoro. Si pudieras adivinar cuánto te amo! Te idolatro porque lo mereces y aunque no lo merecieras creo que te amaría. Tienes un alma tan idéntica al ideal que soñé tanto tiempo! Siempre tendrás sobre mí un ascendiente ilimitado. No dependo de mí, sino de tu voluntad. *He procurado creer lo contrario* pero *me he convencido* de que jamás podré darte una orden ni hacerte un reproche! Si tú me hubieras conocido antes comprenderías bien lo que te digo. Era tan dominante y altiva que jamás perdonaba una *desobediencia.* Y sin embargo *una vez* que tuve ocasión *de ejercer mi autoridad,* sentí tan profundo tedio de aquella sumisión, que me inspiraron desprecio *los sumisos.* A ti te amo porque tienes un alma rebelde como la mía y porque eres como yo *indomable...* Al anular mi voluntad en la tuya satisfago la profunda sed de ternura que me llena el corazón. Soy *tu Juana* y siendo tuya ¿cómo voy a depender de mí misma?.... Convéncete de que tu influencia sobre mí es decisiva. Jamás podré tener para ti más que el ruego. Amándote como te amo jamás podré ser dominante. Quisiera sufrir un dolor que me impusieras tú. Entonces te demostraría quizás la intensidad de mi pasión! Jamás me digas que te perdone nada. Si no me miraste la otra noche fue porque quizás sufrías mucho, como sufría yo. Si pudiera darte alguna queja sería con la inflexión de la súplica y jamás con el acento del reproche. Lo único que jamás te perdonaría es que amaras a otra mujer. ¿Que te diga que me beses?... ¡Oh bésame! Tus besos me hacen mucha falta amor mío! Ellos curarán mi última tristeza y desvanecerán mi último recuerdo. Los anhelo con lo más apasionado que hay en mi alma, con lo más puro que hay en mi corazón. Los he soñado tanto tiempo! Pero he soñado el beso de amor supremo, lleno de deliquios ideales y de apasionados transportes. El beso que sólo tú pudieras darme..... el que me darás el que te daré..... el que nos daremos! Cómo aguardo la noche! Verte! Verte a mi lado! Cuando me mires amor de mi alma pon tu corazón en tu mirada para besarlo yo con mis pupilas. Cuando me hables pon todo tu amor en tu acento para que penetre en mi alma. Te idolatro. ¡Ah compréndelo! Eres mi rey, mi ensueño, mi bardo, mi esperanza y mi Carlos! Sobre todo, *mi Carlos*. Y yo soy tu Juana ¿verdad, mi bien, que soy tu Juana? Dímelo siempre! Siempre ámame. —— 4 de la tarde. Amor mío, ya faltan pocas horas para que te vea. Es tal la impaciencia que tengo de verte que pensaba escribirte otro pliego y no puedo hacerlo. Me devora la inquietud *del aspecto de las cosas*. El *tiempo* no se presenta muy despejado... Veremos. ¡Cuando pienso que voy a verte dentro de tres horas! Carlos, mi bien, mi único dueño! Si pudieras saber cómo te amo! Ahora bésame. Bésame tierna, egoístamente, con todo tu amor y con toda tu alma! Estréchame contra tu corazón porque soy tuya y te adoro. Te beso, yo también te beso. Los besos míos anhelan disipar tus viejas tristezas..... Dime siempre que me adoras. Me hace falta oírlo. Soy tu novia, tu virgen, tu amada, tu musa y tu *Juana*.

147[509]

Llena el alma de amargura
Su triste historia escuché........... Octubre 31.
— Cómo? — diréis por ventura 1895.
¡Ah!.. no aumentéis mi tortura.
No preguntéis cómo fue!..

— Heine. —

— 3 DE LA TARDE.

Amor de mi alma, mi bardo, *mi pálido*. Acabo de enviar al correo una carta para ti. Quizás te entristecerá. Está escrita en plena crisis. Con el corazón desbordante de dolor y ternura! La lectura de tus cartas completó la amargura de la noche. Es verdaderamente desoladora para mí, la idea de que mi inmenso amor no es suficiente a desvanecer tu tristeza. Estas no son obsesiones mías. Bien claro me lo dices en tu carta. Esta frase es reveladora: «... ¿*Habrá sido lo que juzgué mi salvación una resurrección efímera y ficticia?*» — La sola lectura de estas palabras me hace derramar muchas lágrimas. Mi esperanza mi hermosa esperanza de consolarte se deshace! Oye. Estamos a último de Octubre. Pues bien el día 3 de Noviembre es una fecha *que antes me era temida y hoy me es indiferente*.[510] Sabes lo que conmemora? Una perfidia. Una perfidia mía de la cual no tuve tiempo de justificarme. Ese día a las 5 de la tarde hice sufrir a un ser muy grande. Sabes quién era?... Me reprochó duramente y mis juramentos no bastaron a disipar su resentimiento... Llevé aquella espina clavada en el alma más de diez meses y nutría en mi corazón la esperanza de verlo. El destino implacable me castigó. El murió sin que yo hubiera realizado mi aspiración suprema de volver a verlo. Murió creyéndome perjura?[511] ¿Será triste el final de esta historia? El año pasado, por estos días estaba yo convaleciente de una fiebre perniciosa que de milagro no me acostó en la tumba porque no tomaba las medicinas y me asomaba a la luna con una fiebre de 40 grados. Quería morir porque aquel remordimiento me martirizaba cruelmente. Me profesaba a mí misma un odio tan implacable

509 *E*II 89 – 91
510 Alude a su ruptura con Casal
511 La inquietante pregunta que se hace Juana parece estar vinculada con otro comentario suyo en la carta 142: "Cuando el poeta trémulo de angustia me reveló 'aquella cosa, que me dejó el alma helada'". Revelación – o *confesión* (de Casal) – y *perjurio* o traición del secreto (Juana).

que hubiera querido martirizarme sin compasión. Me salvé...... Mi naturaleza robusta, la misma que me había conducido a la desventura, me salvó aquella vez y entré en la convalecencia. Volví lentamente a la vida física pero me quedé extenuuda moralmente. Sentía descender sobre mí la sombra de mi traición[512] y no podía soportar la idea de su reproche de ultra – tumba. El tiempo cicatrizó, sin curarla, aquella herida y pocos meses después de mi enfermedad fui a tomar los baños de mar en...... Cojímar. Volví quizás más desdichada que antes de aquel caserío alegre y lleno de seducciones.... para los vulgares, pero insoportable y enervante para mí. Después seguí viviendo. Viviendo con el alma muerta llena de un recuerdo y llena de un reproche. Pasaron los meses..... hasta que un día llegó a mis manos *Gemelas*. Tú sabes lo demás.... Ahora oye. Aquel recuerdo que durante tanto tiempo fue mi castigo y mi tortura *ha desaparecido de mi conciencia. ¡He aquí la obra de tu amor!* He visto acercarse estos días *sin inquietud ni tristeza*. Pasarían sobre mí llenos de dicha *si no tuviera el tormento de tu pesadumbre*. Y no creas que mi pasado se reduce a esto que te he contado........ Hubo más, mucho más! Pero ya no *queda de todo aquello en mi alma ni siquiera el recuerdo*. Créeme. Es increíble hasta qué punto fue tu ternura un bálsamo para mi alma. Pues bien, *lo que tu amor realizó, el mío no ha podido lograrlo!* Esta es la verdadera y única desgracia de mi vida... ¿Sabes lo que era para mí la convicción de consolarte?.... Era la aspiración única de mi corazón *la quimera más dulce de mi espíritu*. Veo con profundo pesar que no eres feliz. Yo lo soy. *Es tan grande la dicha de poseer tu amor que ante ella se desvanecen todas las tristezas presentes y pasadas*. No hay recuerdo capaz de hacerme derramar una lágrima. Si hubiera cometido un crimen lo recordaría con la conciencia tranquila. *¡Hasta ese punto te amo!* Y tú sufres mucho. Esto no es ni pudiera ser jamás un reproche. Te adoro porque te adoro. Me seduce tu alma porque realiza el ideal que soñé tanto tiempo. Te idolatro porque eres triste, y porque *eres puro*. Ya lo creo que eres puro! Lo eres y *lo fuiste*, aunque............. Es por esto que te idolatro. No me digas jamás que yo merecería esto o lo otro. ¡Tú tú y tú! *Eres perfecto. Nadie vale más que mi Carlos. Eres tan grande como anhelaba y mucho más aún alma mía! Nadie llega ni a tus pies.* Los espíritus *sanos* están casi siempre vaciados en moldes vulgares, *y yo no puedo amar nada vulgar*. Además, tú eres *más blanco* que todos ellos. *A pesar de todo*. Ningún temperamento *sano* hubiera sido capaz de darme *el amor que tú me has dado!* Ninguno. Además ya te he dicho que te elegí entre todos *porque quería llevar a tu espíritu la dicha y desvanecer tu pesadumbre.* – ..... *Si no he realizado esta aspiración hermosa no es culpa de nadie. Te amo siempre, siempre! Jamás me destierres de tu espíritu. ¡Me moriría! Me amas mucho? Júramelo siempre adorado mío.* Me hace falta oírlo. *Me hace tan dichosa la seguridad de ser tu amada!* – Óyeme. *Es necesario que comprendas ahora la inmensidad de mi pasión. Te amo! Te adoro! Te idolatro!* Eres mi rey, mi dueño, mi bardo, mi Carlos! Lo eres todo. Arte, religión y patria. Vuelvo a entriste-

---

512 La dureza, el rigor de los reproches que Juana se dirige a sí misma deberían estar en relación, diríamos que directamente proporcional, a la gravedad del *secreto* confesado por Casal. No sería exagerado sospechar, cuando menos, que podría estar relacionado con *el* secreto de la sexualidad de aquél.

cerme releyendo tus cartas. El papelito de Cisneros[513] – ¡Qué Cisneros! – es perfectamente *verídico*. Lo del *«histérico»* es *«histórico»*. Cuántos recuerdos ha evocado en mi alma! Aquellos días de espera! Cisneros me había dicho tantas cosas! Tenía la seguridad de que vendrías. Él siempre me estaba diciendo que tú estabas *muy enamorado*. Yo había confundido los términos y atribuía a unas *las cualidades* de otras......... Para qué hablar de eso? Lo esencial era que vinieras y viniste. Ese fragmento de carta dice más de lo que tú has leído. En todo una época. Y hablemos de otra cosa. *Quisiera que mi pasión tuviera sobre ti bastante* INFLUENCIA *para alegrar y llenar de luz estos días que te esperan, tan tristes!* Ya que no podré conseguirlo lloraré tu pesadumbre contigo. Yo te confieso ingenua y lealmente *que los veré cruzar sin que me traigan una sola tristeza. Tengo tu amor y teniéndolo me parece una infidelidad sufrir.* Tu amor! ¿*Sabes lo que representa para mi alma*? El ha sido *bastante poderoso para desvanecer mi pasado. Mi ternura no ha sido suficientemente decisiva para disipar uno solo de tus recuerdos.* Esto lo sabes tú mejor que yo. Me lo has confesado y lo creo. Siempre te amo. Te amo con todo mi corazón y comprendo *«que ningún obstáculo por pequeño que fuera»* te arrancaría de mi alma. ¿Me has comprendido? Te adoro.......... y soy tu Juana. – A la noche volveré a escribirte. Si esta carta te hace sufrir perdónamelo, te lo ruego. Piensa que te idolatro con delirante locura y que soy siempre tuya. Te beso te beso! Bésame tú también. Te adora tu Juana.

---

513 Francisco García Cisneros (Santiago de Cuba, 1877 - ¿?). Fundó y dirigió la revista *Gris y Azul* y fue redactor de *La Habana Elegante* y *El Hogar*. Mantuvo correspondencia con y fue amigo de muchos escritores modernistas cubanos y de América Latina, contribuyendo a la defensa y propagación del modernismo. Al iniciarse la guerra de independencia en 1895 se exilió en los Estados Unidos, y colaboró en *Patria*, la *Revista de Cayo Hueso* y en *Las Tres Américas*. En su correspondencia, Juana lo nombra con el pseudónimo de Franz o de «el buen François».

1865[14]

Viernes, 27. Diciembre. 1895.
6 de la tarde.

Alma mía, mi Carlos del alma mi único bien! Te escribí hoy al rayar el día unas líneas que mandé por el correo de la tarde. No me fue posible extenderme más porque me dio un vértigo que aún no se ha disipado totalmente a estas horas. Es ya de noche. La luna ha surgido envuelta en sus cendales de batista vaporosa y blanca ¡ay! como era blanca mi alma *ayer por la mañana* cuando te escribí aquellas líneas rebosantes de esperanza y de dicha. En la noche de mi espíritu no ha surgido hoy la luna. Está negra y tenebrosa como el hueco de una tumba. Créeme, que hace horas estoy pensando, pensando... Tú sabes?... tengo un proyecto... pero es tan difícil que casi creo no poder realizarlo. ¿Y difícil por qué, después de todo?... El problema se plantea pavoroso. Cualquier solución es triste. Estoy rodeada de obsesiones lúgubres y te necesito alma mía, te necesito más que nunca! ¡Ay! Por qué no podré ser dichosa algún día. Mi Carlos pobre mío de mi alma! mi bien mi único bien! ... Qué triste estoy! Anhelo morir... morir... Mi esperanza postrera de dicha se hundirá vida mía, como se han hundido siempre mis sueños?... Mi Carlos. No puedo, no sé escribirte nada en estos momentos! Te he querido poner estas líneas por la angustiosa inquietud que me embarga me aniquila y hay en mi tristeza un anhelo íntimo de ser expansiva contigo que eres la mitad de mi alma. Mi Carlos mío! ¿Comprendes mi angustia? Sólo puedo llorar, llorar... Para eso nací. Estoy a la expectativa de algo triste, triste como la muerte, *quizás la muerte* misma. Mañana te espero. No dejes de venir eh? porque anhelo volver a verte. Esta carta te la lleva mi primo Renato Vasseur.[515] Se ha ofrecido dejarla en tu casa. Dios se lo pague. *Probablemente* no te encontrará! Si acaso logra verte leerás temprano estas líneas mías. Mañana por la mañana te llegarán las que escribí esta madrugada. Mis cartas de anoche! Qué feliz era cuando las escribí! Y qué triste estoy ahora. Tu carta de anoche!... Cuánto he llorado sobre ella! Con las lágrimas vertidas por mí desde anoche habría suficiente para redimir cien patrias! Tantas y tan amargas han sido. Carlos mi único Dios y mi única Patria! Te idolatro. Ay! Te idolatro y sin ti no puedo vivir, no puedo! Tú me alegras la existencia. Estaré destinada a no realizar jamás mi dulce esperanza?......

Alma mía! Tú lo eres todo todo para mí...! Mañana mañana! Quiero que me beses oyes? que me beses con toda tu ternura cautiva en tu alma! Quiero que me jures que eres mío que lo serás siempre, que me adoras. Ay mi Car-

---

514 *EII*, 222 – 225
515 Primo de Juana, hermano menor de Carlos A. Vasseur y Poo (*EII* 186).

los! ¡Qué desgraciados somos! Cómo te amo alma mía y cómo te siento mío mío contra todo y a pesar de todo. Cómo estás en mi pobre alma tan combatida por todas las tristezas. Mi ¡Carlos de mi alma pobre bardo mío que tanto derecho tiene a la dicha! Cómo te adoro. ¡Cómo me haces falta!

Adiós mi dueño mi único dueño mi dicha mi única dicha. Mi amado mi Carlos mío!

Te idolatro.

Bésame bésame porque lo anhelo ay! y porque te idolatro.
Te beso y te estrecho contra mi corazón tan desgraciado y tan tuyo. Soy tu novia, tu triste, tu única, tu fiel, tu

Juana.

Lunes 28 DICIEMBRE! 1895

«Siempre mío.» ——— Desde mi lecho. ———
— 1 y media tarde. —

Luz de mi alma vida mía, mi Carlos. ¿Cómo estás alma mía? ¿Te sientes ya mejor? ¿Podrás venir mañana a hacer la dicha de tu Juana? Ay qué falta me haces!... Yo no he salido hoy del cuarto. Tengo fiebre y me destroza el cerebro la neuralgia. Te pongo estas líneas para que las recibas mañana temprano y te lleven al despertar mis besos y mi alma! Si supieras cuánto te he llamado anoche! No dormí. Me pasé las horas delirando y hablando contigo. Mañana estaré bien pues me cuido mucho. Qué falta me haces! Qué falta me haces. Sabes... en estos días quiero que me jures que me adoras. Mañana, mañana.......... mañana! Oye: *no quiero que pienses en nadie más que en mí.* Si me robas un solo pensamiento para dedicarlo a otro recuerdo me despojas de lo que es mío y me quitas una hora de dicha. Yo tampoco pensaré más que en mi Carlos. No hay *remembranza* por dolorosa que ella sea capaz de *obsesionarme,* porque toda mi imaginación, todo mi corazón y toda mi alma están ocupadas por tu recuerdo. Imítame y no pienses mañana más que en mí. Tu Juana te lo implora... Tu Juana que te idolatra ay sí! con toda su pobre, alma tan triste! Amado, amado! Piensa en mí. Piensa en que eres mi única dicha...

Cuídate y no estés triste. Si me amas, si te sientes mío, no te apesadumbres con recuerdos torturadores. Yo *te idolatro!* No es esto suficienee a consolarte?... Mañana mañana! Antes la proximidad de esta fecha me abrumaba, ahora la veo llegar indiferente. Es que tengo a mi Carlos que me ama! Lo demás, todo lo demás me parece indigno de conmoverme. Mi Carlos mi dueño. Perdóname mi carta de ayer. No volveré a llorar sobre mis cartas para que tú no te entristezcas. Es la verdad que me afectó hondamente el cuentecito de Maizeroy...[516] Es tan sugestivo! Todavía me atormenta desconsolándome la decepción de anoche... Qué sufrir! por fortuna mañana te veré. Oh verte, verte! esta es ya una sed insaciable de mi espíritu. Amado mío; si te ha de costar el más ligero esfuerzo no me escribas, te lo ruego. Bien sabe Dios que tus cartas me son necesarias para la dicha pero me oprime el corazón la idea de que sufras. Cuídate cuídate. Te escribo desde mi cuarto sentada al borde de mi lecho y me sirve de «bureau» el mármol de mi velador. Mañana te daré cartas que voy a escribir ahora cuando mande ésta al correo. Adiós mi único bien! MI CARLOS MIO! Te adoro. Te beso para que te cures y para curarme. Soy tuya. Me cuido. Te recuerdo. Te idolatro y soy tu enferma tu novia tu Juana.

(¿.......?!)

Oh la niña de frente simbólica
Coronada por rubia guedeja
Que cual oro bruñido refleja
En su pálida faz melancólica!

Tuvo anhelos de virgen católica
Dióle a Cristo su mística queja,
Mas su ardiente plegaria no aleja
La visión que la incita diabólica.

Por su espíritu cándido vaga
Con su ronda de locos temores
El recuerdo febril del amante;

---

[516] En la carta 179 Juana le dice a Carlos Pío: "Elena me llama para leerme un cuento de René Maizeroy publicado en La Discusión de ayer...... Algo muy triste debe ser porque la ha conmovido dolorosa y profundamente. Espérate un momento vuelvo enseguida. —— Carlos mío, acabamos de leer el cuento. Oh!.... hemos llorado mucho unidas por un mismo sentimiento y nuestro llanto nos ha aliviado un poco de nuestra tristeza. Te daré el cuento entre mis cartas de hoy. Ella y yo hemos subrayado los párrafos más dolorosos. Ah! ninguna mujer que ame a su amado, dejará de llorar leyendo esas líneas". René Maizeroy (Metz, 1856 – 1918), narrador y cronista francés.

Con sus cálidos filtros la embriaga
Engendrando delirios de amores
Que producen deleite enervante.

Carlos Pío Uhrbach[517]

Te mando el soneto histórico. «Es muy simpático»............ Te adora tu Juana.

---

517 Este soneto lo publicó *El Fígaro* el 19 de enero de 1896 bajo el título: "¡Siempre!". En dicha versión, expresan los editores del Epistolario, el primer verso decía: "Ada, virgen de frente simbólica" (*EII* 225). Véase también el soneto "En el templo", de Juana Borrero y la nota 344. Por otra parte, la alusión del soneto de Uhrbach a la niña que anhela ser una "virgen católica" parece participar de una compleja red de significantes – red simbólica tejida probablemente por Juana misma – en la que entrarían, además, la obsesión con el beso casto, pero no menos la erótica que intenta desesperadamente animar el mármol casto, cerrado y frío, de Apolo. Es en esa espesa red de amagos y retiradas del deseo donde habría que indagar por la constitución de la subjetividad de Juana Borrero.

187[518]

DICIEMBRE 1895.
SÁBADO. 28 –

allá en la solitaria verde pradera,   )
junto a la dulce niña de mis amores   ) 8 DE LA MAÑANA.–
haz que me entierren madre!.....   ) [519]

Mi única dicha ¿oyes? mi única dicha! Acabo de recibir tu carta!...............
....
....pero no sé hasta qué punto puedas tener razón para recriminarte[520] ¡Qué! ¿Acaso las inflexibles leyes del deber – hijas quizás de la preocupación – son más viejas que la *ineludible* ley impuesta al universo? ¿Por qué han de ser más poderosos los reclamos del honor que los vínculos de la pasión suprema? Ah la patria es sagrada! ¿Pero no son sagradas también la dicha la esperanza la paz y el porvenir de un alma que se muere lejos de la tuya? Ay! En verdad que tus reproches tienen un valor relativo. Yo no tengo más que una patria es verdad. Pero ¿tengo más de un Carlos?........ Los dolores de ella me inspiran apasionada compasión pero más me duelen los tuyos. Te he dicho que te amo sobre todas las cosas. Mi patria puesta a tu lado es un grano de arena. Tú y tú! Te convences de que te idolatro?... No hay nada en el mundo digno de tu sacrificio... Por qué has de ver en la conducta de Mario una lección.....? ¿En qué circunstancias está él?... ¿Qué alma moribunda resucitó, qué existencia entenebrecida llenó de luz, qué vida depende de la suya?............. Ay! por qué te mides, por qué te riges por sus mismas leyes si estás en *circunstancias* tan diferentes......? Cómo es fácil seguir un ideal glorioso cuando no se lleva en el alma otra patria ni otro universo que aquél en que se nace! Alma mía! he llorado mucho sobre tu carta. No he dormido anoche. Abrumada por la angustia y torturada por la perplejidad más desoladora... He visto dibujarse en la sombra con caracteres de llanto y fuego el problema que se plantea poderoso y horrible. He oído la voz implacable de mi patria que me pide como prueba suprema tu vida, para mí más preciosa que la gloria que la esperanza que la libertad y la dicha. Pero no me avergüenzo de confesarlo. La voz de mi patria necesitada no ha sido más alta que la de mi ternura. ¡Que me condenen todos! Si tú me absuelves ¿qué me importa el universo entero?... No no te hagas reproches bien mío. Tú eres para mí

---

518 *EII*, 226 – 229
519 Variación de Juana sobre esta estrofa del poema «Yvone» de Abraham Z. López Penha varias veces citado: "Allá, en lo solitaria, verde pradera, / Bajo la fresca alfombra bordada de flores. / Junto a la dulce niña de mis amores, / ¡Madre! haz que me entierren cuando yo muera" (*EII* 187).
520 *Recriminarte*: reprocharte

supremo impecable y excelso. Es que en la balanza invisible de la opinión pesa más el criterio de los demás que mi estimación y que mi aprecio? No, no perdóname. Yo no debiera decirte nada de esto pobre alma de mi alma. Yo debiera ser heroica, es decir debiera destrozar con mis manos el lirio de mi dicha en botón y derrocar de un solo golpe el alcázar encantado de mi porvenir y del tuyo! Debiera aniquilar mi ensueño, ensangrentar mi quimera ahogar en un océano de sangre y lágrimas la visión fascinadora de mi ensueño. No, no seré yo quien te diga: ve! Dejarías de ser para mí lo que eres y de valer lo que vales. Dejarías de serme más necesario que el aire. Vales para mí más que mi patria. ¿Podrá valer más mi patria más que mi madre? Y estoy dispuesta a dejarla mil veces gustosa por seguirte. ¿Podrá ser más que mi hogar? Y mi hogar me sería insoportable si jamás te viera en él. Te idolatro! esta palabra ahora lo encierra todo. Bien de mi alma ¿cómo podría estar sin verte?... ¿Y tus cartas pobre mío!, tus cartas que me son tan necesarias? Y tú? ¿y tu compañía que es la sola ventura de mi vida? ¿Cómo voy a esperarte sin verte llegar; a hablarte sin que me oigas, a llamarte sin que me respondas? ¿Cómo voy a poder dormir pensando en que tú estás en peligro, herido quizá lejos de tu Juana y solo entre los tuyos? Sí no lo dudes! lejos de mí te sentirás extranjero y expatriado y sin tu Juana no tendrías ¿verdad? la verdadera noción de la patria! Ay en vano procuro analizar fríamente el problema la inquietud y la conjetura[521] me acosan despiadadamente y me exaltan hasta la angustia más desoladora. Esta horrible lucha en que se juega para siempre mi dicha, me aniquila abrumándome y el insomnio me enloquece como un enemigo que me persiguiera implacable. Contemplo el panorama interior el cuadro fúnebre que mi imaginación se complace en ponerme ante los ojos. Un vapor de sangre se levanta en torno de mí envolviéndome y a través de él apenas fulgura el disco del astro radiante de nuestra dicha. No veo más que horror y tinieblas y también te veo ¡ah! te veo mi única dicha, mi única esperanza, caer de los primeros sobre la tierra despiadada que te exigió como prueba monstruosa el sacrificio de tu Juana! Y ya no puedo con mi fardo de horribles pesadumbres!........ Todas las lágrimas lloradas se han acumulado sobre mi cabeza abrumándola como un fardo enorme y haciéndome enloquecer de angustia. ¿Cómo voy a asesinar fríamente mi dicha! No, no. Lo que ha de ser será quizás. Pero no por eso he de alardear de falso estoicismo[522] ni ha de serme mi patria más cara[523] que mi Carlos! Si acaso te perdiera *la maldeciría desde lo más íntimo de mi alma* aunque fuera mil veces libre! No, yo no tengo más patria que el alma. En ella jamás me abruman nostalgias ni me desalientan anhelos imposibles. ¡Mi patria mi patria mi patria! Está donde tú estés. La idea de que *te fueras* me enloquecería por «*la conjetura del peligro*». [*Palabras tachadas*] Una sola gota de tu sangre para mí más querida mil veces que la mía, *vale mil veces más a los ojos de mi alma que todas las lágrimas de mi infeliz tierra*. Tú siempre tú! Lo único que me obsesiona es el peligro. Lo úni-

---

521 *Conjetura*: juicio que se forma uno de las cosas a través de indicios y observaciones
522 *Estoicismo*: fortaleza y dominio sobre la propia sensibilidad
523 *Cara*: querida, amada

co que me preocupa es tu vida y si te perdiera maldeciría mi patria *aunque todos entonaran*[524] *el himno de la redención y de la gloria.* Ay! Yo veo muy cerca el sepulcro. Hace muchas noches tuve un sueño horrible que me obsesionó durante varias horas. Sería un presentimiento...? Será que debo *morir temprano?*........[525] Será que jamás realizaré la dicha? Será que he de sacrificar con mis manos mi esperanza y arrancarme yo misma el corazón que es tuyo porque te idolatro? Ay de mí cuánto sufro! ¡Qué doloroso anhelo me atormenta de verte! Cuando te vea llegar ¿cómo podré contener mi llanto? Como podré dominar el impulso que me arroja sobre tu corazón tan desventurado como grande tan triste como mío? .....Mi Carlos mi Carlos *mi Carlos!*.... Cada vez que pienso en que puedo perderte surge en mis ojos un espectro[526] lívido y ensangrentado que me convida a seguirte. Anoche durante mi largo insomnio vino la muerte a sentarse a mi cabecera. No es la primera vez que la veo cerca de mí. No es la primera vez que viene a mis noches. Pero tú vives, tú vives, y mientras tú existas yo no puedo morir porque mi existencia es tuya porque debo vivir para tu dicha. *Si te fueras aunque entre mil hombres que combaten no hubiera más que una probabilidad de muerte esa probabilidad podría hacerte tu víctima. Si no se disparara más que una bala esa podría tocarte........!* y sin ti ¿para qué vivir? De suerte que ya ves. Estoy dispuesta a morir. ¿No parece ser ese mi destino? ¿No ha sido mi existencia una muerte horrible desde que empecé a darme cuenta de que sé sufrir? Ay mi dicha! Mi dulce esperanza redentora mi horizonte de luz, todo todo lo perderé si te pierdo – Cómo anhelo verte! Cómo anhelo besarte y estrecharte contra mi corazón para que nada ni nadie pudiera arrancarte de mi lado! – Anoche te escribí dos letras con mi prima que no sé si han llegado ya a tu poder. Ayer temprano te escribí también diciéndote que vinieras hoy. Espero que habrás recibido mi carta y que te veré esta noche. ¡Ay! yo no puedo estar sin verte alma mia! No puedo no puedo! Me eres más necesario que el aire para vivir. Lejos de ti me asfixiaré me moriré sin remedio. ¿Qué haré cuando lleguen las noches nuestras, nuestras noches queridas y no te vea llegar alma mía! No no. Me horroriza conjeturar ciertas cosas! Esta noche te veré y te besaré aunque haya delante el mundo entero. ¡Oh tus besos! los que no has podido darme! Qué injusta es la suerte y cómo se complace en mortificar a los que sueñan! – Vida mía, mi dueño. ¿Por qué no fuiste sincero conmigo la otra noche cuando te pregunté *qué tenías?* Está bien. ¡En estos momentos en que nuestras almas deben estar íntimamente compenetradas te alejas de mí con una reserva ilógica que me lastima hondamente! Bueno amor mío, no quiero amargarte el alma con un reproche aunque esté como éste inspirado en mi amor. Sábete[527] solamente que aunque tu altivez me enorgullece, a veces como anoche me hace creer que soy para ti lo que los otros: un ser a quien se disfrazan sensaciones y se disimulan sensaciones. Ya ves que esta idea es absurda y triste. Oye: no te lastimes por esto alma mía, porque ya no puedo con una nueva triste-

---

524 *Entonaran*: cantaran
525 Alusión a uno de los versos de "Virgen triste," el poema de Casal.
526 *Espectro*: fantasma, aparición
527 *Sábete*: Quiero que sepas

za. Yo no podría darte nunca una queja. Te beso y te abrazo con toda mi delirante ansiedad de posesión eterna con todo mi afán de dicha imposible. Te adoro alma mía mi único bien mi Carlos idolatrado. Soy tuya ¡ay de mí! y te adoro ¡sí! te adoro te adoro... te adoro... Quisiera besarte, besarte llorando. Estoy en un estado de horrible incertidumbre. Hasta la noche! Te abrazo y te beso con toda mi idolátrica ternura. Soy tu Juana.
   [*Escrito en el sobre está lo siguiente:*

   (En la dorada urna de tu memoria
   (Guarda de mis caricias la dulce historia
   (
   (

DICIEMBRE. SÁBADO 28, 1895

   Para mi único amor para mi único rey, para mi único bien, para mi único dueño. Para ti mi Carlos. Para ti alma mía! De tu novia, de tu triste, de tu amada de tu Juana.]

208[528]

Martes. 10 de la mañana. 1896. – Febrero. – Día 4.

Alma mía! Mi Carlos adorado. Me dormí a las cinco rendida[529] por el cansancio de la noche. Qué abrumantes son los compromisos! Hubiera dado ayer cualquier cosa por no salir. Qué triste y hastiada volví! Antes de acostarme te escribí unas líneas que irán con ésta. Mañana recibiré tu carta. Alfredo me ha prometido traérmela la noche misma si yo no puedo estarme en el muelle hasta tan tarde.– Bien mío; he amanecido triste. Triste porque no estás aquí, porque no te veo, porque no te oigo. Me haces más falta que nunca y ya mi espíritu desfallece abrumado por la nostalgia. Luego.... Hoy estamos a cuatro! No creas que te culpo. No! Yo comprendo que tú debes anhelar como yo venir a mi lado. Pero la ausencia me mata me mata! Hoy no estoy bien. Siempre que salgo mucho vuelvo enferma aunque nunca lo digo.– *Ahorita*[530] debe llegar Alfredo. Qué simpático es! Con él hablo de ti. Esto es un consuelo en cierto modo. ¡Ah volver a verte! Tengo la nostalgia de nuestra ventana tan cómplice tan discreta! ¿Te acuerdas? Cuando la dicha me hizo desfallecer y dio a mi rostro la expresión del sufrimiento....? El recuerdo de esa noche será imborrable y eterno.... ¿Qué impresión recibiste cuando volviste a Puentes?.... – Yo anhelo verte aquí. Esto sin ti me parece horrible y cuando tú vengas no lo veré abstraída en tu amor. Aquí a pesar de la ola cursi que todo lo invade hay personas de verdadera elevación moral, que tienen su círculo particular y su esfera de acción... Estos son los menos... ¿Las mujeres? Cursis hasta el refinamiento. Sólo hay una elegante, una dama que parece una duquesa. Espléndida mujer con quien nadie se trata. Un dato magnífico para un estudio o «*nouvelle*». Se llama Sara y llegó hace poco de Cárdenas. No sé su apellido..... Su historia? Me la contaron el otro día y es exquisita. Llevaba amores con un hombre que la adoraba. Ella también a él. La familia opuesta por supuesto. No se sabe cómo se descubrió que el novio era casado. ¡Figúrate![531] Su padre quiso que rompiera definitivamente con su amado y entonces ella... tomó una resolución y lo sacrificó todo a su corazón. Huyó de su hogar con el hombre que amaba y se vino para acá seguida de las maldiciones de su familia y de las recriminaciones de la «*moral burguesa*».
..... A mí ella me parece admirable!... Aquí está aislada pues nadie quiere visitarla. Yo la he visto varias veces en la calle Duval a pie o en coche siempre con *él* un hombre de aspecto interesante. Yo quisiera conocerla íntimamente a ella. Tiene cara de talento y por el aspecto me parece una refinada. Es la nota elegante de esta sociedad mediocre. Es blanca, blanca pálida, de cabe-

---

528 *EII* 295 – 296
529 *Rendida*: extenuada
530 *Ahorita*: pronto
531 *Figúrate*: Imagínate

llos color de *caoba* y de mirada lánguida. Alta hermosa regia. Unos ojos que sinceramente le envidio y una boca fresca y roja como ésas con que sueñan *todos*...... Y luego.... ¡un nombre tan poético... VERDAD MÍO? Sara! parece el roce de un pliegue de moaré[532] blanco. Ella no toma parte en la sociedad que la excluye. Está aislada en su grandeza. Á él tampoco lo reciben en ningún círculo amigable porque es español. Pero ellos son más dichosos que nadie porque se han independizado de la opinión inquisidora. ¡Oh! ella es muy interesante! Ya la verás. Y dejemos los amores de los demás para ocuparnos del nuestro tan único y tan grande! Te adoro. Te idolatro. No lo sabes bien! Soy tuya te lo he dicho mil veces y te lo demostraré con el transcurso del tiempo. Tuya para siempre! Oh mío! Qué anhelo de verte! ¿Cuándo cuándo, vendrás?... —— Dueño y ensueño. *[Palabras tachadas]* Pregunta a Magdalena si no ha recibido una larga carta mía en que le incluía un «nocturno» de Elena. También escribí a Margot[533] contestándole su carta. Fueron en el segundo correo. Oye mío. La moterita[534] y demás simplezas[535] que te dí me las tienes que enseñar aquí. Los libros de borradores!.. si no los puedes traer déjaselos a Berenice. Allí hay mucho escrito para ella.... —— Dime qué te parece la historia de Sara. ¿Verdad que ella es muy grande?

—— Amado mío. Da un recuerdo cariñoso a Federico a quien nunca olvido.... Mis expresiones de afecto a Mamá y Rosalía. – Que me escriban.– Dueño mío. Mañana iré al muelle. No iré está vez con tus parientes.... Tú sabes lo orgullosa que yo soy algunas veces. Alfredo es el único que puede ser *mi amigo*. Los demás no.– Alma mía. Si pudiera besarte ahora como lo anhelo! Qué tuya qué tuya soy! Adiós dueño mío recuérdame siempre siempre como yo a ti. Bésame bésame. Soy tu novia tu triste tu Juana.

---

[532] *Moaré* (muaré): tela fuerte que forma aguas
[533] Margarita, hermana de Magdalena Schweyer. Antes de partir para la guerra, Carlos Pío entregó a Magdalena el crucifijo que Juana le dio en el muelle, al despedirse de él. Este crucifijo est[aba] en poder de Mercedes Borrero (*EII* 296).
[534] *Moterita*: parece aludir a la caja pequeña en que se guardan los polvos y la mota con que se aplican sobre el rostro
[535] *Simplezas*: cosas simples, menudas, que no tienen mucha importancia

210.5[536]

——— Miércoles – 5 – 1896 ——— 9 de la noche ———

Te pertenezco! Soy tuya
como la luz es del astro,
como el perfume del pétalo
como el ave del espacio,
como la tristeza pálida
es del alma de los bardos
y es el dolor de la dicha
y es de los ojos el llanto.
Nada existe sobre el mundo

que pudiera separarnos...
Estás en mí; compartiendo
mis dolores ignorados,
viviendo la vida triste
de mis anhelos nostálgicos
siendo en mi mente quimera
y sollozo entre mis labios...

Juana

Amor mío, mi triste pálido tan triste y tan mío! ¿Quieres creer?.... acaban de entregarme en este momento tus cartas primeras, las que se perdieron haciéndome tan desventurada! Hoy ha sido pues un día feliz. Y esta noche también llegará carta para mí! Las que acaban de darme fueron hasta New York y regresaron al Cayo[537] a casa del Sr. Cordero.[538] Yo no sé como ha pasado este trastorno lo que sí sé es que tengo en mi poder tus cartas y que las he leído con verdadera sed de consuelo. Es una sensación extraña de tranquilizador retroceso, leer cartas atrasadas... El alma recientemente impresionada vuelve atrás sus pasos y se interna por sendas no recorridas todavía.... Yo no sé explicarme, pero tú me comprendes. He leído tus cartas con ansias de consuelo porque me sentía muy triste.... Y me han consolado. A pesar de estar escritas mucho antes de las otras. En ellas veo frases que me conmueven dulcemente el espíritu y algunas me halagan tan directamente como pudieran hacerlo los besos. ¡Oh tus celos! Los bendigo. Jamás los desmientas.... Me hacen tan dichosa! Así soy yo. Sólo Dios sabe lo que yo he sufrido conjeturando escenas pasadas, de cuando tú no eras tú, es decir, de cuando tú no eras mío. He llorado lágrimas de fuego sobre los recuerdos de lo que no he visto y he sentido subir a mi rostro la llamarada de los anhelos criminales. ¡Oh el espasmo doloroso de los nervios heridos, y el desfallecimiento de la angustia inevitable me han atormentado muchas veces y una noche....... ¿a qué hablar de eso! Yo quiero que tú seas celoso. Me he convencido de que las precauciones absurdas, de que las sospechas injustas y las conjeturas ilógicas son hijas legítimas del verdadero amor. Yo interpreto perfectamente ese sentimiento de inquietud sin causas, de desasosiego infundado que a veces pertur-

---

536 *E*II 302 - 305
537 *El Cayo*: Cayo Hueso (Key West)
538 Nene Cordero (así lo conocía toda la colonia cubana en el Cayo), gran amigo de los Borrero. En el panteón de su familia fue enterrada Juana (*E*II 302).

ba y desespera. ¡Ah sí! Y ahora mismo.... ahora mismo! Mis celos son permanentes. Pero no son neutros como los tuyos, no! Para qué negarme?..... Yo siempre he sido sincera contigo y lo seré siempre, siempre. Mis celos están bien *definidos* en mi espíritu y netamente[539] perfilados[540] en mi imaginación. Es más: están *personificados*. La lista de mis rivales imaginarias, es interminable y variada ¡oh sí! muy variada. Las hay rubias, trigueñas, *pálidas, enfermizas,* saludables, materiales, románticas, intelectuales, *prosaicas, estacionarias, prófugas, lánguidas, vengativas,* abnegadas, *diabólicas, místicas, heráldicas,* demócratas, *ideales, materiales,* castas.... ¡qué sé yo![541] Toda esta falange fantástica, desfila por mi mente en mis horas de celos y la hueste imaginaria es inacabable y eterna. Yo si pudiera las estrangularía a todas de una vez... No te rías de mis puerilidades.[542] De veras yo sufro a veces. Si tú supieras! aunque no lo creas he tenido a veces revelaciones, intuiciones y presagios que se han visto cumplidos. Aunque tú dices que yo *por acertar* siempre me equivoco y pudiera demostrarte con fechas, citas hechos y nombres propios, que no siempre he errado en mis tiros a lo desconocido. En fin, esto no son más que exponentes[543] de mi inmensa pasión. Yo quisiera ocultarte a *todas las miradas*........ y también ocultar tus miradas a todas.... Vida mía perdóname mis simplezas. Ya ves que me humillo hasta el extremo de contártelas a riesgo de parecer pueril. Yo contigo no tengo amor propio. Del mismo modo me gusta pasar mis manos sobre la piel *del tigre*.....[544] Mira Carlos mío, estoy menos triste. En este momento el vapor entra en bahía portador de tu carta. Quizás me digas en ella que vienes en el otro. ¡Oh esto sería la curación definitiva! Quizás venga Alfredo esta noche. El pobre, lo quiero ya tanto! Si tú supieras! Él sufre mucho aquí. Cuando vengas sabrás muchas cosas que te disgustarán. Tus otros parientes..... ni sé de ellos! ¡Digo! buena soy yo para andarme rebajando con agasajos[545] mal pagados! Ellos son los que se empeñan con su descortesía en provocar la desavenencia esbozada[546] ya por la diferencia de ideales y la divergencia de caracteres. Allá ellos. Para nada los necesita mi alma! Tú sí eres necesario a mi vida moral. Tú sí me haces falta! Isabel es una chiquilla ineducada y vulgar, sensual sin refinamientos y coqueta sin mundanismo. No me hace más caso que el que pudiera hacerle a una

---

539 *Netamente*: clara, limpiamente
540 *Perfilados*: dibujados, delineados
541 La obsesión de Juana Borrero con sus rivales toma, como ya hemos dicho, un fuerte matiz lésbico.
542 *Puerilidades*: trivialidades
543 *Exponentes*: ejemplos, indicadores
544 Otra vez la advertencia demoníaca, el gesto perverso. Recuérdense los versos de Carlos Pío: "Mas su ardiente plegaria no aleja / La visión que la incita diabólica"; así como antes los de Casal en "Virgen triste": "y, siendo aún inocente como Graciela, / pareces tan nefasta como Florinda", o "como si te acosase tenaz avispa / o brotaran serpientes bajo tu planta". En el poema de Casal, la imagen "virginal" de Juana Borrero, no solamente no pisa o vence a la serpiente – como la virgen María – sino que la procrea. Así, la imagen de aquélla estaría más próxima a la de Medusa, que a la de la virgen misma. En cuanto a la identificación con el tigre, esto se repite en otras cartas. Véanse, por ejemplo, las cartas 219 y 6 (*PC*), incluidas en la presente selección. En la carta 220 recurrirá a una imagen similar: la pantera.
545 *Agasajos*: halagos
546 *Esbozada*: insinuada

extraña y no me ha pagado la última visita. Qué gracioso! Yo me río de todo esto porque soy lo bastante grande para no necesitar el concurso[547] espiritual de seres inferiores y de temperamentos vulgares como el suyo. Tus otras primas... dedicadas a sus babys no saben del mundo. Tu tío! Ese es el ejemplar más notable de todos! Habrá[548] unos once días fui a hacerles la última visita. Empezaron todos a hablarme de Isabel – la de allá – en términos tan *característicos* y tan manifiestamente entusiastas que me insulté y juré no volver. Yo no tengo la culpa de que ella no llenara las exigencias de tu espíritu ni realizara tus ideales. Además soy demasiado soberbia para soportar paralelos depresivos formulados[549] por seres incapaces de comprender mi valor ni el temple[550] de mi alma. Si no hubiera sido tan discreta... les hubiera dicho algo oportuno pero preferí callarme y dejarlos desbarrar[551] sin remedio. Entre las cosas que me dijeron de ella había frases como éstas. «Isabel es una muchacha muy buena *y muy digna de encontrar un buen marido*» ...... «*No merece* que un hombre *la abandone* porque *aunque no tiene pretensiones de genio sabrá hacer feliz al que se case con ella.* Carlos Pío estaba *enamoradísimo* de ella y eran muy felices en Matanzas. Además es una mujer *que lo reúne todo* porque es buena y *linda.*» Como tú comprenderás tantas sandeces[552] me tenían *rabiosa.*[553] ¿Yo les había preguntado algo? Ellas tomaron la iniciativa en el ridículo exponente de las buenas cualidades de ella, a quien quizás ame yo más de lo que tú te figuras![555] Yo no sirvo para tratar con bobas, ni para oír sandeces.[555] Me crispan[556] los nervios. Y para oír el inventario encomiástico e intencionado de la que no puede amarme más que yo, no vuelvo, porque ciertas indirectas *me vuelan.*[557] En una palabra: parece que les he sido antipática cosa muy natural después de todo. La simpatía no se impone. Yo por mí me paso[558] perfectamente sin su[559] trato de ellos. A Charles no lo veo desde hace tres días. Ya no nos conocemos ni nos saludamos. Figúrate que no tiene una sola amiga cubana *porque él las sabe mantener a distancia.* Tiene mucho partido entre las americanas cursis que todo lo invaden. Y dejemos asunto tan pueril y mortificante[560] para ocuparnos de algo más bello y más grande! de nuestro amor. De tus cartas de hoy, las que me trajeron tristezas y las que trajeron consuelos! Tus estrofas!... ¡Oh mío! cómo te interpreto! ¡Esa composición es admirable!.... Qué bien la entenderán todas las almas *capaces de la pena!* La última estrofa es sugestiva y présaga....[561] Me ha hecho llorar. Hay en las ri-

547 *Concurso*: apoyo
548 *Habrá*: hará
549 *Formulados*: hechos
550 *Temple*: vigor
551 *Desbarrar*: disparatar, decir cosas fuera de la razón (sin sentido)
552 *Sandeces*: estupideces
553 *Rabiosa*: enojada, molesta
554 Véase nota 510 p.164
555 *Sandeces*: estupideces
556 *Crispan*: alteran
557 *Me vuelan*: me hacen perder la compostura
558 *Me paso*: puedo estar
559 *Su*: el
560 *Mortificante*: enojoso
561 *Présaga*: profética

mas un ritmo áspero, una cadencia extraña que sugestiona y estremece los nervios del alma. Yo te comprendo perfectamente. Yo penetro el símbolo del símbolo y la imagen de la imagen. Yo encuentro en estas estrofas algo que me aterra. Veo cruzar a través de ellas algo funesto y lúgubre algo que no quiero penetrar bien, pero que me atrae como un abismo fatal *en el cual tengo que rodar tarde o temprano...* ¡Y qué verdad tan grande es la de que el dolor engrandece! Yo me siento ahora más tuya que nunca porque nos hiere la misma espina y nos abruma el mismo fardo,– Amor mío. Voy a suspender mi tarea consoladora porque no me siento muy bien. He escrito hoy bastante y bien poco. Nunca, nunca te diré cuánto te amo! – Leí a Consuelito el párrafo de Franz. ¿Por qué no hacerlo? Su respuesta: «¿Perdonarlo? Siempre; pero que no lo sepa él nunca!» Cuando le escribas a ella, broméale con O'Farrill.–[562] Adiós mío, mi Carlos! No me es posible escribirte más porque me siento fatigadísima y febril. Mañana cuando reciba tu carta me pondré bien. Cómo la anhelo! Soy insaciable insaciable.......... Alma mía, estoy menos triste que al mediodía.– Dí a papá tu carta. Te la contestará en breve.– Vida mía! Ahora quisiera besarte con todo mi intenso anhelo de hacerte mío, con toda mi infinita nostalgia de la dicha. Con todo el amor de mi alma tan tuya. Quisiera abrazarte hasta asfixiarte. Besarte hasta herirte.[563] Te adoro te adoro! Soy tu Juana.

---

562 Puede ser el Dr. Juan Manuel O'Farrill, emigrado también en el Cayo, que asistió a Juana durante su enfermedad (*E*II 305).
563 Otra vez el signo de la pasión ambivalente hacia Carlos Pío. El beso casto "sin sed y sin fiebre, sin fuego y sin ansias" por el que clamará Juana en su "Última rima", da aquí paso al zarpazo del tigre.

212[564]

Febrero. 7. 1896. – Key West —— 12 día. ——

Alma mía. Jamás he tomado en una ocasión más solemne que ésta la pluma para escribirte. Jamás he necesitado más que ahora la elocuencia sugestiva *de un lenguaje convincente*. Te ruego que interpretes exactamente mis líneas. Anoche, abrumada por el dolor te escribí una carta desolada en que te decía que vinieras lo más pronto posible. Esto fue a las 9 y media. A las once de la noche ya habían cambiado las cosas, *no por mí, sino por los otros*. Oyeme!! Yo no voy a hacerte más que una pregunta. *¿Puedes casarte conmigo dentro de siete u ocho meses a más tardar?* Respóndeme. Yo te imploro que lo hagas sinceramente. Yo te idolatro. Tú lo sabes y espero que no me ultrajes con una sospecha humillante. Te adoro. Tú sabes que para mí no existe más que tú. Pero *los otros... los árbitros de mi destino aunque no lo sean de mi corazón*, exigen, piden preguntan...... *Hay que responderles razones con razones, realidades con realidades, resoluciones con resoluciones, hechos con hechos. Es necesario que antes de 8 meses nosotros seamos nuestros.* Yo no puedo soportar ya la ausencia. Es necesario que nuestra situación ambigua para los otros tenga una solución *definitiva*. Esta solución es nuestra boda. Yo vengo a ti en estos momentos angustiosos y te digo: Carlos sálvame! Antes de pasar adelante te ruego comprendas a fondo lo que acabo de escribirte. Yo no dudo ni un momento de tus promesas porque dudar de ti sería dudar de mí misma y mi pasión se me impone con toda la fuerza de lo sincero. Yo no dudo de tus promesas ni de tus garantías de felicidad venidera.[565] Esto lo sabes tú. Yo nunca por mí misma me hubiera atrevido a escribirte esta carta. Las circunstancias obligan a ello. *La venida de Federico ha puesto de nuevo ante los ojos el problema*. Ahora bien yo quiero poder contestar sus argumentos con hechos reales y con pruebas prácticas. ¿Ellos piden hechos? pues darle hechos. ¿Piden pruebas? pues darles pruebas. He aquí todo. Yo con la sincera y leal franqueza que siempre he tenido para ti te digo ahora: ¿Tú crees que esto pueda tener una solución próxima? ¿Tú crees que antes de un año podemos estar juntos compartiendo la misma vida? ¿Sí? ¿Lo crees? Pues bueno estamos salvados. ¿No lo crees? Pues yo te adoro como antes quizás más que antes... pero no podremos vernos ni ser novios, ni hablarnos ni estar juntos. Este es el dilema. Tú sabes, demasiado bien para que yo tenga que repetírtelo ahora, que yo jamás te he preguntado sino *si me amas*. Tú sabes que jamás te he puesto condiciones que no me importan. Pero nosotros dependemos *aunque sea triste confesarlo* de seres que si no pueden separar nuestros corazones, pueden separar-

---

564 *EII* 309 – 314.
565 *Venidera*: futura

nos prácticamente porque influyen directamente sobre nuestra vida práctica. Tú sabes que yo soy tuya, que lo fui antes de serlo, que lo seré siempre. *¡¡Tú sabes que te adoro!!* Tú sabes que no te apartarán de mi espíritu *ni los ideales redentores actuales,*[566] ni el tiempo, ni el mar, ni la distancia, ni la ausencia. No te apartaría de mí ni me harían renunciar a ti *ni las maldiciones de mi padre.* Y no te digo más. Ahora bien no se trata aquí ni de mi corazón ni del tuyo. Nosotros estamos desposados[567] ante Dios y ante nuestro ideal. Pero se nos exige algo más. Se nos exige que *formalicemos.*[568] Pues bien se cumple con ellos y nos vamos uno del otro a recorrer juntos nuestra senda. Esto es todo. Anoche quería que vinieras aunque no supiera qué iba a ser de nosotros después que nos viésemos... Hoy después de algo que tú adivinarás, de algo que me ha hecho derramar, muchas, muchas lágrimas, tomo la pluma para decirte: Vida mía. A grandes conflictos grandes soluciones. Es necesario que nuestra situación tenga un desenlace; este desenlace es nuestro matrimonio. ¿Tú crees que esto pueda ser pronto? ¿Sí o no? Y confío en tu grandeza moral y en lo mucho que me amas que no interpretarás como *vacilaciones* lo que son *resoluciones.* Lo hago por nuestra dicha, por la dicha de los dos. Oye: Yo no renuncio por nada ni por nadie al ideal sagrado de ser tu esposa. Yo he soñado esta esperanza y tú me has prometido este sueño. Es necesario pues que esto se cumpla y que sea pronto. Yo no puedo esperar más... Me siento mal y comprendo que sólo tu compañía me curaría radicalmente. *Pero tu compañía permanente, tu compañía sin intermitencias, tu compañía definitiva.* Para seguir sufriendo la tortura de Tántalo,[569] para que estés aquí *y no podamos estar siempre juntos,* para pensar que sufres a diez pasos de mí sin poder verme, para eso no, para eso no! En tus cartas de ayer me dices: «tengo que permanecer aún aquí para arreglar mis asuntos los asuntos de la vida práctica, para cuando me llegue la hora de percibir mis bienes. *Esto es capital».* Tienes muchísima razón. *Esto es capital.* Aunque es muy triste pensarlo y comprenderlo, nuestra pasión, nuestra unión dependen de *formalidades* que aunque profanadoras y prosaicas son *indispensables.* Y yo nunca me atrevería a hablarte así si no estuviera segura de que me comprendes y de que me interpretas. Tú sabes demasiado que yo te amo desinteresada y profundamente. ¿Por qué no puedo llevar mi abnegación a los otros? Ellos exigen, interrogan, proponen. ¿Tú me entiendes? Y como yo por temperamento y por soberbia no puedo tolerar *que ellos puedan tener la razón* te suplico me salves realizando un esfuerzo cualquiera que nos ponga fuera del alcance de su legislatura. Quiero que cuando vengas puedas traer tu porvenir en la mano como quien dice. Y sabes por qué?... Porque quiero casarme pronto para que entonces no pueda nadie imponerme leyes. Entonces tendré tus indicaciones que serán órdenes para mí y tus deseos serán mis deberes. Pero ahora soy tuya, tuya, tuya y tuya! Me dejaría morir de nostalgia antes que traicionar y si es preciso que esta ausencia se prolongue para que nuestros dolores y anhelos culminen en una reso-

---

566 Los ideales de independencia (de Cuba)
567 *Desposados*: casados
568 *Formalizar*: oficializar el compromiso amoroso
569 *Tántalo*: (mit. griega). Rey de Lidia. Habiendo recibido la visita de los dioses, les dio a comer los miembros de su propio hijo Pélope, para probar su divinidad. Zeus lo arrojó al Tártaro y lo condenó a sufrir hambre y sed inextinguibles.

lución definitiva, *esperaré* tan fiel como hasta ahora y tan tuya como lo he sido siempre! Yo no cedo porque te pertenezco, y porque te amo con locura idólatra. Hay un argumento *indiscutible para ellos! Los hechos.* «Nuestra boda en circunstancias *acordes*[570] *con sus exigencias»*. ¿Me comprendes bien ahora? Alma mía! nunca te había hablado así, porque nunca me habían impulsado a ello las circunstancias. En la emigración[571] los acontecimientos se han precipitado y las soluciones también llegan impulsadas por el sufrimiento y el anhelo. *Es necesario que te revistas de todo tu amor, de toda la virilidad de tu espíritu, de toda la decisión de «tu idolatría» y de toda la voluntad de tu alma pura que tomes una resolución razonable que nos salve de una vez para siempre!...* Si no, la muerte me espera, porque yo no renuncio a ti ni ante argumentos ni ante razones ni ante amenazas, ni ante consejos ni ante nada! Soy tuya y tuya. Si no tienes esperanzas ningunas de salvación dímelo y preparémonos a morir... porque óyelo bien. *Tú eres demasiado noble y yo demasiado soberbia y digna para aceptar otra solución que nuestra boda o nuestra muerte.* Ya ves que se hace necesaria una determinación. ¿*Podemos* casarnos pronto? ¿Sí? pues ven tranquilo que él éxito es nuestro. ¿No hay esperanza de dicha?... pues sepamos morir. He aquí todo. Respóndeme tú y hazlo con la sinceridad nunca desmentida entre nosotros. Me has dicho que harás por mí sacrificios... Ha llegado la hora de la gran prueba. ¿Quieres demostrármela? Pues ven a rescatarme *pero seguro del triunfo.*[572] *Es necesario.* No hay por donde pasar. Figúrate yo que me muero que me siento el corazón desgarrado por la ausencia lo que sufriré aguardando todavía aguardando......... «*Pero es preciso*». *La hora prevista* ha sonado y también es llegado el momento de realizar nuestro hermoso ideal. «Yo he de ser tu esposa antes de un año o estaré muerta». No puedo soportar más. ¿Sabes lo que he llorado de anoche a hoy? ¿Sabes lo que he sufrido al escribirte estas líneas tan contrarías a mis ensueños y mis sentimientos? Pero es necesario. Te hablo en nombre no de mi corazón porque ese incondicionalmente te idolatra, sino en nombre de mi esperanza de mi porvenir que es tuyo, de mi dicha que es tuya, de mi *tranquilidad* que es tuya, de mi salud que es tuya, y de mi situación que es *insostenible.* No comprendes que es necesario tomar un acuerdo? Unámonos más para conjurar[573] el mal inminente y sepamos adoptar una actitud *intachable* ante la desventura y ante la oposición! Seamos grandes. Sálvame! Entre los dos podemos acordar algo que nos redima algo que nos acerque a la salvación del conflicto. Lo ha-

---

570 *Acordes*: en armonía con, de acuerdo con
571 Recuérdese que Juana escribe desde Cayo Hueso, a donde había emigrado la familia por razones políticas.
572 Lo mismo en Puentes Grandes que en la emigración, las cartas de Juana cobran su espesor en torno a la imagen del *obstáculo*, emblematizado en el de la *plaza sitiada*. Curiosamente, esta imagen da lugar a dos posiciones aparentemente contradictorias: la de la joven romántica que espera prisionera en su torre por el caballero que lo arriesgará todo por rescatarla, y la del estratega militar en control de las operaciones militares, y de cuyo éxito depende la liberación definitiva de la plaza. Como puede observarse, a pesar de la imagen de muchacha desvalida con que a veces – sólo a veces – se representa a sí misma, es ella quien traza estrategias, le dice a Carlos Pío lo que debe hacer, y hasta lo desafía. Por otra parte, esa imagen de plaza sitiada – trasladada también al ámbito amoroso: los fantasmas de sus rivales – se expresa a su vez en la urgencia de la violencia: la invitación al suicidio mutuo, las amenazas y fantasías homicidas.
573 *Conjurar*: impedir, evitar

go por tu bien que es el mío y por tu dicha que es mi dicha. Anoche!... Una noche cruel oyendo reproches injustos y lo que es más triste aún, oyendo cómo argumentos fríos y materiales *pueden sobreponerse* a grandes sentimientos del alma! Es necesario que esto concluya y espero que tú colaborarás con todas las energías de tu pasión a la obra que ha de ser nuestra redención definitiva. Permanece allí si es preciso el tiempo necesario a arreglar lo mejor posible tus asuntos y *no te olvides nunca de que eres mío* y de mi porvenir. *Guárdate*[574] *para mí* y prepara el camino para la jornada. Yo aquí te aguardo llena de esperanza en tu esfuerzo y fiel como siempre y como siempre tuya. Espero que leerás esta carta y todo lo que no te digo en ella, es decir – todo lo que dijeron los otros. Yo te hablo en nombre de nuestra dicha y te digo: Alma mía el desenlace se avecina.[575] ¿Estás seguro de que el triunfo es nuestro? Si tú respondes que sí, que esperas algo *positivo* con que poder responder a las mezquinas y vulgares solicitaciones de la vida práctica, entonces todo se ha salvado. Si por el contrario no esperas nada de ti ni de la suerte, si no puedes venir a decirme: dentro de ocho meses serás mi esposa porque yo te adoro y vengo a buscarte.... si no puede tener una solución conciliadora nuestra situación dificilísima... entonces morir. Ya te he dicho que no hay otro remedio. O se hace un esfuerzo inaudito que nos salve y que nos ponga a cubierto de exigencias *indispensables,* o se renuncia a la hermosa esperanza de hacer juntos el resto del camino, muriendo para siempre. ¿Y por qué renunciar? Ahora que se presenta ante mí el obstáculo me siento más grande y más tuya que nunca. Bien mío, ten fortaleza porque yo la tengo, ten valor porque yo lo tengo, ten resolución porque yo la tengo, ten decisión porque yo la tengo y si no la tengo yo para que tú me la infundas demostrando a los que no comprenden nuestro amor *que no basta un trecho*[576] *de mar, ni todo el océano para separar dos corazones ni quebrantar*[577] *dos voluntades!* Pero es necesario probarlo con hechos y razones porque el lenguaje íntimo y sublime del ensueño y del sentimiento no tiene significación ninguna para ellos en el momento presente. ¿Se nos piden formalidades? *Pues formalicemos.* Pero definitiva y *sólidamente, de una manera completa que no admita ya exigencias inquisidoras....* Yo haré aquí todo lo posible por prepararte el camino. Iré de casa en casa haciéndote atmósfera, preparándote el éxito. Trabajaré en la medida de mis fuerzas al éxito común, y sobre todo adorándote con todas las fuerzas de un corazón tan tuyo y tan grande. Pero es necesario que tu esfuerzo responda a mi esfuerzo, que tu voluntad responda a mi voluntad, que tu labor responda a la mía. Que trabajemos unidos para salvar nuestro porvenir del naufragio que lo amenaza. Y sobre todo piensa esto: *Que es necesario que nos casemos pronto.* Para esto tenemos que unir nuestras energías, y converger[578] nuestras potencias a un mismo fin. Al de la dicha de ambos. Espero que realizarás un esfuerzo y que al salvarte me salvarás. Yo soy de ti. Esto lo sabes bien! Te adoro ahora y te amaré siempre sin exigirte promesas ni seguridades ni fijarte plazos. Pero

574 *Guárdate*: presérvate, cuídate
575 *Se avecina*: se acerca, se aproxima
576 *Trecho*: tramo, distancia, espacio
577 *Quebrantar*: romper
578 *Converger*: unir, juntar

como mi destino por desgracia no depende solamente de mi voluntad hay que satisfacer *las exigencias de los que no teniendo derecho sobre mi corazón ni el tuyo, ejercen influencia directa sobre nuestra vida separándonos, alejándonos, impidiéndome verte & &.* Y como no estoy dispuesta a ceder un milímetro de terreno al convencionalismo, pienso que lo mejor es transigir aparentemente y prácticamente también con él para asegurarnos el porvenir y entonces ya casados y dueños de nosotros nos iremos donde mejor nos parezca dichosos, dichosos.... Para conseguir esto tenemos que luchar a brazo partido[579] con el oleaje de la oposición, oponiendo a hechos, hechos, a pruebas, pruebas, a razones prácticas, razones prácticas, y a resoluciones resoluciones. Empieza la era de las lágrimas. Si *la labor* es tenaz el triunfo es seguro. Si la fe y la voluntad son inquebrantables el porvenir es nuestro. La primera vacilación nos hundiría porque hay que guardar un asombroso equilibrio sobre el estrecho y vacilante presente que cruzamos. Ayúdame y te ayudarás salvándome y salvándote. *Yo soy tuya.* Ahora más que nunca porque estamos unidos por una misma inquietud y oor un mismo peligro que tenemos que alejar de nuestro horizonte con lucha, firmeza, perseverancia, fidelidad y trabajo. Permanece allí hasta que puedas venir seguro *de algo* y bien sabe Dios que la ausencia me desgarra el alma. Bien sabe Dios que necesito tenerte a mi lado y hablarte y oírte y besarte! Pero tenerte cerca y no poder verte, oír reproches que no puedo responder *con pruebas,* soportar amenazas que no puedo anular con hechos, llorar lágrimas de fuego sobre mi impotencia, eso no! Lánzate a mi conquista. Soy tuya. No necesito jurártelo porque las verdades no reclaman demostración. Se imponen. Y sin embargo siendo tuya otros me impiden serlo *realmente.* Hay que acallar[580] sus voces con razones prácticas, hay que anular sus reproches con demostraciones positivas, hay que responder a sus interrogaciones con formalidades próximas. Te digo que es necesario que nos casemos pronto. Todos nuestros esfuerzos deben converger a ese fin. Luchemos y estaremos salvados. Amor mío. Esta carta es de las mías la más solemne y la más tierna. Es trascendental tanto como nuestra dicha. En el otro correo te escribiré profundizando más la cuestión y sugiriéndote lo que se me ocurra. ¿Me ayudarás? No lo dudo un momento. Se juega el porvenir de *tu Juana* y sabrás conquistarlo. Aguarda[581] allí hasta que puedas venir a decirme: *"Juana mía pronto serás mía".* Esta es la única solución ——— Alma mía, no puedo contener mis lágrimas! Ven abrázame. Cómo te adoro! Por qué seremos tan desgraciados? Tengo el corazón dolorido y la mente perturbada por el dolor. *Prescinde de*[582] *mis primeras cartas y atente a*[583] *ésta.* Adiós. Bésame, bésame! Te lo imploro te lo ruego! *[Escrito en forma transversal sobre el último pliego de la carta se lee lo siguiente:* Contéstame y sé sincero. Piensa que te he hablado así *por nuestro bien.*

Piensa que te idolatro. Piensa que es necesario tomar una resolución DEFINITIVA. Espero angustiada y anhelante tu respuesta. Comprende y me-

---

579 *A brazo partido*: con todas las fuerzas
580 *Acallar*: silenciar
581 *Aguarda*: Espera
582 *Prescinde de:* No consideres, Olvida
583 *Atente a*: sólo considera

dita esta carta. Interprétala. Adiós!!! Te beso con locura salvaje y soy más que nunca tu virgen y *tu Juana*. Bésame bésame.

Prescinde de mis cartas de mis cartas de anoche. Fueron escritas antes del *"intervieu"].*

213[584]

Febrero. 8 1896 En Key West-	*"Yo soy de esas mujeres valerosas* *a quienes la amenaza no intimida* .... *No cedo a imposiciones afrentosas* *y antes de ser infiel seré suicida".* Tu Juana.	Sábado 10 de la mañana.

Amor mío, amor mío! Mi Carlos!.... Con el corazón lleno de gemidos de angustia y los ojos de lágrimas me arrojo sollozando en tus brazos y te estrecho en los míos con delirante anhelo de ternura! Eres mío, mío! Yo te adoro y soy tan tuya como tú mismo, más que tú mismo porque tú me perteneces!......... Tengo el espíritu abrumado por la tristeza más desesperadora y el corazón desgarrado por el golpe certero y cruel de la desventura implacable. Mira. Yo necesito para que nos pongamos de acuerdo, revelarte, exponerte con toda claridad nuestra situación. Entre nosotros no puede reinar la sombra que engendra la falta de franqueza. Además que vengo a tocar con mano tuya, en tu corazón para pedirte que me ayudes a conjurar el común peligro. Unámonos pues para conquistar nuestra dicha y asegurárnosla definitivamente. La lucha se presenta encarnizada terrible y nuestro orgullo, nuestro porvenir, nuestra dignidad moral, nuestra pureza y nuestra felicidad están empeñadas en[585] ella. Es necesario, ya lo ves, triunfar. Y para triunfar hay que aceptar pesadumbres, sufrir disgustos, realizar sacrificios. Estás dispuesto a luchar por tu Juana? Yo te voy a explicar en dos palabras *la situación*. Es el caso que *"la oposición"* renace, como una hidra[586] infernal, de sus propios despojos que juzgamos muertos. *"Los que no nos comprenden"* creyeron que interponiendo un día de mar[587] entre nosotros nos separarían.... Qué horror tan pueril! Ni el océano ni la distancia, ni la ausencia, ni la desventura ni nada será suficiente a separar tu amor de mi alma porque tú estás esculpido en mi corazón grabado por el buril candente del dolor y el arte. Te adoro, te adoro, te adoro! este grito surge vibrante de mi corazón ante el obstáculo y repercute por los ámbitos inmensos de mi alma llenos de tu recuerdo. *Primero me dejaría matar que traicionarte* y no habrá nada que te aparte de mí. Esta convicción debe arraigar en tu alma para que te infunda confianza y valor en tu esfuerzo. Es necesario que luchemos los dos, frente a frente contra los obstáculos que nos interponen en el camino. Pero es necesario que adoptemos sus propias armas porque el lenguaje sublime de la ternura y del

---

584 *EII* 315 - 318
585 *Empeñadas en*: comprometidas en, dependen de
586 *Hidra*: (mit. gr.) monstruo del lago de Lerna, con siete cabezas que renacían a medida que se cortaban.
587 *Un día de mar*: alusión a la corta distancia que separa a La Habana de Cayo Hueso.

ensueño no tiene significado alguno para sus exigencias, y se embotaría[588] en el acero helado de sus *razones prácticas*. Es necesario oponer a los hechos los hechos y a la oposición la oposición. Es necesario que nuestra situación tenga *un desenlace inmediato* acorde con nuestro anhelo de felicidad venidera. Pero hay que sufrir mucho, que devorar en silencio muchos resentimientos, que tener mucha fe en el éxito, que bregar[589] sin descanso, que presentarles argumentos sólidos. Estás dispuesto a hacer lo que *tú Juana* te indique, *todo lo que tu Juana te indique*?[590] Aguardo tu respuesta segura de ella. La inminencia del peligro reclama un pronto remedio. Es necesario *que tú puedas casarte pronto conmigo.* "Con esta garantía solamente seguirían tolerando nuestros amores". Comprenderás ahora? Yo te digo: "vida de mi vida, *yo te adoro* tanto como tú a mí. Ahora bien *la lógica la fría razón las formalidades convencionales* nos exigen algo más que juramentos de pasión y palabras ideales y hermosas. Se nos exige *algo* que hay que sacar de donde quiera, de las entrañas de la tierra, del agua del aire, *de tus manos*. Pues bien es necesario que haya ese algo, que se nos exige. *Verdad que es tristísimo tener que transigir con*[591] *estas miserias y estas preocupaciones? Verdad que la imposición de la realidad es grosera y brutal?* Ay! Lo que yo he sufrido. Anoche sentada en mi lecho con las últimas cartas junto a mí, tu recuerdo en mis labios y la noche en el alma he estudiado mi situación actual, interrogando al porvenir y estudiando un plan que nos salve de una vez para siempre. La convicción de que te adoro me infunde[592] energías infinitas y mi vigor se multiplica ante el obstáculo[593] porque se trata *de la dicha de mi Carlos*, más sagrada para mí que mi propia paz y que mi propia vida. Me has dado tu existencia y este sagrado depósito será defendido por mí con fiera energía, con resuelto heroísmo. Quiero probar a los que ultrajan nuestra pasión con la sospecha de un perjurio, que nuestro amor *sabrá allanar*[594] *los obstáculos materiales que nos separan* y que tú ayudado por mi constancia y mi felicidad sabrás reclamar lo que es tuyo y reconquistar nuestra dicha. Hoy vuelve a empeñarse la brega de hace 8 meses y es necesario *que el tiempo sea esta vez definitivo por parte nuestra*. Ya no tienen lugar paliativos,[595] ni situaciones ambiguas, *mi aplazamientos indefinidos*. Es necesario que tú sepas darle a tu actitud la firmeza de lo *realizable,* de lo inmediato. Yo no estoy dispuesta a transigir con ellos, porque te adoro y soy tuya y no me niego, ni suicido mi alma que es tuya. Por otra parte la ausencia me mata y la nostalgia me devora el alma. Quiero que vengas, pero cuando ellos no puedan tener razón para reprocharme nada, cuando tú puedas decir: «vengo a casarme con ella». Entonces todo se habrá salvado. Mientras no sea así procurarán alejarme de ti, y alimentarán la absurda esperanza de un rompimiento, *imposible entre nosotros,* porque yo no soy perjura *ni estoy dispuesta a trai-*

588 *Se embotaría*: perdería el filo (fig. se debilitaría)
589 *Bregar*: luchar, trabajar duro con afán y determinación
590 Véase nota 554 p.174
591 *Transigir con*: aceptar
592 *Me infunde*: me da
593 Recuérdese nuestra insistencia en el rol catalizador del *obstáculo* en la escritura y en la pasión de Juana Borrero.
594 *Allanar*: superar, vencer
595 *Paliativos*: remedios que suavizan y mitigan (los sufrimientos, las enfermedades)

cionar mi ideal inmaculado y supremo! Te he dicho que *soy tuya* y ahora se me presenta ocasión de demostrártelo. *De demostrártelo* de un modo completo. Ni amenazas, ni ruegos, ni consejos, ni maldiciones me harían escribirte media frase desacorde con mi corazón. Ni los disgustos en mi hogar, ni los sufrimientos inmerecidos de mi madre, ni las lágrimas de todos, ni la decisión abierta de mi padre me impulsarán a un rompimiento que me haría perder tu estimación y mi vida. Estas son resoluciones inquebrantables que no necesito afianzar con juramentos superfluos. Tú conoces el temple de mi alma y sabes que te adoro. Ten en mi firmeza la confianza que yo tengo en tu esfuerzo. Estoy dispuesta a todo. A todo por conservarte. Del mismo modo quiero que me ayudes. Ha llegado la hora de probar la influencia de mi espíritu sobre el tuyo. ¿Te dejarás guiar por mi mano? ¿Por mi mano *que se dejaría herir mil veces antes que escribirte una palabra traidora*? Quieren que renunciemos a nuestros ideales. Es necesario probarles que sabremos morir primero. Antes que traicionar nuestro amor tenemos que aceptar cualquier sacrificio. Alma mía, alma mía, alma mía! Es necesario que me ames mucho como hasta ahora, más que hasta ahora, como yo te amé como yo te amo como yo te amaré! *Sólo así triunfaremos.* Yo te idolatro. Nada te apartará de mí. *Nada.* Por ti, *por mi Carlos,* soy capaz de subir a las estrellas de realizar cualquier imposible. Los sufrimientos por ti serán la mayor gloria de mi vida y mi constancia a pesar de los obstáculos será la demostración hermosa y cabal de mi pasión a tus ojos. Pero ayúdame! Ven a mi encuentro con tu destino en las manos. Rescátame de la cárcel de tristeza en que tienen cautivo mi espíritu los *árbitros directos* de mi vida! Ayer te escribí una carta exponiéndote someramente[596] la situación. Quiera Dios que hayas interpretado acertadamente mi lenguaje! Esta noche llega vapor, portador de[597] tus cartas felices. Qué sorpresa tan dolorosa te producirán mis últimas cartas! Pero *la reacción* será enérgica en tu espíritu. Yo lo espero. Yo lo creo. ¿No me amas? ¿No me adoras? Pues estoy tranquila: *¡Triunfaremos!* Carlos Carlos mío! Mi único tan único, mi amado tan amado! Qué desventurados somos! Pero no cobardes! Esposo bardo mío! Si supieras cómo sufre tu Juana! Búscame el consuelo. Sálvame. Te lo imploro. ¿Sabes cómo te adoro? Con toda mi alma desventurada y heroica. Con todo mi corazón desgarrado y tuyo. Salvémonos! Ayúdame! A la tarde volveré a escribirte. Alma mía me muero llorando en tus brazos y te beso con intenso delirio con salvaje ternura. *Soy tu Juana.*

---

596 *Someramente*: brevemente, sin dar muchos detalles
597 *Portador de*: que me trae

218[598]

Febrero – 1896 – día trece – K. W. – 9 de la mañana ——

Carlos... Carlos de *mí.* Mi único de mi alma. Anoche a las once me envió Alfredo con Lola tus cartas ansiadas. Abrí primero las atrasadas las que debieran llegarme en el otro correo. Las leí llorando y conmovida por emociones complejas e intensas algunas de las cuales aún me oprimen el corazón como una sierpe[599] implacable. ¡Oh el afán con que yo leía, leía.... Cuando tropecé con las palabras de *ella.* ¿Ah por qué lo hiciste! ¿Tanto puedes fiar[600] en mi grandeza? Mira no te engañes bien mío. Yo antes que generosa y que grande *soy tuya* comprendes? y ciertas cosas me desgarran el alma. Yo leí con ansia tus líneas y también leí su comienzo de ella. «Amado mío»... ¡Suyo? ¡Ah no! ¡Si tú eres mío! ¡si tú no has sido nunca más que mío....! Si yo no quiero pensar que ninguna haya tenido derecho alguna vez sobre tu alma! «Amado mío».... no leí más... Esa frase bastaba para amargar el deliquio[601] de tus cartas. No era yo quien te lo decía, era otra, y eso bastaba. Perdóname! ¿Has creído acaso que soy transigente, generosa y grande? Pues te engañas. Mi egoísmo monstruoso me conducirá algún día al suicidio o al crimen. Los celos, mis celos, son tan violentos que la menor insinuación los despierta. Es lo que resta de humano en mi pasión y en ellos parece haberse refugiado la salvaje impetuosidad de los otros instintos desterrados de mí con mano heroica. Tú no podrás imaginar jamás la intensidad de mis celos. Sería necesario que te dieras cuenta exacta de mi pasión y esto es imposible. «Amado mío»....! Toda la suave música de tus palabras de amor, toda la armonía grandiosa de tus besos no ahogarán[602] jamás en mi alma el eco de este grito que sale de la tumba para llamarte *suyo.* ¿Qué?.... ¿Acaso pensaste que yo pudiera ser generosa ante la certidumbre?.... No, no. Con profundo dolor lo comprendo! Me dices *que no me crees capaz de sentir celos tontos de un ser que no existe.* Pues mira, te engañaste. Yo no sé si son tontos yo no me he detenido a imaginar la naturaleza íntima de este sentimiento que me hiere el alma. Yo no sé si son culpables. Lo único que comprendo es que sus frases entre tu carta me sorprendieron dolorosa e intensamente y que sus palabras de amor me producen un malestar indecible y angustioso lleno de iras recónditas y de salvajes ansias de muerte!... Te he dicho que no leí sus frases. La introducción me intimidó y no me sentía con fuerzas para seguir adelante. No, tú no sabes aún cómo te amo! Lo que hiciste lo demuestra bien claro y el hecho de contar de antemano[603] con mi benevolencia prueba patente[604] es de que desconoces la

---

599 *EII* 328 – 332
599 *Sierpe*: serpiente
600 *Fiar*: confiar
601 *Deliquio*: éxtasis, arrobamiento
602 *Ahogarán*: silenciarán
603 *De antemano*: anticipadamente
604 *Patente*: manifiesto, visible, obvio

infinitud de mi egoísmo. No, no me juzgues grande. En este terreno jamás lo seré. Me dices «que la amaste un poco». Bueno. Quizás te duela esto: «nunca te perdonaré *ese poco que la amaste*». Si te amara menos, quizás. Lo que más me desespera es precisamente la *intangibilidad* de ese recuerdo. Bien sabe Dios que le agradezco el amor que te tuvo! Bien sabe Dios también que a pesar de todo la amo con el más involuntario y extraño de los afectos. Pero sin embargo no puedo no puedo.... ¡Ah sufro mucho! La rival *presente, tangible provocadora* audaz y agresiva no me impresionaría tanto como esta pobre sombra pálida que atraviesa furtiva a través de nuestro amor. Este fantasma insomne que aún te posee ha amargado algunas de mis noches. ¿Quién lucha contra fantasmas? Quisiera que se reencarnara, que volviera a la vida que quisiera apoderarse nuevamente de tu alma... Entonces podría odiarla sin remordimiento y exterminarla sin vacilaciones. Pero ese espectro inofensivo y tenaz me aterra y enloquece. ¡Ah! por lo mismo que ha muerto! Eso es lo que más me hace sufrir. ¿Acaso crees que ignoro.... que *ella* surge en tus ensueños sugestionándote y evocando en tí una falange de recuerdos idos para siempre? ¡Ah qué desgraciada soy! ¡Qué bien me cuadran aquellas palabras de Lady Macbeth*:* «sombra inocente de mi víctima que me persigues llorando! Antes prefiero *verte en carne y hueso* asestando sobre mí certero golpe! ¿*Quién deshace lo hecho?*... ¡Yo no dormiré más!»[605] Sí! ¡Quién deshace lo hecho?.... No seré yo quien abrigue[606] este pueril intento. Lo irremediable hecho está. Pero al menos quisiera olvidar.... Quisiera olvidar que fuiste suyo! Ah perdóname *[Palabras tachadas]* merezco tal vez tu desprecio por esto. Pero ¡te amo tanto! No me juzgues generosa porque no lo soy porque no puedo serlo! «*Amado mío*» esta frase repercute por la cripta de mi alma despertando ecos dormidos de pesadumbres infinitas que me torturaron cuando aún no te conocía.... Yo la amaría más si tú jamás me hablaras de ella. Pero ver sus frases de pasión, leer sus ternuras escritas, ver cruzar su recuerdo al través de tu carta y presenciar escenas pasadas cuya sola conjetura me asesina, es un tormento superior a mis fuerzas a mis pobres fuerzas agotadas por la nostalgia y la ausencia. No creas que te culpo... Lo que has hecho no puede ser una malignidad porque tú me amas y eres muy grande. Tampoco ha sido otra cosa que una *inexperiencia* tuya. Cuando me conozcas mejor, cuando presencies uno de esos desbordamientos dolorosos que provocan en mí los celos tristes *de lo irremediable,* comprenderás cuánto he sufrido anoche! Vuelvo a rogarte que me perdones. Bien de mi alma yo jamás te engaño, porque no soy hipócrita y además porque te idolatro. Para qué fingirte generosidades que no caben en mi egoísmo y tolerancias que no caben en mis celos? .... Conóceme tal como soy para que jamás vuelvas a herirme tan involuntariamente como anoche.– Espérame, voy a leer la carta de ella que me copias. ¿Tendré valor? Un deseo malsano de atormentarme de martirizarme más aún me impulsa a ello. Voy a sufrir mucho. Como encuentre un solo beso.. ¿qué será de ti?... Yo no

---

[605] Los editores del *Epistolario* comentan: "Este pasaje no existe en Macbeth tal como Juana lo cita. Parece haber mezclado frases de tres momentos distintos: Acto III, Escena IV («Ven a mí en forma de tigre de Hircania... Pero no vengas como sombra. ¡Huye de mí, formidable espectro!»); Acto V, Escena I («¿Quién deshace lo hecho?»); Acto II, Escena II («Macbeth, tú no puedes dormir, porque has asesinado al sueño») (*E*II 330).

[606] *Abrigue*: conciba

puedo tolerar que tú hayas sido suyo! ¡No no puedo! Es que no sabes que te idolatro como nadie te ha querido? ¡Ah *mío!* ¿Es necesario este nuevo tormento?... ¿Mi pobre corazón necesitaba acaso esta nueva herida incurable?..... Te perdono. Sí! pero nunca vuelvas a hablarme.... a decirme nada de ninguna de ninguna de ellas te lo ruego llorando; porque me asesinas el alma! Voy a leer. ¡Oh! ¿Por qué no he muerto? ¿Cómo he podido tener serenidad para leer hasta el fin? Te habla de tus cartas! de tu amor! de tus besos!!..... ¿Y creíste que yo pudiera jamás transigir con esto...? Ah no! Te engañas te engañas! Me has matado, sábelo. Me has llenado el corazón de pesar insufrible. Mis lágrimas se han desbordado ardientes sobre esas líneas que me queman las pupilas y los sollozos han desgarrado mi pecho lleno de amargura desolada. ¿Qué hiciste, qué hiciste...? He padecido atrozmente leyendo esas palabras, esa carta *más tierna y más elocuente que todas las mías!* He sentido realmente anhelo de morir de una vez sin volver a verte. Una desesperación desolada una amargura íntima me han conmovido hasta el fondo del alma. He permanecido de rodillas sobre el suelo llorando angustiada toda mi tristeza con la frente hundida entre esa carta que me mata. He sentido el roce de un reptil enroscándose en mi corazón tan cruelmente lacerado[607] por la desgracia y por primera vez en mi vida me he sentido pequeña. Ha recorrido mis nervios adormecidos, la crispatura[608] violenta de la impotencia y de la insuficiencia. Y he llamado a la muerte con voz trémula[609] de dolor y de impaciencia porque ya mi vida está amargada para siempre. Ah cuando te bese!!................... ¡tus labios míos! ¿Por qué por qué....................... Ah mira bien, bien mío. Tú esperabas que yo fuera excepcional y heroica y generosa y benévola.[610] Ya ves. Has tenido un desengaño. Quizás me desprecies, pero yo no sé fingirte. He sufrido mucho!! Y en qué momentos! Cuando mi alma agoniza de pena y mi corazón se desangra solitario por todas sus hondas heridas!... Perdón, perdóname! Estoy, debo estar loca. ¿Por qué seré tan cobarde que no me atrevo a matarme? Un supersticioso temor de dejarte solo con su alma me hace estremecer de angustia.... Ay qué mal me siento! Una violenta fiebre me incendia el cerebro con su llamarada maligna y la visión lúgubre de la desesperación cruza por delante de mis ojos nublados. No oigo, ni pienso, ni veo nada. Una postración dolorosa me invade y sólo me persigue implacable la voz de ella que nunca he oído, llamándote besándote, arrancándome de entre mis brazos para acariciarte con su hermosura melancólica ¡Ah! ¿*no te constaba* que yo la quería que no le guardaba rencor, que le agradecía su ternura hacia ti...? ¿Era preciso despertar mis celos y mi angustia con la *prueba palpable?* ¡Sobre esta carta han caído mis lágrimas, las más ardientes y acerbas que he derramado en mi vida! La perturbación producida por la dolorosa sorpresa de anoche me impide contestar inmediatamente las otras cartas, las posteriores, tan trancendentales y tan importantes.— Hará una noche húmeda. Saldré al encuentro de la

---

607 *Lacerado*: lastimado, herido
608 *Crispatura*: erizamiento
609 *Trémula*: temblorosa
610 *Benévola*: generosa

muerte ya que ella defrauda mis esperanzas. El frío me hará mal. Volveré tarde y me pasaré la noche escribiéndote. Como aquí están todos tan engañados no se fijarán en mi exaltación.– ¡Oh....... oh... mío! ¿Sabes que siento impulsos de matarte para que no te acuerdes más de ella? ¿Por qué no me conoces? Oye ¿me desprecias? ¡Dime que no me desprecias! ¿Qué culpa tengo de quererte tanto? Ah no sufro mucho no puedo seguir escribiéndote. Cuando esté más calmada podré quizás. *[Tachado]* Carlos mío. *Mi único!* ella no te decía así ¿verdad? Mi único te... te adoro. Sí ¡Ah! cuánto sufro... Adiós hasta luego!...... Te perdono y te amo. Te amo. Te.... idolatro. Te digo que te amo. Te digo que te amo! Hasta luego... Soy *tu Juana!*

219[611]

...Y temiendo que sea el plazo
la muerte, de mi agonía................[612]

– Febrero – 13 – 1896.   K. W. – Jueves. 4 tarde –

Mío, mío, mío! ¿Verdad que *eres* mío? Me levanto a escribirte porque me muero. La locura me acecha en la sombra. ¡Qué perturbación tan honda en mis ideas, qué incoherencia en mis sensaciones! Es que realmente existo? No me doy cuenta de nada. Te escribí esta mañana creo. Sí, te escribí, ahora me acuerdo... Tal vez no pueda mandar la carta porque debe ser algo muy triste como un pesar, como el dolor que me abruma – Te la mandaré? ¿no te la mandaré?.... Mira quisiera morirme. He sufrido anoche tan bárbaramente leyendo las ternuras de *ella* que siento el corazón dolorido y opreso.[613] No me doy cuenta de mi pesar. ¿Por qué me ha hecho sufrir tanto tu leal franqueza? El temor horrible de parecerte quizás pequeña y poco generosa me acobarda abrumándome. ¿Verdad que no me desprecias? Tú sabes? Yo no soy buena. No. Yo debiera también amarla a la pobre muerta... ¡Ah! pero su carta...! No puedo, no puedo, te digo que no puedo. «YO» no soy más que yo, «TÚ» no eres más que tú. Tus besos! ¿Quién le ha dicho que tus besos fueron suyos? No. Que no lo crea. Dile que no, que no lo crea. Pero..... decírselo, cuándo, cómo? Ah! ¡Si todo esto es pasado ya y sin embargo ella está aquí yo la siento aquí, no mejor dicho está allá, contigo... ¡Está entre los dos! Perdóname yo no la odio no, puedes creerlo... es que te adoro. Y tampoco soy egoísta ni pequeña tú lo sabes bien y sin embargo debo parecerte bien abyecta... ¡Tu desprecio me abruma!!... No tú no puedes despreciarme a mí porque yo no la perdone! ¿Verdad que no? Lo mejor hubiera sido no leer su carta... eso hubiera sido lo mejor, no crees tú? ¿por qué me la mandaste? ¡Ah tú esperabas que yo sería grande y excepcional y ya ves, has recibido un desengaño. ¡Qué pequeña debo parecerte! Tú sabes? yo la quería también, te lo juro... Pero después de haber leído sus frases... no puedo no puedo! La pobre! cuánto sufrió! ¿y yo? yo también sufro... ¡¡Qué convencida estaba de tu ternura!!... *Ella debía saberlo muy bien... y yo también, yo también!* Yo creo en ti ¿verdad *que a mí también* me amas como la amaste a ella? Allí está su carta. Búscala; bajo mi almohada, con las otras. Ella misma lo dice. No es mentira, no, que lo leyeron mis ojos... Ella no habla de ella sola habla de tí. Y tú que eres mío! Sí tú eres mío! ¿Entonces....? Ella lo dice: «Amado mío».... pero ¿es de ti de quien habla? Verdad que no habla de ti?........ ¡Ah por qué hiciste es-

---

611 EII 333 – 335
612 Versos del poema "Para Chicha", de Carlos Pío Uhrbach, en *Gemelas* (EII 333)
613 *Opreso*: oprimido, apretado

to.....! Jamás... jamás. Ya no podré ser feliz nunca más!... Estoy sola. No sé qué siento en el alma que estoy sola... Por qué me dejas sola? No ves que la fiebre me consumirá y cuando muera yo, entonces... *[Varias palabras tachadas]* YO NO QUIERO QUE LA OLVIDES, no.... yo lo que anhelo es que no me hables jamás de tus amores pasados porque me matas! Tú no sabes? Yo he llegado a pensar con *indiferencia* en mis muertos. Yo también tenía un muerto ¿no lo sabes?... pero nunca, nunca me besó!⁶¹⁴ Tus labios fueron los primeros... ¿entiendes? los primeros, mientras que *ustedes*..... ustedes... Ella misma lo dice! Allí está su carta. Léela, no, llévatela, porque quizás la quieran mis ojos ver de nuevo y entonces, volveré a morirme... Mira, ya estoy mejor. ¿No ves que estoy mejor? Siéntate aquí junto a mí. No estás aquí? ¡Ah qué mal me siento! Creo que he perdido la razón. La razón, la razón!... De qué me sirve?... El día que yo razone dejaré de amarte. Dejar de amarte...? Nunca aunque me olvidaras, aunque me traicionaras... Tú eres mi amado también, tú también me amas! ¿Por qué ella ha salido ahora de su noche...? ¿por qué nací yo? Te juro que la quiero. La quiero con un odio inefable.... ¿No te amó? Pobre alma mía!... es que no puedo te repito que no puedo.... me siento tan enferma! Esta agonía sin muerte me aniquila... Yo no sé nada ¡Oh mío! sino que me muero. El desorden de mis ideas te demostrará que sufro mucho... Perdóname mi falta de grandeza. Hay un lugar en mi corazón donde jamás ha penetrado la clemencia ni la generosidad. *Es la jaula del tigre*.... allí duerme la fiera aletargada y mientras duerme sueña y este *reve* ⁶¹⁵ de muerte y sangre es a veces mi obsesión más triste. En ese lugar de mi pecho ¡oh Carlos de Juana! te siento más mío. Guárdate de⁶¹⁶ despertar a la fiera!... Si *tú* supieras!! Toda la amargura de estas horas crueles que han pasado de anoche a acá se ha resuelto en una tristeza desolada y profunda, que me abate⁶¹⁷ que me abate... Si me vieras me tendrías lástima. Sufro mucho. Por mis cartas verás que ya mi razón se perturba... Haré un esfuerzo heroico para contestar sus cartas a Magdalena y Margot. Las pobres... veo con dolor que no me olvidan. Cualquier día las haré sufrir Y tú? Yo te pregunto: ¿quién eres? ¿quién soy? y ella, ella siempre! Si supieras lo que has hecho! Tú me juzgabas grande y yo no lo soy! La pasión ha podido más que nada y he sido infeliz y he maldecido! ¡Todavía no sé si he perdonado!... Qué mal me siento! ¿Yo también moriré sin verte? Quizás! Si esto sucede no me olvides... *aunque encuentres otra como yo*. Mira perdóname. Necesito oír una palabra tierna. ¡Oh mi Carlos! ¡Ahora no podré besarte! Ella lo dice! ella misma lo dice! ¿Cómo copiaste todas sus palabras?... ¡Ah mío, mío! ¿Por qué no lo has sido siempre!... Y tú la amabas!... ¿Mucho? ¿mucho?.... Ah! yo estoy maldita. ¡Tu boca es mía! ¿No? Y tú? ¡tú también! Tu Juana.

---

614 Probablemente se refiere a Casal
615 *Reve* (fr.): sueño
616 *Guárdate de*: No te atrevas a
617 *Me abate*: me debilita, me agota

220[618]

– 1896 —— Día 13 – Febrero – Jueves – K. W.–
— 9 de la noche —

Carlos, mi Carlos, mi eterno mío. Después de hacer un violento esfuerzo sobre mi estado nervioso para dominar la incoherente laboración de mis ideas perturbadas por la violenta emoción de anoche.... continúo escribiéndote porque todavía no te he dicho nada, nada, nada... Antes de seguir te ruego me perdones mis desoladas cartas de hoy. Ellas no envuelven el más ligero reproche para ti bien mío. Ellas exponen con su incoherente lenguaje todo un estado *inoportuno* de mi espíritu. Las he releído y me han parecido delirantes, absurdas, crueles e injustas. Así y todo son sinceras ¡oh sí, muy sinceras! y por eso te las mando para que veas *hasta dónde es capaz de trastornarme una violenta emoción de esa clase.* Oh! he sufrido mucho, he estado loca. Por fortuna y gracias a un heroico esfuerzo he logrado dominarme y ahora me encuentro más dueña de mis ideas dispersas y perturbadas por la tristeza. He vuelto a leer tus cartas asimilándomelas,[619] meditándolas... Las última, las últimas!... ¿por qué no me será dado manejar un idioma elocuente y sugestivo que traduzca fielmente nuestra situación? Yo quisiera que me comprendieras sin hablarte.[620] Esto no es posible porque como tú estás fuera del círculo de acción de los sucesos, no puedes darte exacta cuenta de muchas cosas que a mí me parecen sencillísimas. Veo con dolor que no me has interpretado exactamente. Culpa es de mi lenguaje inexpresivo e involuntariamente equívoco tal vez.

Me dices que vendrás *a buscarme* dentro de ocho meses... Estás en tu juicio alma mía?... ¡Ocho meses! Apenas, apenas, puedo pasar un mes más sin verte. ¿Ignoras que estoy enferma, muy enferma y que sólo tu compañía me podría salvar a tiempo? ¡Ocho meses!............ No! no te dije eso. Sin duda me expliqué mal cuando te escribí aquellas cartas inesperadas y tristes. Yo voy a tratar de hacerte un ligero esbozo de la situación aclarando los puntos que te parecen oscuros. Si te dije que la oposición renacía te dije la verdad, es decir *no renace, porque nunca murió.* Únicamente *se adormeció* ilusionada por la absurda esperanza de un rompimiento *imposible entre nosotros.* Los que no se explican la magnitud de nuestro amor creyeron que la ausencia, la distancia, el mar, apagarían nuestro anhelo o quizás entibiarían nuestra pasión. Esta absurda creencia se arraigó más hondamente cuando vieron *mi aparente resignación* de los primeros días de mi llegada. ¡Era que yo esperaba, esperaba tu pronta venida...! Ya lejos uno de otro intentaron amontonar obstáculos.... In-

---

618 *EII* 336 – 341
619 *Asimilándomelas:* comprendiéndolas
620 Recuérdese lo que hemos dicho en el sentido del esfuerzo constante de la *escritura* por esconderse y crear, en cambio, la ilusión de la *voz*.

dignada yo te escribí inmediatamente dándote la voz de alerta. Si te pregunté ruda y francamente si contabas con medios prácticos con que dar a nuestro amor una solución inmediata, fue con el anhelo vehemente de alimentar una esperanza segura. ¡Ocho meses! Está bien... Yo creo que tú vendrás porque si no vinieras no me amarías. Yo estoy enferma. Te juro que no me siento con fuerzas para esperar más de dos meses. La ausencia me agota. Además como tengo la certeza de que estoy herida de muerte por este mal que todos se empeñan en no ver siento el temor horrible de morirme sin volver a verte. ¡Ocho meses! Tú vendrás antes, mucho antes... Si yo pudiera vivir tanto tiempo más sin verte y tú estuvieras tanto tiempo más sin venir al lado de tu Juana... se podría dudar de nuestro amor. Ni yo puedo vivir tanto tiempo sin verte ni tú, dada *«tu» idolatría,* podrías resistir esta larga ausencia. Hay potencias incontrastables[621] y anhelos apremiantes....[622] Yo abrigo[623] la convicción de que tu presencia me curaría. Si yo creyese que tu venida aquí podría menoscabar[624] en lo más mínimo la integridad de tu amor propio, no te llamaría. Fíate de mí que nunca te engaño. Yo te adoro altivo, orgulloso, invencible... Te adoro como soy. Indomable!... Allí está toda mi alma. Yo te digo que puedes venir sin deber tu venida a ninguna concesión humillante. Además... tu Juana se muere porque no te ve ni te oye ni te habla ni te besa! Piensa y reflexiona. Yo *soy incapaz de sugerirte nada que no esté perfectamente acorde con la índole*[625] *de nuestros caracteres.* Soy tan altiva como tú. Soy altanera hasta la *temeridad.* No he conocido jamás el miedo... nunca. Yo sólo temía antes a una mujer: *yo misma.* Antes de independizarme me tenía miedo. Después no... Yo estoy absuelta hace tiempo por mi misma conciencia que no me reprocha la más ligera vileza. Nuestra causa es tan santa que nos glorifica. Tú eres mío. Tan mío como yo tuya. *Somos nuestros.* Nada podrá desatar estos lazos.... ¡Tú lo sabes bien! Ten la seguridad de que sabré mantener muy alta mi bandera blanca y sagrada. Si sucumbieras,[626] sucumbiremos juntos confundiendo nuestras agonías en un beso postrero, símbolo de nuestra constancia. Quiero que tengas perfecta confianza en tu Juana. *Yo sé ser santa, y sé ser pantera. Musa y guerrera, soñadora y heroína.* Confía en mí, confía en mí. Es lo único que te pido. Ya te he dicho *que soy tuya.* Esta verdad luminosa debe guiarte por tu sendero lóbrego como la luz remota de un faro a los navegantes. Yo soy tuya. La esperanza que me das de que sea tu esposa, es tan dulcemente halagadora que basta a consolarme. Pero no es necesario por eso que tú estés tanto tiempo lejos de tu Juana. Respóndeme: ¿serías capaz de dejar transcurrir sin venir tan largo plazo...? No lo creo. Del mismo modo que yo no podría esperarte sin morir tanto tiempo. Tú vendrás muy pronto yo lo espero. Tu Juana que te adora te lo ruega en nombre de su salud. ¿Sabes lo que son *ocho meses* de ausencia...! No podría soportarlos. Es que ya me faltan las fuerzas. No puedo ni salir. Tampoco tengo el ánimo para visitas. No tengo más consuelo que escribirte. Perdóname mis delirantes y tristes cartas de

621 *Potencias incontrastables*: fuerzas imposibles de superar, de vencer
622 *Apremiantes*: urgentes
623 *Abrigo*: tengo, guardo
624 *Menoscabar*: disminuir, debilitar
625 *Índole*: naturaleza
626 *Sucumbir*: morir

hoy. Puedes tener la seguridad de que la quiero. Y no hablemos más de este asunto....! Me dices que sea orgullosa, altiva e inquebrantable. *Lo seré*. No me ofendo por tu recomendación *superflua* porque sé que no implica duda. No me humillaré a suplicar lo que es mío, porque me siento con fuerzas morales suficientes para conquistar mi dicha, la dicha de los dos. Confía en tu Juana que te adora.–

La carta literaria que me envías no me la explico. Es un refinamiento de crueldad increíble dentro de tu ternura. No lo vuelvas a hacer jamás. El *usted* entre nos me desgarra el alma!... Tampoco me hables de los tontos que me acosan.... No profanes el lenguaje supremo de nuestro amor escribiendo sus nombres. Déjalos quietos en su miseria. Están tan lejos de mí como yo de ellos. Para todos soy esquiva y desdeñosa. Sólo tu recuerdo me conmueve hasta lo más hondo del alma. Tú sí eres grande. Tú sí eres amado! – Bien mío. Lo que me dices del álbum de... la *Srta*. M. Ibor me contraría por la mortificación que te procura.[627] Está guardado en casa en la alacena[628] armario del primer cuarto del piso bajo. Quién podía buscarlo allí? Fue una torpeza y un olvido mío no habértelo dado antes de venir.– Amor mío. Deja tus parientes quietos me he divorciado de su trato. ¿Por qué guardar rencor a seres inferiores? Yo los absuelvo[629] porque la estupidez algunas veces me inspira lástima. Ellos parecen que no me creen tan digna de ser tu esposa como a *Ella*. Quizás tengan razón. Yo no lo creo. Yo te amo lo bastante para no traicionarte jamás y esto es suficiente a hacerte feliz ¿verdad que sí?... Yo algunas veces me río acordándome de sus insinuaciones... Qué gracioso! Déjate de pensar en venganzas que no siempre cuadran a[630] almas grandes como la mía y la tuya. ¿Puedes creer que aún no he visto a abuelita...? Tendría que ir allá... y no voy, porque no! Cuando se me pone[631] una cosa no cedo. ¿Por qué tus deudos[632] llevarán tu mismo apellido...? – Amor de mi alma. Mañana volveré a escribirte y por la tarde iré yo misma a poner las cartas en el correo. Estoy fatigadísima. 9 horas escribiendo! Por ti *es bien poco* hacer. Tú mereces «*mucho más*»! *Ya verás si soy fiel y enérgica*. Adiós, hasta mañana! Te... beso ¿y por qué no? te beso con delirante anhelo con profunda ansiedad de hacerte dichoso. Soy tu Juana que te idolatra. *Tu Juana!* ——— Bien de mi alma, mi Carlos. Son las 8 de la mañana luminosa. He despertado mal y con el corazón oprimido por un sueño extraño y triste... Soñé que yo no era yo. Que mi alma era el alma de *ella* traída a mí por un avatar misterioso, y que por eso tú me amabas tanto! Porque *yo* era ella. El sueño como ves fue amargo y extraño. Quizás sea más *lógico* de lo que parece a primera vista. Yo jamás me consolaría de perder *mi yo* ante tus ojos. Quiero *ser Juana* con mis grandes defectos y mis supremos egoísmos. Para mí sería una desgracia que tú amaras en mí el recuerdo de alguna otra. Sé que esto no es así y me consuelo. Perdóname mis pueriles preocupaciones. Como estoy tan exaltada por la tristeza cualquier

---

627 *Te procura*: te produce
628 *Alacena*: armario, generalmente empotrado en la pared, con puertas y anaqueles, donde se guardan diversos objetos
629 *Absuelvo*: perdono, disculpo
630 *Cuadran a*: son apropiadas para
631 *Se me pone*: me propongo
632 *Deudos*: parientes, familiares

pensamiento amargo arraiga en mí como una planta maldita. Para estos pesares imaginarios tengo tu recuerdo que me alienta y redime. ¡Oh mío! qué tuya soy! Qué tuya! La unión de nuestras almas es completa y definitiva. Nada podrá separarnos. No temas que sucumba ni que me doblegue a exigencias tiranas. Soy tuya. ¿No te lo dije sin hablar cuando te di las dos manos aquella noche, junto al puente, te acuerdas alma mía?... ¡Oh pasado! Tan lejos tan lejos!... Qué extraño es nuestro amor! Qué grande y qué elevado! ¡Crees que sería capaz de olvidarte nunca? No, dime que no lo crees. Yo no soy perjura.... yo no suicidaría mi ideal sino matándome. Me preguntas si tendría valor para morir contigo!! Luego añades: si hay en tu alma un resto de vacilación retrocede. No quiero arrastrarte en mi caída. Estas palabras tuyas no son, no pueden ser sinceras. Tú sabes demasiado que si yo vivo, vivo porque tú tienes buen cuidado de escribir siempre: *«cuídate cuídate!»* Y aun así .... La muerte no me aterra aunque no sé *«lo que pasa debajo de las tumbas»*. ¿Qué mayor dicha que morir contigo? No pienses cosas absurdas. Yo no tengo otro ideal ni otra aspiración que hacer tu dicha. Si lo perdiera ¿para qué querría la vida?.... Además, siempre, aunque yo amara la existencia, me parecería mejor la muerte que la vileza que la traición o que la humillación. Así pues tus frases no tienen explicación entre nosotros. No creas que estoy ofendida, tú jamás me ofendes. Únicamente me han parecido tus palabras un poco *injustas*. Para que veas que no estoy lastimada te beso con ternura como aquella noche ¿te acuerdas? en que conmovió mi alma el deliquio intenso del éxtasis... ¿Cuándo volveré a besarte?... ¡Cuándo? Un solo beso tuyo me curaría, estoy segura. Y estás lejos. Tú vendrás. Tú vendrás muy pronto yo lo espero. Si no moriré... Ya te he dicho que no me aterra la muerte. La he llamado tantas veces!... Pero morir sin ti, morir sin tus besos, sería horrible. Cuando mis manos heladas por el frío de la muerte se tiendan con ansia infinita de estrechar las tuyas... Yo quiero que estés aquí *cuando entonces*. A veces me figuro *que yo también* moriré sin verte... ¿Será verdad mi sueño de anoche?... No, no, *yo soy yo*. Yo no moriré ¿verdad?........ Tú vendrás junto a mí. Yo te aseguro por mi amor que puedes venir con la frente muy alta. Si no estuviera segura de esto no te lo diría. Te adoro soberbio, indómito⁶³³ y altivo... como yo. Confía en mí. Tu felicidad es un depósito sagrado que no defraudaré por nada ni por nadie.– Cuánto me alegro de que te haya gustado *la historia de Sara!*⁶³⁴ Dices que ella te merece toda tu admiración... Bueno; *eso es lo que quería saber.* Ahora que ya sé *a qué atenerme*⁶³⁵ te diré que esa historia es pura fantasía mía. Ni yo la he visto, ni *ella* está aquí, *ni se ha movido de la Habana.* Has de saber que algunas veces cuando el dolor me exalta adquiero una extraña *lucidez* intelectual que me hace forjar historias y crear personajes perfectamente imaginarios. Aunque a veces como en el caso presente la historia *resulte cierta......* En fin dejemos a un lado las trivialidades. Estoy preocupada por grandes problemas que merecen toda mi atención. Se trata de asegurar

---

633 *Indómito*: indomable
634 Ver carta 208 p. 165
635 *A qué atenerme*: qué pensar

lo más pronto posible nuestra dicha.– Me preguntas por D. V. T.?[636] Pronto saldrá del Cayo en pos de nuevos ideales y de horizontes más amplios. Probablemente dejará su puesto a Federico. Hoy por hoy este puesto es el más solicitado por todos los que quieren *hacer algo*.[637] Figúrate lo que sufrirá nuestro pobre hermano en este medio abrumante. Yo creo que él no permanecerá tampoco mucho tiempo aquí. No es posible! No se puede cambiar de condición. *Pegaso*[638] *no nació para el yugo*. Esto es abrumante y aniquilador. Yo abrigo la certeza de un porvenir mejor. Una secreta esperanza de dicha futura me alienta y redime. Únicamente me aterra la perspectiva de la ausencia... Temo que no podré resistirla... estoy tan mal! No como, no duermo, no salgo a ningún lado... Vivo sola, dos veces sola: porque me faltas tú y porque me falto yo misma. Yo estoy allá contigo. No lo olvides. Y sabes que yo estoy delicada, no me expongas al sereno... Perdóname mis bromas. Yo no quiero mortificarme con preocupaciones *tontas*. Yo te adoro y sobre todo *sé que me adoras*.– Es la una de la tarde.– Pronto iré a poner las cartas al correo. Cuando regrese entraré un rato en el convento que está al doblar esta calle. Allí veré a mi amiga Sor Visitación de que te he hablado ya creo.– *Por acá el tiempo* parece totalmente calmado. Si acaso surgiera un conflicto de cualquier naturaleza sobre nuestros amores, me iré al convento solicitando el amparo de las religiosas. Allí permaneceré hasta que vengas a buscarme. Esta resolución es irrevocable y hace tiempo que lo vengo pensando. Yo no podría permanecer entre los míos si comprendiera que te eran hostiles. Yo me conozco. A la primer palabra que juzgara ofensiva no podría contenerme y *hablaría* desahogando toda la amargura de mi alma en una protesta enérgica y violenta. Para que esto no suceda lo mejor sería irse. *Espero sin embargo que no llegue el caso*. De todos modos iré una semana a vivir la vida del retiro que tanto bien me hará. Desde allí te escribiré extensas cartas que te llevarán mi alma y mi firme resolución de ser tuya pronto. ¡Oh los claustros! Me atraen con irresistible hechizo. *En todos los altares me parece verte,*[639] y en la penumbra misteriosa de las mudas naves hay algo del crepúsculo de tus miradas de ternura. Hay una indolencia lánguida en el éxtasis que restaura mi alma agobiada y me redime de la desesperación. ¡Qué dulce será soñar con tus besos, bajo el techo de las celdas! Allí se abrirá como una flor pálida y enfermiza tu recuerdo. Yo te asocio a todos mis desvaríos ideales, porque tú eres puro... como yo. Mañana tengo que ir allá a pintar durante el día. He hablado de ti a las hermanas. Ellas han simpatizado mucho conmigo. Al primer golpe de vista comprendieron que yo era de su grupo![640] – Amor mío – voy a finalizar mi carta y aún no te he besado. Qué anhelo tan hondo de tus besos! ¡Cuándo cuándo será?.... – Da su carta a Magdalena. ¿Qué cosa de importancia tenía que decirte Berenice? Estoy lo más descortés del mundo con ella. No escribo a na-

---

636 Diego Vicente Tejera (ver nota 83 p. 11).
637 Hacer algo (por la causa de la independencia de Cuba)
638 *Pegaso* (mit. gr.): caballo alado nacido de la sangre derramada por Medusa al ser decapitado por Perseo. Belerofonte lo montó para combatir a la Quimera.
639 Véase su poema "En el templo" p.86
640 Comentario perverso éste si consideramos lo que ha dicho antes: "¡Qué dulce será soñar con tus besos, bajo el techo de las celdas!" Juana no piensa, pues, en los claustros como espacios de renuncia del deseo, sino más bien de su intensificación. Más que de enclaustrar al deseo se trata del incentivo que a su llama ofrecen las cerraduras.

die. Además ella no necesita ver mis letras para saber quién soy yo.... – Dile que me disculpe. Supongo que la verás a menudo.– He trasmitido a papá tu recado. Él te escribirá –. Vida mía, mi Carlos! Cuánto cuánto te adoro! No temas que vacile ni sucumba ni tampoco que me humille. «La súplica no brota de los pechos – viriles y altaneros como el mío».[641] Yo sabré ser grande. No conozco la timidez femenil.[642] Ya lo verás. Alma mía, perdóname mis cartas tristes... te lo ruego. Son hijas de la fiebre y el desvarío. Ten confianza y valor. No te recomendaré que seas constante porque sería hacerte una ofensa. *Tu eres mío.*– Mañana me vendrán tus cartas. ¡Oh la impaciencia!

No estés triste alma mía. Yo me cuidaré para que la vida me alcance hasta entonces. Adiós soy tu novia indómita sumisa sólo para ti. Te adoro, soy tuya y lo seré siempre! Bésame bésame bésame. Soy *tu Juana.*

---

[641] Versos del poema "Adiós al Brasil del Emperador Don Pedro II," de Julián del Casal, publicado en *Hojas al viento* (1890). La cita, como puede verse, "viriliza" a Juana.
[642] Este comentario sobre la "naturaleza" de la mujer – particularmente en el contexto de la cita de Casal – da lugar a una especie de cuarto de espejos en el que las identidades masculina y femenina quedan definitivamente desestabilizadas.

227 [643]

Miércoles – 26 – 1896 – K. W.– 10 de la mañana – Sufro. Pero es necesario fingir..... y esperar. Acaso puedo sufrir?.... Es necesario ocultar en lo más hondo del corazón la herida incurable. Hoy me he reído mucho. He leído. Fue algo triste, es decir triste no, aunque sí para mí... Qué pesadumbre tan honda la de no ser comprendida por el ser adorado! Porque.... tú no me comprendes. Ayer me he convencido de ello, leyendo.... y quiero creer que no me entiendes porque no puedo juzgarte perverso... Siento la lastimadura dolorosa del que siendo grande no es comprendido. Mira; soy dichosa. Soy dichosa. No es esto lo que se me exige, lo que te alegra? Pues alégrate. Hoy me he reído tanto....! Me he reído con toda mi tristeza con toda mi desesperación con toda la amargura de mi alma lastimada. *Me he reído con todas mis lágrimas,* porque he sentido el corazón destrozado por una tristeza que no te diré nunca, ya que no has tenido la delicadeza de evitármela. Esta noche me vendrán tus cartas. ¡Ellas sí hablan el lenguaje del consuelo! ¡Ellas sí saben el idioma de la ternura!... Ya lo creo. Y me dirás «*cuídate*». Y me aconsejarás: «*no estés triste*» Claro! ¡A qué conduce estar triste..... ?» *A nada*. Para eso lo mejor sería no leer ni entender más que aquellas cosas que halagan el alma como por ejemplo las cartas de amor... De veras que ellas lo consuelan todo. Son el gran remedio. Y sin embargo yo te aseguro que mis desgarraduras íntimas del corazón, jamás se curarán, jamás jamás. Heridas recibidas hace siete u ocho meses todavía están abiertas y todos tus besos no lograrían cicatrizarlas! Tus besos, para mí más dolorosos que el arte y más dulces que la tristeza. Yo he bebido en tus labios el filtro del dolor. Del dolor supremo que purifica y redime. Qué alegre me siento!.. Bien mío no estés triste. Tu Juana *es dichosa*. Todo lo dichosa que se puede ser cuando se tiene el alma oprimida por grandes pesares. Esta carta es extraña. *Más extrañas* son ciertas cosas. ¿Acaso no tengo derecho a exigir que se me comprenda? Yo pudiera decirte que mi enfermedad obedece quizás a *cierta emoción penosa* recibida días pasados. Emoción *que tú no ignoras* porque tuve el poco orgullo de manifestártela. Para qué? Mejor la hubiera devorado en silencio. Si no has de respetar mi egoísmo sagrado para qué exponerte mis supremas susceptibilidades?.......... Tendré el supremo orgullo de sufrir en silencio. Ay! y también tendré fuerzas [*Roto*] contenta. Realmente hay cierto goce amargo en padecer. Hoy he amanecido mejor. No tengo más que 40 grados de fiebre. Te juro que no volveré *por mis pies* al cementerio. Si acaso una de esas felices impresiones que me oprimen el corazón hasta asfixiarme, corta de una vez mi triste existencia, iré, pero entonces no te habré desobedecido. Yo no tengo más preocupación que complacerte. Ya ves, me bastó una indicación tuya sobre el asunto de las cartas a Magdalena para que te concediera *toda la razón* y tomara la resolución de no escribirle una letra más. Yo tengo especial empeño en respetar tu egoísmo, aunque en esto me diferencie de ti, y experimento un placer inefable accediendo a tus menores caprichos. Jamás me consolaré de haber alguna vez lastimado tus susceptibilidades afectivas. ¡Como te adoro tanto..! Y te lo demuestro. Aunque tú me dijiste en una de tus cartas pasadas *que en tu espíritu había breñales*[644] *donde no habían penetrado mis miradas escrutadoras»* yo te aseguro que soy incapaz de lastimarte por maldad o torpeza. He comprendido perfectamente el fondo de sublime intransigencia, de noble exclusividad que constituye tu carácter. Todo mi afán es fomentar tu egoísmo. Dar la mano a un hombre me parece hacerte una ofensa, *quitarte algo* de lo que te pertenece por tantos derechos. Desde que te conozco no he escrito una letra *a ninguno*. He querido que mi letra sea solamente tuya como es únicamente tuyo mi corazón. Por eso no contesté a C. Palma[645] dándole las gracias, ni a López-Penha, ni a Cornelius Price,[646] ni a nadie... Después dejé de escribir también a las amigas. Únicamente a la pobre Magdalena por quien siento más compasión que cariño, continuaba escribiendo hasta que tu justa queja me vino a llenar el alma de remordimiento. Tampoco le escribiré más a ella. A ti sólo a ti! Ya ves... «*aunque no te comprendo bien todavía*» procuro complacerte. Te adoro en mis cartas, te adoro en mis pensamientos, *te adoro en mis recuerdos,* te adoro en mis noches de insomnio, en mis días de amargura en mis largas horas de fiebre. Pero te adoro absolutamente, a ti solo, sin admitir siquiera el recuerdo de otro sin usurparte[647] el tiempo que es tuyo *para dedicarlo a ensueños y creaciones* que no tienen que ver nada con nuestro amor.... Me comprendes? Quizás pienses que la fiebre perturba mi cerebro y provoca en mi mente el delirio! Éste sería el supremo sarcasmo. No bien mío, no deliro. Aunque tengo más de cuarenta grados de fiebre, conservo una perfecta lucidez moral que me permite *darme cuenta de todo*. Tengo la convicción amarga de que estoy justamente lastimada y comprendo que sólo el orgullo sería capaz de hacerme parecer conforme. Me siento mal. Y eso que me cuido. Dios y los míos lo saben. ¿No me has rogado: *cuídate*....– Pues me cuido. Cáusticos, píldoras, jarabes &... son tan eficaces! Además, tus cartas... Ellas sí me quieren! ellas jamás me hieren, ni me lastiman. ¿Por qué no me llegarán solas, sin nada más *sin nada más?* Oye: *no quiero recibir más que tus cartas*. Ellas me hacen feliz... Son tan elocuentes! Ellas me hacen creer *que ya el pasado para ti no existe, que sólo en mí piensas, que sólo a mí me recuerdas!* ¡Es tan redentor

---

644 *Breñales*: sitio de breñas (tierra quebrada entre peñas y poblada de maleza)
645 Clemente Palma (Lima, Perú, 1872 – 1946). Escritor modernista. Entre sus libros se destacan *Cuentos malévolos* (1904), *Mors et vitae* (1922), *Historietas malignas* (1924) y XYZ (1935). En éste último – una novela breve – junto a personajes cotidianos o corrientes aparecen endemoniados y fantasmas.
646 Edouard Cornelius Price (La Habana, 1870). Su padre era inglés y su madre cubana. Escribió versos en francés. Fue mediador en la correspondencia de Julián del Casal con el pintor simbolista francés Gustave Moreau. Casal – entre cuyas pertenencias se conserva un retrato dedicado de Cornelius Price – le dedicó el poema "La gruta del ensueño".
647 *Usurpar*: privar (de), quitarle a alguien lo que le pertenece

creer todo esto! *Por eso* no quiero recibir más que tus cartas.... Ellas me convencen de todo y me adormecen con su música inefable. Ellas saben tocar la fibra *crédula* de mi corazón y cuando me escribes «que no piensas más que en tu Juana» me siento dichosa. Para qué *perturbar* esta emoción inefable?... *Te digo que no me mandes más que mis cartas*... ¡Cómo tengo que indicártelo.....? Te creía más sagaz o *más compasivo*..... *No me mandes más* la H. E.[648] Es un ruego, es un mandato... No me la mandes más... o no me recomiendes que me cuide! Yo estoy mal. Sin embargo espero «que tus pruebas de amor» me curarán pronto... Pero no me mandes más que mis cartas. ¿Me complacerás? Yo te prometo estar alegre *a pesar de todo*. Aquí hay cerveza... Si fuera Champagne! Quizás me haría daño... No importa tengo mi dolor para embriagarme. El caso es estar ebria. Y yo lo estoy siempre de pena. Pero esto te entristece... Estoy contenta. Oh!...... ¿No lo crees? ¿No me enumeraste en tu carta pasada todas las condiciones que tengo para ser feliz? Tienes muchísima razón. Me quejo por gusto.[649] Soy feliz. De aquí en adelante jamás te diré que sufro. Mil veces te he manifestado sinceramente *cuál es mi carácter* y parece que aún no lo conoces. Qué vamos a hacer! Esta noche me llegarán tus cartas. Tus cartas *del Carlos mío. Del Carlos que me pertenece del que no me lastima*. Del Carlos que me entiende. Óyeme! te ruego que no vayas a pensar que pretendo tener influencia despótica sobre tus *creaciones literarias*. O sobre tus escritos… En ciertas cosas la voluntad del ser amado tiene que ser respetada. Sí a ti no se te ocurren ciertas delicadezas no seré yo quien te las indique... Lo *sugerido* no me satisface. Si tú no me entiendes qué voy yo a hacer? Te ruego que no te lastimes por esta carta. Yo hago heroicos esfuerzos por dominar mis penas y por cuidarme. Pero... ¿ha sido culpa mía? Si eres justo verás que tengo razón y si no me la concedes me importa muy poco. Sé que sufro. Sufro en silencio. El pesar aniquila mi espíritu. Yo *te envidio* esa capacidad de crear que se manifiesta de un modo *tan artístico* en tus párrafos de prosa............... Verdaderamente sorprende esa tranquilidad mental que te permite encarnar tus ensueños y *dar forma concisa y plástica* a tus recuerdos......... Yo no tengo más recuerdo que el tuyo. La ausencia me duele de tal modo que no me ha sido posible *coordinar* una rima. Ah! te amo lo bastante para estar bien triste. No me será posible escribir dos letras a otro que a mi Carlos!.... Para ti son todos los *«mensajes»* de mi alma, enferma enferma de fidelidad... Ni un recuerdo del pasado usurpa mi mente. Soy lo bastante grande para pensar *en ti solo*, y soy lo bastante tuya *para poder pensar en otra cosa que en nuestro amor*. Los mensajes de mi corazón van a buscar el albergue de tu alma. Los tuyos no vienen a mí... van impulsados por remembranzas de amores pasados *[Palabras tachadas]* No seré yo quien los detenga en el camino, pero sé lo bastante piadoso para no hacerlos llegar a mis manos. Yo *no quiero leer más que tus* cartas. ¡Ellas sí saben *convencerme!* Ellas sí me aman! Ellas sí son mías! Lo de-

---
648 *La Habana Elegante*
649 *Por gusto*: sin tener razón, sin una causa verdadera

más... me pertenece acaso? Tus cartas jamás me hieren. Son tan suaves, tan dulces, tan tiernas! Por eso siempre me consuelan. Por eso las espero con febril impaciencia... Son las doce.– No puedo más. El esfuerzo realizado me ha agotado. No importa. Tus cartas de esta noche restaurarán mi alma. Te adoro con locura y soy «*tu Juana*».

..El vaso donde muere esa Verbena.......»

Día. 28. Viernes —— Febrero —— 1896 —— K. W.

Mi bien *mi Carlos:* triste, muy triste porque en este correo me han faltado tus cartas, y además porque tengo el corazón oprimido por íntimas tristezas, te escribo alma mía porque soy muy desgraciada y muy tuya. ¡Oh tan tuya! Tan tuya *que por mi mente no cruza un solo pensamiento ajeno a* nuestro amor.... Qué falta me han hecho tus cartas! Era imposible que pudieran faltarme en estos momentos...... y sin embargo no me han llegado! Tus cartas! Tan elocuentes, tan mías que son! ¿Por qué todo lo que tú escribes no será como tus cartas?.... ¿O por qué no me llegarán ellas solas? ¡Oh mío! No me mandes más que mis cartas. Es un ruego. Hazlo *por prudencia* porque tengo el cerebro perturbado.... y ciertas cosas me exaltan hasta la demencia. ¡Cómo tengo esta imaginación!... Te escribí antier una carta demente hija del dolor y la fiebre. Mucho he vacilado pero estoy resuelta: Te la mando. Hay en ella frases duras que tal vez te parecerán injustas. No lo son. Yo sufría y no pude callarme. La queja brotó espontánea impulsada por el dolor. ¿Por qué no tendré amor propio suficiente para ocultar ciertas contrariedades? Es que te adoro! Te adoro como no lo sabes. Te digo que todavía no lo sabes. Cuando te des cuenta de mi idolatría no te parecerán extraños mis sombríos accesos de desesperación... Continúo enferma. La fiebre tenaz sigue su curso. Para escribirte hago un esfuerzo supremo que me parece sin embargo bien poca cosa junto al placer inmenso de escribirte. Yo no sé cómo está mi cerebro. Ya no tengo ideas ni aspiraciones ni nada. No me siento más que el corazón y dentro tú, latiendo y alentando con mi propia vida. De noche, cuando la fiebre me postra y el dolor me aniquila cruzo las manos sobre el pecho y me adormezco en un rêve doloroso..... Anoche tuve 41. Hoy he amanecido con 38. De noche me sube la fiebre invariablemete. No estoy grave. Ya ves que te escribo. ¡Oh mío! Qué falta me han hecho tus cartas! Ellas saben siempre consolarme porque conocen el lenguaje convincente de la ternura... Es una injusticia que se demoren o se pierdan. Jamás me consolaré de no haber recibido las que se han perdido. ¡Oh las amo tanto! Las amo con esa idolatría que me inspira todo lo que se relaciona con tu alma, todo lo que me viene de ti. Si supieras bien mío! estoy triste. *No sé por qué* me encuentro sola.. Anhelo con impaciente nostalgia tus cartas próximas que me confundirán con tu alma. Ellas me dejan siempre el alma vibrante de dicha y esperanza. ¿Por qué todo lo que leo tuyo no es como tus cartas........? ¡Yo no quiero leer más que tus cartas! Ellas nunca me hacen sufrir. No me mandes más L. H. E. Yo no quiero leer sino aquello que se relacione con nuestro amor.... Además... en el estado de delibidad cerebral en que me encuentro no puedo darme cuenta de literatura.... ni de arte... aunque este cansancio intelectual no me impide comprender ciertas cosas. Lo mejor será que no me mandes más periódicos. Y basta de *tonterías* y déjame decirte lo que tanto te he dicho: que te idolatro! ¡Oh! y qué bien lo comprendo en estos momentos! Cómo se me revela la magnitud de mi pasión! Por qué no podré interpretarla? Bien mío, bien mío! Perdóname mi carta de antier. Es en el fondo el grito de amor más alto que ha brotado de mi alma. ¡Ah! si tú pudieras comprender hasta dónde llega mi egoísmo! Bésame bésame! Yo jamás puedo hacerte un reproche bien mío. Me duelen ciertas cosas y sufro…... Hablemos de otra cosa. Estoy muy pálida, muy delgada y con el cabello corto parezco «*un tipo indio*». Tengo inflamado un ganglio de la mano derecha porque ya la anemia empieza a manifestarse en mi vulgar naturaleza. Sin embargo pronto entraré en convalescencia y entonces podré escribirte extenso, extenso... Amor mío no me es posible escribirte más. Te adoro te idolatro. Soy tu Juana enteramente tuya. Ábreme tus brazos y bésame con toda ternura. Te beso con salvaje pasión con afán de consuelo con todo mi amor y con todos los besos que faltaron en la otra carta. Soy tu Juana.

230[650]

Martes 3 Marzo 1896. Key West.

Mi Carlos adorado mío: Un cáustico que tengo sobre el hígado me impide escribirte pues me es completamente imposible sentarme. Recibí antier todas tus cartas, las atrasadas y las últimas. Qué pesar tan hondo no poder contestarlas extensamente! Esto es imposible pues me tienen absolutamente prohibido escribir una letra. Con cuánta tristeza tengo que decirte que no sigo bien! Lo que tengo es tifoidea que ahora hace crisis en estos momentos. La convalecencia será rápida. Cuánto sufro alma mía! Medicinas horribles, inyecciones de quinina, cáusticos, baños helados, y un sin número de mortificaciones desesperantes que tengo que aceptar para curarme. Desde mi lecho de dolor, te ruego me perdones mis últimas cartas. Los celos realizaron una vez más su obra perturbadora y te escribí unas frases crueles e injustas y que quizás te habrán sorprendido tristemente. Perdónamelas, olvídate de todo lo que no sea nuestra situación y piensa en que sufro tanto, tanto! Cuánto me aflige lo de tu reuma. Cuídate alma mía; no te expongas a la humedad. No me escribas mucho cuando te sientas mal. Tú antes que todo! Tus últimas cartas son tristes, sombrías y lúgubres, esto me apena profundamente. Es verdad que la suerte no se sacia en atormentarnos, pero acaso no tienes la seguridad de mi amor, y la seguridad de hacerme tuya?... Yo quiero consolarte desde aquí, comunicarte mi inmensa ternura, mis redentoras esperanzas. No estés triste bien mío, no te abandones a tus hipocondrías. La neurosis es una asesina implacable que extermina en el espíritu hasta el germen de la esperanza. Procura pues sobreponerte a tus sombríos accesos nerviosos que tanto daño te hacen y que tantas pesadumbres me causan. Bien de mi alma me es imposible seguir dictando a Elena porque la cabeza me duele atrozmente aturdida por la quinina la neuralgia el insomnio y la fiebre. Estoy llena de horror y de inquietudes con las cosas que están pasando allá. Te ruego por mi curación que te pongas a cubierto de todo peligro. Cómo voy a tener tranquilidad para curarme pensando que no estás seguro...? Oh no mi dueño! Resguárdate, guárdate para mí que te idolatro y que sufro tanto tanto! Adiós alma mía. Me es imposible escribirte una letra más. Me siento tan mal! Sin embargo la energía desesperada de los tratamientos clínicos triunfarán de mi mal actual y pronto se iniciará la convalecencia. Adiós mi dueño. Me arrojo en tus brazos y te beso con delirante locura y te juro que te idolatro y que soy tu
Juana.

---

650 EII 367 – 368. Última carta de Juana que se conserva. Murió seis días después, el 9 de marzo de 1896.

Mi buen hermano Carlos: Juana nuestra pobre enferma está mejor aunque es tan leve la mejoría que puede decirse sigue igual. No se asuste ni tema nada por ella, está muy bien atendida.[651] Cuídese Ud. mucho. Hoy me levanto de la cama después de una semana seguida que he pasado con fiebre. Ya estoy bien a Dios gracias. Espero hoy ver a mi Amado[652] al que no veo hace ya diez días. Adiós crea que no olvido y que siempre lo recuerdo con afecto. Cuando escriba a Fritz dígale que se cuide. Soy su hermana Helena.

---

651 *Atendida*: cuidada
652 Federico Uhrbach

II. 3. Otras cartas de Juana Borrero [653]

---

[653] En 1978 la editorial Arte y Literatura publicó una nueva edición de las poesías de Juana Borrero, lo cual le fue encomendado a Cintio Vitier y Fina García Marruz. Esa nueva edición incluyó 16 nuevas cartas de Juana Borrero, las cuales, afirman Vitier y García Marruz, les habían sido obsequiadas por Mercedes Borrero cuando "ya estaban en prensa los dos tomos del *Epistolario* de Juana", publicados en 1966 – 1967 (*PC* 9). Las cartas que ahora presentamos han sido tomadas de esa edición, titulada *Poesías y Cartas* de Juana Borrero. Hemos mantenido la numeración con que aparecen en *PC*. Esa fue, por cierto, la segunda de las dos únicas ediciones de la poesía completa de Juana Borrero que se haya hecho nunca. Al igual que sus editores, también nosotros hemos mantenido la ortografía original de las cartas. Ahora bien, puesto que la presente edición está igualmente destinada al lector especializado y al estudiante de los programas de literatura, decidimos rectificar unos pocos casos de acentuación, como son los casos, por ejemplo, de aquellas palabras al comienzo de párrafo que debían acentuarse, o en lo concerniente al acento diacrítico.

5

Leíamos, con quietud y grato anhelo,
De Lancellotte el libro cierto día
Solos los dos y sin ningún recelo;

Mas en tanto leíamos sucedía
que dulces las miradas se encontraban
Y tu color del rostro se perdía...
Un sólo punto nos venció... pintaban
Como, de la pasión en el exceso
En los labios amados apagaban

Los labios del amante con un beso
La dulce risa que al besar provoca.

Y entonces este, que a mi lado preso
Para siempre estará, con ansia loca
Hizo en su frenesí lo que leía......
Temblando de pasión besó mi boca.....

....
....

¡Y no leímos más en aquel día
   Francesca.
      Dante.[654]

MARTES. 10 DE LA NOCHE.

– EN MI CUARTO.–

Adorado mío, mi Carlos del alma, mi único dueño, casi a las siete de la noche me entregaron tus cartas que han sido para mi corazón herida y bálsamo[655] al par......[656] Herida porque me dices en ellas que sufres, que sufres mucho y bálsamo porque me aseguras que mi amor te consuela y desvanece tu pena. La idea de que sufres aislado y de que devoras en silencio la hiel[657] de los recuerdos que duelen como heridas incurables, es para mí tan cruel como dulce para mi alma la convicción de aligerar tu carga y de consolar de algún modo tu inmensa pena. Sí, déjame creer que al compartir tu pesadumbre la disminuyo de algún modo...... ¡Tenía ya antes de conocerte un anhelo tan ardiente de consolarte, de hacerte algún bien! Me he convencido de que mi amor con ser tan grande no te hace feliz *por completo*. Sé lo bastante grande para no desmentirme. Todavía queda en ti otro tú, otro espíritu independiente del ser que me has dado, y que tiene sus tristezas y sus alegrías parte de las tuyas, de las que yo consuelo. Esta idea desconsoladora me hace a veces llorar en silencio y me pregunto si jamás podré destruir con mi inmenso amor el dualismo misterioso de tu espíritu...... ¡No importa! ¡yo te amo! Jamás te faltará mi ternura y aunque pierda la dulce esperanza de disipar con la antorcha de mi pasión luminosa la densa noche que para siempre cayó sobre tu espíritu, tendré el supremo placer si no de consolarte tu pesar al menos! Siento un inmenso anhelo de llorar contigo las tuyas y mis pesadumbres... Siento un anhelo inmenso

---

654 *La Divina Comedia*, Infierno, V
655 *Bálsamo*: consuelo, alivio
656 *Al par*: al mismo tiempo que...
657 *La hiel*: la amargura

de besarte los ojos llorando y de sentir sobre la frente entristecida el roce trémulo de tus manos amadas! *Esta necesidad que no tiene nada de corpórea me asedia desde que te conozco, desde que comprendí que sufrías y que tenías un alma tan grande y triste como la mía.* Son tan dulces las caricias compasivas! Digo, *deben serlo,* porque yo *jamás las he sentido.* Siempre he llorado sola. Jamás he tenido quien me entienda ni quien haya llamado con mano leal al umbral de mi alma. Tú has sido el primero que te has aventurado[658] en la selva impenetrable de mi temperamento. ¡Ojalá viajero de mi alma, te extravíes en ella y no encuentres jamás la salida! No seré yo por cierto quien te enseñe el camino. ¡Si pudiera encarcelarte en mi alma, reclutarte en mi mente, sepultarte en mi espíritu y sumergir tu pensamiento en el mío como el reflejo de la onda! Lo lograré? ¿Lo habré conseguido ya?... ¿Lo sé yo acaso?[659] ¡Oh mi Carlos mi dueño, de qué modo tan absoluto te amo! ¡Cómo eres idéntico a mí! ¡cómo tu alma es grande como mi alma! ¡Cómo te necesito! .... Es muy tarde. Más de las once. Quiero dormirme antes de las doce porque esa es la hora de las evocaciones de ultratumba. Me dejan tan triste algunas veces! Yo también tengo quien me diga al oído «No me extrañes!» «¡no me extrañes!» *«¿Acaso estás sola?»*... Estas alucinaciones terribles y los continuados insomnios acumulados sobre mi cerebro me postran y conducen a un estado de desaliento indescriptible. Adiós mi único dueño, hasta mañana. Acércate déjame besarte y acariciarte mucho dulce amor mío! Vamos no te duermas triste para que no sueñes con ellos..... ni con ella..... Sueña conmigo. ¿Acaso no te agrada verme en sueños?.... Duérmete pensando en mí. Yo voy ahora a rogar a María, la siempre blanca, que te proteja y te conceda la paz del alma.. Son casi las doce. Adiós alma mía. Te beso te beso mil veces con ansias de hacerte dichoso y de consolar tus incurables tristezas. Hasta mañana; te adoro te adoro. Bésame. Adiós........ Tu Juana.

Miércoles.– 9 de la mañana.

Amor mío acaban de entregarme tu carta de hoy y enseguida te la contesto porque mientras reciba tus cartas es inútil que quiera contenerme y he de ponerme a escribirte aunque me muera. Mucho me alegra la idea de verte mañana. Me es tan necesaria tu presencia que ante la perspectiva de verte desaparece la idea del peligro...... Y sin embargo hay que disimular aún! Cuánto me duele decírtelo. Papá se queja de que no le concedemos la tregua prometida, y nos ruega que aplacemos[660] sin formalizar nada por ahora. No podemos declararnos desde ahora en contrarios decididos porque se perdería todo; laboremos en silencio y el éxito es seguro. No te insinúes mucho. No conviene. Literariamente, en los periódicos dedícame rimas de cierto carácter pero delante de él sé conmigo lo más frío posible. Sigue este consejo. Debo decirte que nuestra correspondencia está a punto de descubrirse por-

---

658 *Aventurado*: arriesgado
659 *Acaso*: quizás
660 Se refiere sin dudas a la relación romántica entre ellos, y a la cual se oponía Esteban.

que dice papá que ha sabido que nosotros dos «estamos ya en relaciones». El vigila el asunto y cuenta con medios eficaces para descubrirlo todo. Si él intercepta una de nuestras cartas supón[661] el disgusto que se me prepara... Sin embargo a pesar de esto te seguiré escribiendo porque no quiero que interpretes mi silencio por indiferencia. Mientras tú me escribas te contestaré tus cartas aunque me amenacen todos los peligros del mundo. ¡Oh el amor verdadero es temerario! Mañana cuando te vea hablaré contigo seria y largamente. Tengo que ponerme de acuerdo contigo sobre muchos puntos importantes. Ojalá que podamos hablar mucho porque los tormentos sufridos la otra noche me matarían. Quiera Dios no se continúe mañana la interrumpida conferencia sobre la eficacia de la Seroterapia[662] en el tratamiento de ciertos casos de hidrofobia[663] fulminante.......... ¡Cuánto sufrí la otra noche! Viéndote cerca y sin poder hablarte! Conque te dolía el Ud? A mí también! ¡Qué sarcasmos los de la sociedad! Cuánta falsedad cuánta afectación encierran las fórmulas sociales. Es necesario que allá para octubre seamos prometidos legales. Pon los medios para ello. De ti depende todo. Yo confío en ti como en Dios. Estoy casi segura del porvenir. Anoche estuve consultando los astros. Creo que su fallo nos es favorable..... Las estrellas de «Cáncer» brillaban límpidamente y estaban apagadas las dos estrellas mayores de la «Espiga». Esto es muy buen augurio. Indica próspera y feliz fortuna. Seguiré consultando el fallo celeste. Al menor cambio te aviso. Al menor aviso de las constelaciones favorables estaré alerta. Si durante cinco noches un bólido[664] no atraviesa perpendicularmente la constelación de «Orión» todo se ha salvado. Si por el contrario desciende una estrella filante[665] hacia el horizonte, es que aún tenemos que esperar. Confía en mi ciencia. Tengo ya tanta práctica que pocas veces me engaño. Yo tengo mi observatorio en la terraza del piso alto, una terraza que tú no conoces extensa y descubierta, que convida a soñar...[666] Allí quiero estar a tu lado. Allí quiero estrechar tu mano y perderme en el espacio con tus miradas en mis ojos y tu nombre en los labios. No sabes de qué manera me atrae la inmensidad del espacio estrellado. Es tan bello el dosel del infinito!

661 *Supón*: imagina
662 *Seroterapia*: tratamiento de las enfermedades por los sueros medicinales
663 *Hidrofobia*: rabia
664 *Bólido*: meteoro
665 *Filante*: en dirección
666 "De la madre [comenta Fina García Marruz refiriéndose a Juana] [tiene] el gusto por las mitologías antiguas, de que había sido estudiosa en su juventud, y por la astronomía" ("Prólogo" a *PC* 27). Debe recordarse, sin embargo, que en el modernismo – como apunta Ricardo Gullón – entró prácticamente todo, "sin negarse a nada: misticismo cristiano, orientalismo, iluminismo, teosofía, magia, hermetismo, ocultismo, cabalismo, alquimia". Ricardo Gullón. "Pitagorismo y modernismo" en: *Estudios sobre el modernismo*. Edic. Homero Castillo. Madrid: Gredos, 1968. p. 360. A esto hay que agregar los vínculos de Juana Borrero con Eulogio Horta, quien era aficionado a los estudios de magia, y fue delegado en Cuba de la *Sociedad de Estudios Esotéricos* de París. Juana Borrero se refiere a él en sus cartas como el "jefe de la Kábala" de los modernistas (*EII* 398 – 99). "Me sorprende agradablemente", comienza diciéndole a Carlos Pío en la carta 44, "la llegada del genial E. Horta. Hace tiempo que lo admiro, sin exteriorizar por supuesto mi admiración por lo que ella tiene de insignificante. Éste a mi ver es el *verdadero y único Jefe* que debe tener *nuestra hermosa kábala*.... Con él podremos obtener mucho por *mediación sobrenatural*. Consúltale sobre eso del *maleficio que te han echado en Puentes Grandes*" (*EI* 169).

Estoy hablando de la noche en pleno día lleno de sol. Siempre me pasa esto. Quisiera poder apagar el sol con un soplo y restablecer la primitiva sombra sobre el mundo. Esta noche consultaré de nuevo el aspecto de los astros. ¡Con qué impaciencia aguardo la aparición de Sagitario! Yo te avisaré el resultado de mis observaciones de hoy. Son las doce del día en este momento. El sol brilla en toda su fuerza. A las dos seguiré escribiéndote. Hasta luego. Recibe un beso dulce y tierno de tu Ivone. Un abrazo apretado de tu Juana. ¿No estás contento ¡oh dualista! ───── 2 y media de la tarde. ───── Amor mío, con el dolor de cabeza más violento que he tenido en mi vida te escribo casi sin saber lo que te digo. ¡Quiera Dios no vaya yo a escribir algún despropósito[667] de esos que te lastiman y me hacen sentir después la más cruel de las torturas. Después de todo! ¡si tú sabes que te amo! ¡Si estás bien seguro de lo que eres para mí y del lugar que ocupas en mi corazón, y sabes muy bien que yo no puedo jamás reprocharte nada! Si no existiera el ruego lo hubiera creado yo para hablarte..... ¡te amo tanto! Nunca sube para ti a mis labios el reproche..... La otra noche después que te fuiste y leí los *sonetillos* de marras....[668] te escribí una carta acerba cruel despiadada.... Entre las cosas que te decía te hacía comprender que *no estaba celosa*. Que lo que me lastimaba era precisamente la jarana,[669] la falsedad de ese dualismo que no puede existir en tu alma. Yo no comprendo como pudiste escribir con mano segura el nombre de ella tan cerca del mío... Hay ciertas cosas que dichas seriamente son trágicas pero dichas bromeando son simplemente crueles y el sarcasmo resulta sangriento. La carta que con este motivo te escribí la he quemado. Sin embargo no creas que me retracto[670] de ella. No lo creas. No te la mandé sencillamente porque no quería disgustaste, afligirte tal vez, en momentos en que nuestros corazones deben latir perfectamente al unísono.[671] No quería lanzarte por los senderos de la tristeza ahora precisamente que necesitamos marchar seguros por la única senda que conduce al templo de nuestra dicha. Además temí que tú interpretaras mi disgusto por celos, como ya otra vez hiciste cuando Pepe se puso a contarme indiscretamente que él te besaba........ ¿Qué podía importarme a mí que tú tuvieras el cuello blanco azul o verde? Lo que me disgustó fue que él con una insistencia que todavía no me explico me lo repitiera varias veces como lo hizo.[672] No sé si te dejó entender mi disgusto lo cierto es que a los dos días me escribiste estas palabras — «Oye *mi celosita* no dejaré que el Cuerno vuelva a besarme ya que esto te causa unos celitos tan hechiceros....» Esto me dolió, te lo confieso pero me callé por discreción y pasé sobre el asunto a la carrera por parecerme de difícil *desenredo*.[673] ¡Cuánto hubiera dado porque hubieses comprendido entonces el sentimiento de exquisito escrúpulo que dictó [674] mi disgusto...! Hoy temo que interpretes por celos lo que es todo lo contrario. No soy tan vulgar que vaya a encelarme de una *jarana* inocente.....

667 *Despropósito*: fuera de la razón
668 *De marras*: algo de sobre conocido por el que habla
669 *Jarana*: broma
670 *Retracto*: arrepiento
671 *Al unísono*: al mismo tiempo
672 Una vez más, para no variar, el deseo heterosexual en Juana está constantemente asediado por el homoerotismo.
673 Nótese la suspicacia de Juana.
674 *Dictó*: ocasionó

Pero *precisamente* me lastima *esa alegre intención* que se respira en esas risitas cortas, primorosas, delicadas, y finas como una aguja de oro que tuviese la punta envenenada. Hay ciertas cosas que no pueden decirse *ni jugando*. Conociéndome tú, conociendo mi carácter soberbiamente exclusivo me extraña mucho que te prestaras si no a versificarlo a proporcionar datos exactos que mi *«adorable»* primo no podía haber adivinado. Además el sonetillo en cuestión está como los otros admirablemente trabajado; y así como tu alma delicada se me oculta en él, tu factura refinada se transparenta en su versificación acabada y perfecta. No te había dicho nada hasta ahora porque creí que tú no aludirías[675] al asunto pero ya que tan idealmente me preguntas si me lastimó, quiero lealmente también responderte que sí. Soy demasiado noble y te amo demasiado para no confiarte hasta mi último pensamiento. Esto lo hago segura de que sabrás apreciar y comprender toda la pasión que palpita en mi queja. Ahora, no como castigo (¡alma mía!) sino *como penitencia merecidísima* te voy a copiar un sonetillo que hice con la misma intención «malignamente alegre» conque tú hiciste el tuyo. Juzga tú del efecto por ti mismo y quedamos en paz. Prepárate.... allá va!

Dualismo.

– A ellos –

Frente a tu imagen amada
Y haciéndote vis a vis,
La miniatura de Luis [676]
Tengo aquí sobre la almohada.

Ungió tu frente aromada
Como abierta flor de liz [677]
La escarcha de aquel país
Con su caricia nevada.

Mientras yo sepa querer
«Apolo» y Carlos serán
Mis ensueños de mujer,

Y en hermosa comunión
Unidos compartirán
Mi sensible corazón!

---

675 *Aludirías*: mencionarías
676 Luis Rodolfo Miranda, quien parece haber inspirado en Nueva York su soneto «Apolo» (*PC* 177). A propósito de esto, véase el primer terceto del sonetillo.
677 *Liz* (lis): Flor de lis (el lirio en su forma heráldica). Resulta significativa la mención de la flor de lis en un poema cuyo origen – y también su imaginería – es, precisamente, como la flor heráldica, *triangular*.

Como ves, está tan bien hecho como el tuyo. Ojalá que te sirva de experiencia para lo sucesivo. Ya estamos pagos.[678] Ahora tú por el tuyo me das un *estrambote*[679] *de besos* y yo por el mío haré lo mismo. Ahora óyeme: que no vayan mis últimos párrafos a desvanecer la dulce impresión que anhelo causarte con mi carta. Yo todo lo he olvidado. Me he decidido a hablarte porque espero que no me darás el disgusto de lastimarte y de sufrir por mis frases. Ya otras veces ha pasado que una sola frase mía puesta al final de una carta tierna mía ha destruído por completo la impresión primera hiriéndote y haciéndote sufrir la última palabra. Bien sabes *corazón de los dos* que por evitarte un disgusto daría mil veces la vida. Pero soy tan sincera contigo que no quiero ocultarte nada y vengo a ti a decirte con leal franqueza aquello que me ha podido disgustar en algo, porque quiero que hagas lo mismo conmigo. Quiero que reine entre nosotros la cordial intensidad de los esposos y no quiero que jamás por amor propio o quizás por delicadeza me ocultes aquello que te haga sufrir y que yo involuntariamente te haya causado. Si te disgusta el sonetillo regáñame mucho, dime todo lo que sientas que así aprenderé a conocer tu carácter, única aspiración que hoy me anima. Conque[680] quedamos en ello eh? Dame un abrazo. Otro. Otro... bueno...... Ya lo sé, sé que no lo hiciste con intención de mortificarme sino por pura broma para verme *«brava»*......[681] Se acabó! Ahora prométeme que acabarás de leer esta carta feliz y dichoso. Tengo que ser muy tierna. Te amo tanto, tanto......! ¿Tú no comprendes bien mío que yo jamás podré regañarte ni hablarte con dureza? Aunque algunas veces quiero hacerme la *seria* [682] es por darme tono [683] y *meterte miedo* lo cual no resulta pues tú de sobra[684] me conoces en la cara el ansia inmensa de *hacer las paces......¿Non e vero?*[685] Bueno, pues ya que no puedo seguir fingiendo me echo a reír y te doy mil besos consentidores y larguísimos....... Quiero verte completamente feliz y sufriría mucho si comprendiera que te han dolido mis párrafos del otro pliego. Sabiendo esto no te lastimarías ¿verdad sol mío? Además tú de sobra sabes que mis palabras cuando están un poco fuera de tono,[686] son hijas de mi carácter excesivamente celoso. Mira te juro que ya estoy arrepentida de haberte incluído el sonetillo....... Si no me doliera tanto la cabeza y no fuera tan tarde rompería este pliego y comenzaría otro. Son las cinco y media. Desde las dos estoy escribiendo y el dolor de cabeza me postra a pesar mío. A la noche vendrá Pepé[687] y me traerá carta tuya. Esta mañana recibí por correo un solo pliego tuyo que te agradecí con toda el alma. A la noche antes de acostarme te copiaré las estrofitas que cierran mi librito

678 *Pagos*: parejos
679 *Estrambote*: conjunto de versos que por gracia suele añadirse al final de una composición métrica, especialmente el soneto
680 *Con que*: De modo que
681 *Brava*: enojada
682 *Seria*: enojada
683 *Darme tono*: darme importancia
684 *De sobra*: muy bien
685 *¿Non e vero?*: ¿No es cierto? (*ital.*)
686 *Fuera de tono*: fuera de lo correcto
687 ¿José Francisco Piedra? (*PC* 178) "Pocos datos", dicen los editores del *Epistolario*, "conocemos de la vida de este poeta menor nuestro, amigo de los Uhrbach, novio de Dolores Borrero, la hermana de Juana, que se incorporó a las filas mambisas en 1895" (*EII* 401).

de Rimas. Deseas que sea yo quien le busque el título...? ¿Y es posible que creas que mi gusto estético se amolde[688] al tuyo hasta el punto de coincidir en la elección del título que a veces es lo más importante. ¿Y si el que yo te indique te echa a perder la composición? No has pensado en eso? Yo leyéndolas para mí las titularía: «Trinos de oro, mensajeros de notas rítmicas» o «Estrellas filantes desprendidas del mundo sideral de los sueños», pero como tú comprenderás estos epígrafes son demasiado *lacónicos*...... ¿Por qué no las titulas «Bólidos»,..? es un título precioso. Si quieres y te parece oportuno titularlos como las que te dediqué «Vibraciones». Soy incompetente en estas materias. Temo destruir el efecto de esas bellas estrofas aplicándoles un título inoportuno. Aunque por ahí se empeñan en creerme «un talento» cuando llega la ocasión me luzco[689] siempre........! Estoy hecha una *«estólida»*... No produzco nada ni una mala rima. La verdad es que estoy preocupada con nuestro problema... *Los acontecimientos* han demorado mi viaje a Marianao pero no pasaré tres días más aquí. Mañana te veré si Dios es tan bueno que no se opone a ello, y como espero tener oportunidad hablaré mucho contigo. Mira oye esto: si no estás ya comprometido a traer a Diego Vicente[690] y a Lara,[691] no los traigas. Viniendo ellos será necesario avisar a papá si por fortuna está fuera y además tendría yo que atenderlos algo circunstancias estas dos que echarían por tierra[692] nuestros planes. ¿No crees? Después de todo esto no es más que un consejo. Si tú has dado a ellos palabra de traerlos, ven con ellos ¡qué vamos a hacer! Esta noche sufriré mucho *viéndote no llegar* pero la esperanza de mañana me consolará. Te mando con Piedra un abaniquito que quiero que uses. Es lila y azul. Amor y ensueños. Estoy tan idiotizada ya que no he podido concluir unos rondelitos que tenía para escribirlos en él...... El chino me dijo ayer que yo *«complaba mucho panico»*.[693] Oye corazón mío nada de lastimarte por el sonetillo estúpido que he tenido la vulgaridad de insertarte en estas frases que yo quisiera que llegaran a ti dulces como besos suaves, como frases, tiernas como caricias conmovedoras como lágrimas........ Carlos Carlos mío! Cuánto te adoro! Cuánto te adoro! Recuérdame siempre. ¿Anoche besaste mi retrato? Lo sentí! Bésalo mucho, te ama tanto tu solo tuya. Te adora tu esposa tu blanca novia. Juana.

---

688 *Se amolde*: se adapte
689 *Me luzco*: sobresalgo, me destaco
690 Diego Vicente Tejera
691 Héctor Piñango Lara, cónsul de Venezuela en Cuba. Colaboró en *La Habana Elegante* (*PC* idem).
692 *Echarían por tierra*: destruirían
693 *Complaba mucho panico*: compraba mucho pan

6 [694]

Mensaje nocturno.– Para mi dueño de su novia celosa y tierna; de su Ivone y de su Juana – Para mi Carlos.

Viernes 24 1895. 2 y media de la madrugada.– Alma mía; acaba de despertarme una pesadilla horrible que todavía me hace estremecer de angustia. En el estado de excitación nerviosa en que me ha dejado mi triste sueño, es inútil que pretenda volver a dormirme. Volvería a tener sueños angustiosos que me hacen mucho mal. Así pues me pongo a escribirte para consolarme y recobrar la calma. Si estuvieras a mi lado ¡cómo me tranquilizarían tus besos! En cuanto amanezca me dormiré después de haber tomado bromuro para ver si repongo mis fuerzas agotadas por el insomnio. No te inquietes por esto alma mía porque no me hace absolutamente ningún daño escribir a media noche, pues a ello estoy muy acostumbrada. Además como son inútiles mis esfuerzos por dormirme no encuentro mejor entretenimiento que escribirte. No he sabido hoy de ti. Ignoro si estás aún en la Habana, si te encuentras bien y si llevaste mi carta a la gentil Berenice. Tengo para ti un pliego escrito ayer pero no pude enviártelo por no haber venido hoy de casa ninguna *iniciada*. Yo estoy mejor. No me explico el nerviosismo de esta noche. Espero que pasará tan pronto como duerma un par de horas. Ayer tuve muy poca fiebre y hoy solamente *dos décimas*. No hagas caso de informes exagerados. Fíate de mí que no te engaño o pregunta a papá. Si no me sintiese bien me callaría y así no me vería en la necesidad dolorosa de engañarte. Ten la seguridad de que estoy muy mejor. Pronto quizás podré volver a mi casa[695] y entonces todo cambiará de aspecto. Presumo que sufriré mucho en estos días pues sé que ha habido tormenta por Puentes Grandes y no me es posible intentar ningún plan para verte. Y yo necesito verte y hablarte. Me es imposible vivir sin ti y esta situación no puede prolongarse demasiado. En una de tus últimas cartas vienen frases que reaniman todas mis esperanzas y me infunden valor y fe en el porvenir que llegué a ver muy nublado hace días. Siento en mí energías que ni aun había sospechado en mi carácter soñador y melancólico. Tengo el valor de las heroínas y las fierezas de los tigres[696] hircanos.[697] Te siento tan mío que me parece un absurdo la idea de perderte. Los que pretenden que te olvide no se han hecho cargo[698] aún de mi amor infinito. Yo te amo cada vez más profundamente, y no estoy dispuesta a quitarte ni un ápice [699] de lo que

---

694 *PC* 180 – 181
695 Según los editores de PC, la carta fue escrita probablemente en la quinta Larrazábal, de la familia Diago, en Marianao, a donde habían llevado a Juana por motivos de salud (*PC* 180). Véase también la carta 71 en la que Juana se burla de los médicos que la atendían.
696 Véanse las cartas 210 y 219
697 *Hircanos*: de Hircania (país de Asia antigua)
698 *Hecho cargo*: dado cuenta

te pertenece. Soy tuya tuya y tuya! Y seré tu esposa aunque se hunda el universo. Nadie es capaz de separar nuestras almas unidas por el vínculo estrecho de los amores sublimes y levantados. Ten fe y valor y confía en mí como en el amor de tu madre.[700] Escríbeme. Dime una vez más que te sientes capaz de matarme en un arranque celoso! Esto me halaga no sabes cómo.[701] Yo también soy así. ¡Ay! .... y en ocasiones suspiro por la rival *imaginaria* que me hace sentir la nostalgia del combate. Esto quizás te hará reír pero es lo cierto que a veces quisiera verla surgir ante mí tangible y corpórea para destrozarla entre mis manos. La mujer más hercúlea, la más *imponente — y tú sabes bien por quién lo digo* — no me inspiraría más que desdén. ¡Tanto confío en mis fuerzas centuplicadas por la pasión! Lo malo es que están lejos. Mira amor mío, no me hagas caso porque a veces desbarro de lo lindo cuando me figuro que donde quiera surge una mujer que viene a quitarme mi Carlos. Soy una egoísta terrible y te amo mucho, mucho, mucho....... Creo en ti como en mí misma y sin embargo a veces *por costumbre* me pongo a cavilar.......[702] Viene una carta tuya y se me pasa todo. Perdóname mis tonterías pero estoy bajo la influencia de mi pesadilla..... ¿La esperabas? ¡Quizás te la cuente algún día! Adiós cielo mío. Bésame largamente y abrázame con pasión delirante. ¡Me hacen tanta falta tus besos y tus caricias. Oh, si estuvieras aquí! ¿Me dormirías en tus brazos como a una niña malcriada....! Qué dulce fuera mi sueño! ¡Ay de mí! Por qué estás tan lejos?..... Carlos! cuánto te amo! ¿Cuándo podré verte? Lo anhelo con toda mi alma. Déjame besarte déjame acariciarte con toda la ternura que hay para ti en mi alma. Te adora tu novia, te besa tu Juana.

---

699 *Ápice*: parte pequeñísima
700 Otra circunvalación del deseo que ahora bordea la relación incestuosa.
701 Ya hemos insistido en la pulsión de muerte que atraviesa y sostiene la pasión de Juana, su escritura, pero también su relación con Carlos Pío. La expectativa de una muerte violenta (crimen, suicidio) prefigura una escritura fundamentada en el freudiano *más allá del placer*. Estamos ante la puesta en escena de una escritura cuyos fundamentos son la fisura, el intersticio de los bordes, y cierta cualidad táctil en la que el goce sería inconcebible sin el arponazo, la cuchillada.
702 *Cavila*r: pensar con intención o profundidad en algo

8 [703]

...Así a veces la mano más querida
Sólo al tocar el corazón lo hiere...[704]

SULLY PRUDHOME

DOMINGO 5 DE LA TARDE.
14 DE JULIO DE 1895.

Carlos de mi alma mi pobre Carlos!... te escribo alma mía llorando y desolada porque tu carta, tu esperada carta de hoy, ha sido para mi alma una saeta[705] de fuego que ha penetrado en mi corazón en mi pobre corazón que tanto te adora, sí, que tanto te adora! ¡Alma mía la idea de haberte causado el penar que se traduce en tus acerbas y desoladas frases me mata me mata! Mírame estoy llorando..... ¿Cómo es posible que pienses que yo pueda arrojarte de mi corazón pobre alma mía? Si te amo si te adoro tanto, tanto! Perdóname, te lo ruego por la memoria de tu padre y por el apellido de tu madre y por tu hermanita muerta, el pesar que involuntariamente te haya podido causar mi insinuación estúpida..... Siempre seré una imbécil! ¿Y habrá quién se atreva a decir todavía que escribo con talento? De qué me sirve mi talento ¡ay de mí! si con una sola frase he de hacer sufrir al ser que más amo en la tierra? Carlos Carlos! ¿Que no te entiendo? ¿Que no te comprendo? ¿Que eres para mí un enigma? Ay! amor mío, estas sospechas tuyas son por lo crueles el único castigo que merecen mis estúpidas frases...! ¿Que no te comprendo?.... ¿Crees que si te juzgara igual o parecido siquiera a los demás *animales* que pueblan el mundo te hubiera hecho comulgar con la historia de mi alma te hubiera dado mi corazón ni te hubiera consagrado mi existencia?... ¿Que eres para mí un enigma? ¿Crees que sin comprenderte que sin escrutarte[706] me hubiera atrevido nunca a pedirte cómo te lo diré? a insinuarte, a dictarte un código tan fuera de la ley común y de las tendencias de todos los hombres......?[707] Respóndeme! ¡Que te excluya de mi alma! ¡Que te abandone de nuevo a tu destino lúgubre! Que adónde irá tu alma? Adónde ha de ir corazón mío sino a mi alma que la alberga y la necesita? Óyeme por tu vida! Estas lágrimas que derramo no me las haces verter tú alma de la mía, las derramo yo porque soy una imbécil salvaje que no sabe lo que dice. No me digas que me has hecho sufrir alma mía. Te equivocas si eso piensas. Oye bien

---

703 *PC* 186 – 191
704 Versos de "El vaso roto", de Sully Prudhome, en la traducción de José Antonio Cortina, fechada en 1881 e incluida en su colección *Ecos perdidos*, impresa y no publicada (*PC* 186).
705 *Saeta*: flecha
706 *Escrutarte*: verte por dentro
707 Alude seguramente al pedido que le hizo de renunciar a poseerla sexualmente.

esto: las únicas alegrías que he experimentado en mi vida me las has proporcionado tú! La inmensa dicha de ser amada por ti me consuela de todas mis pesadumbres pasadas presentes y venideras..... Tú me haces feliz tú eres mi consuelo y mi único refugio en mis horas de horrible tortura moral o de profunda desolación. Sin ti qué sería de mí? Tú no me has hecho sufrir dueño mío. Desecha esa lúgubre obsesión que te destroza el alma! Hacerme sufrir! ¿Tú que eres mi única alegría mi único consuelo mi única esperanza!? La que te ha hecho sufrir soy yo alma mía con mis incorregibles estupideces..... Acuérdate y piensa que de todo he tenido yo la culpa. Estás en tu derecho! No te decía que me regañaras la otra noche? Dices que no te juzgo excepcional y puro? Por Dios y por Casal te ruego que no vuelvas a repetir esas tristes palabras. Sé perfectamente como eres. Y para convencerte de esto te voy a decir una cosa que te suplico entiendas *porque en otra ocasión que en esta no te la diría:* Es tan elevada la opinión que tengo de tu personalidad moral que sintiéndome pura como me siento, *«me fío mucho más de ti, que de mí».* Esto es lo más que puedo decirte para desagraviarte. Te basta? ¿me has comprendido? Carlos de mi alma ¡perdóname! Mírame, estoy llorando y los sollozos casi me impiden escribirte... Perdóname adorado y rompe si te parece esa carta imbécil que te hizo sufrir amor mío, y que irá siempre como un remordimiento sobre mi conciencia. ¡Oh! ¡En estos momentos de supremo dolor es cuando comprendo que te amo! La pesadumbre inmensa de haberte causado un pesar me desconsuela tan profundamente que si no te amara como te amo en este último momento me quitara la vida. Y no estás tú a mi lado! ¡Ay si estuvieras cerca de mí te ibas a convencer de que te adoro y de que te comprendo. Tu resentimiento alma mía es justísimo...... pero mi dolor es inmenso...... Vamos perdóname! ... ¿No ves que estoy llorando? .. ¿No ves que me muero de desesperación? Abrázame! Dame un beso.... te juro por la pasión que me inspiras y por la memoria venerada de Casal que ni remotamente me fijé en lo que te escribí que tanto te ha afectado. Qué te decía? ¿Qué yo había observado que tu pasión era terrena y material? Habráse visto estupidez más grande? En este momento llega *La Habana Elegante* y leo lo que Ambrogi[708] escribe sobre mí. Él también me concede talento.... pero es porque él no sabe que yo soy una *disparatada estúpida*[709] que hago sufrir con mis desplantes a mi Carlos de mi corazón que es mi vida y el alma de mi alma. Cielo, cielo mío! Perdóname, perdona a tu Ivone que te lo suplica llorando...... Te juro que ni por un momento se me ha ocurrido la idea de desconfiar de ti..... Abrázame por Dios te lo suplico y perdóname. ¡Si yo te creo un ser puro y grande como yo y si tu alma es tan blanca o *quizás más* que la mía! ¡Si tú eres para mí lo primero en el mundo, si más arriba de ti no hay más que el

---

708 Arturo Ambrogi (1875 – 1936). Escritor salvadoreño, hijo de italianos. Comenzó a publicar en 1890, y al año siguiente ya colaboraba con *La Habana Elegante*. Publicó también en la revista *Azul*, y en la *Revista Ilustrada* de Nueva York. Usó el pseudónimo de «Conde Paúl». Entre sus obras pueden mencionarse: *Bibelots* (1893), *Cuentos y fantasías* (1895), *Manchas, máscaras y sensaciones* (1901), *Al aguafuerte* (1901), *Sensaciones crepusculares* (1904), etc.
709 Justo en el momento en que se recrimina tan fuertemente a sí misma, llegando a negar su propia inteligencia, Juana Borrero menciona el elogio suyo – de su inteligencia – aparecido en *La Habana Elegante*.

espacio infinito! Perdóname tu Juana te lo ruega! No me acuesto a descansar esta noche si no me perdonaras y te pones alegre. ¡Ah cuando te vea! Quisiera poder mandarte a decir: «ven enseguida» pero no puedo! Estás lejos de mí! El martes por la noche te espero aunque se hunda el mundo. Entonces aunque no quieras tendrás que perdonarme. Te voy a rogar de un modo! Oye alma mía; ¿jamás te han suplicado? ¡Pues el martes sabrás lo que es eso! Te suplicaré de tal modo que me perdonas y te probaré de un modo tan completo que te amo que serás feliz yo te lo aseguro. Corazón mío, si pudieras sospechar la angustia inmensa que me causa el pensar que te he hecho sufrir con mis tonterías pueriles de recelos que *después de todo no siento*........! Mira, no merezco ni que me perdones. Sabe alma de mi alma mi bien amado, mi Carlos de mi corazón que todos esos *preseos míos* [son] para que tú me repitas una vez más lo que tan feliz me hace. ¡Oh si pudiera darle a mis palabras escritas el ruido del sollozo, la inflexión de la súplica![710] Si pudiera besarte dulcemente para borrar con mis besos la tristeza, que mis nunca bien malditas palabras, arrojaron sobre ella! Carlos Carlos mío, te lo suplico te lo ruego....! Ponte alegre y perdóname. Mira tu Ivone te lo pide «piangendo». No digas más que me haces sufrir. Si yo no fuera tan «estulta» me ahorraría la mitad de las lágrimas que derramo. Yo, yo tengo la culpa y no tú bien mío. Quién me manda a escribir cosas que no siento? oye: mi confianza en ti es tan ilimitada que muchas veces he acariciado la idea de dormirme en tu hombro tan tranquilamente como en los brazos de mi hermana.[711] Esto te lo juro *por ti*, por tu amor y por el mío. Mira cielo estoy muy triste.. No he bajado a comer y me pasaré la noche en vela pensando en que tú quizás estarás sufriendo por mi causa. Óyeme alma mía! te ruego con las lágrimas en los ojos que me perdones y me des un abrazo apretado y un beso de paz muy dulce muy dulce... He sufrido hoy tanto moral y físicamente! A las dos y media me acometió con tal violencia la tos que al momento vino a mis labios una ola de sangre roja que me asustó un poco y me hizo llamarte casi en voz alta.. Más de diez minutos estuve arrojando sangre sin interrupción y tuve el valor suficiente para no llamar a nadie hasta que la hemorragia disminuyó.........[712] Entonces me hicieron acostar y me quedé tan quebrantada que me sentía morir... Así estuve hasta las cuatro y media hora en que mandé al correo a ver si en el de la tarde había venido tu carta...... Y tu carta vino! Si tú hubieras presenciado esos momentos esa trágica transición de la alegría más profunda a la más profunda desesperación te hubieras conmovido y me hubieras perdonado. Cuando me dieron tu carta.... mi dolor físico desapareció mi tristeza se desvaneció como por encanto y me levanté saludable y ansiosa y empecé a leer.... cuatro segundos después me arrojé sobre mi lecho sollozando tan violentamente que vino mamá a preguntarme qué era. Le dije que lloraba porque tú estabas malo y me consoló lo mejor que pudo. Ay alma mía pero el pesar de esta tarde sólo tú puedes curarlo con tus palabras persuasivas y con

---

710 Véase la nota 595 p.185
711 Véase nota 591 p.183
712 Julián del Casal murió de una súbita hemorragia, provocada por la rotura de un aneurisma, durante una sobremesa. Juana parece, pues, "revivir" la muerte de Casal.

el óleo de tu perdón..... Vamos perdóname! No ves que estoy llorando? ¿Serás inflexible con tu pobrecita Ivone que tanto te ama y que por poco se muere hoy sin verte antes de morir? Abrázame. Dime que me crees que me amas y que me perdonas. Por tu vida no te acuerdes más de eso! Yo te juro que te creo y que tengo en ti más confianza que en mí misma. Carlos mío, cuánto sufro pensando que mis disparates te han hecho sufrir! Si lo supieras, si lo imaginaras, me perdonarías. Cómo es posible que creas que yo pueda dudar de ti? Cuando te vea te voy a dar una prueba de confianza....... ¡Que te dejará convencido! Ven el martes en el tren de las ocho y tráele a papá algo que creo recordar me dijiste que debías traerle. «Ven inmediatamente» pero no te lo digo autoritariamente y telegramáticamente sino suplicante agonizante desolada. Oye mi ángel déjate de atormentarme pensando que me haces sufrir; yo soy la que te causo tristezas sin aprender nunca a ser delicada. Tú lo has dicho, soy una india en casi toda su pureza. Tú lo dijiste de mi tipo pero yo lo digo de mi educación y de mi manera de ser. ¿Cuándo aprenderé a hablar contigo?.. Ya te he dado dos o tres disgustos con mi modo de expresarme. Carlos mío, mi parnasiano mi desheredado ven a darme un abrazo apretado interminable que borre toda huella de disgusto... ¿Eh? Estoy perdonada? ¡Sí perdóname! Bésame, te amo tanto, tanto! Estoy tan triste! Piensa que el mejor día me muero de una hemoptisis[713] y entonces qué cruel será mi corta agonía pensando que te hecho desgraciado! Quiero estar siempre en paz contigo. Mira vamos a hacer las paces ¿quieres? A la una a las dos a las tres recíbeme! Así bien apretado y eterno. Ahora bésame y sécame con tus labios los ojos llenos de lágrimas ¿Conque reconciliados eh? ¡Qué bueno eres! Cómo te adoro! Cómo creo en tu palabra, cómo te encuentro superior a todo, *a todos!* Carlos corazón mío. Mi ángel mi alegría y mi consuelo.... perdónale a tu Juana sus tontas dudas que tanto te hacen sufrir! Déjame darte un bese larguísimo que borre las huellas de la borrasca. Te adora tu Ivone. Cuídate: si sigues mal del pie no salgas a caminar en tiempo lluvioso. – Esto te lo digo por tu bien – te besa tu Juana

> Consuélame! tus frases persuasivas,
> Hacen abrir la flor de mi esperanza!
> IVONE

12 DE LA NOCHE.

Adorado mío, mi bien amado, mi Carlos.. Antes de cerrar los ojos para dormirme a soñar contigo quiero decirte que necesito que me asegures que estoy perdonada. No podré dormirme pensando en el disgusto que te he dado y en lo estúpida que he sido alterando esta paz inefable que reinaba entre nosotros. Yo me siento mal muy mal me siento desfallecer de pena y aisla-

---

[713] Poco antes de morir Casal el doctor Francisco Zayas diagnosticó que padecía de «tumores en los pulmones» Véase: Emilio de Armas. *Casal*. La Habana: Letras Cubanas, 1981. pp. 214 – 218. No obstante haberse concluído que la muerte de Casal había sido ocasionada por la «rotura de un aneurisma», hay muchas probabilidades de que se hubiese tratado de una hemoptisis provocada por la tuberculosis.

miento. Te adoro te adoro! Me mata la idea de haberte hecho sufrir. «¡Perdóname mi bien yo creo en ti!»

Adiós amor mío consuélame en tu perdón, perdóname con tu amor y ámame con toda tu alma tan blanca y tan triste. ¡Oh mi bueno! ¡oh mi pálido! ¡oh mi siempre mío! Dame un abrazo muy tuyo y un beso muy tierno......

Adiós!! Perdóname te lo suplico. Te idolatro te lo juro. Eres mi único amor y mi sola esperanza. Hasta mañana.

Recuérdame ámame y perdóname.

Tu solo tuya
Juana.

Te mando las cartas escritas antier y ayer para que veas lo alegre que estaba antes de saber que te había hecho sufrir.

Ivone.

II. 4. Dos cartas de Carlos Pío Uhrbach a Juana Borrero

Dos de la tarde.⁷¹⁴

Habana 1° de ¡marzo! de 1896.

Mi Juana mía. Vengo a contestar tus cartas de ayer. Hoy mi tarea será comentar ese pliego del día 26, escrito con letra tan menuda que no quedó lugar para un beso. Lo he leído infinitas veces y cada una de ellas ha despertado nuevas sensaciones todas dolorosas porque reflejan tu pena. Empiezo: «quiero creer que no me entiendes porque no quiero juzgarte perverso».... Siempre te he dicho que eres para mí un misterio. ¿No es verdad? Sigue a esas frases un párrafo sarcástico, lleno de todas las ironías de que es capaz un talento como el tuyo y yo merecía por haber escrito una crónica para el periódico, con quien estoy obligado por haberle vendido mi pluma... Me finges una alegría tan alegre que me ha hecho llorar. Te doy, dado mi carácter, una prueba de amor revelándote esta debilidad. Continúo: «heridas abiertas hace seis u ocho meses todavía están abiertas y todos tus besos no lograrían cicatrizarlas»! .. Guardo estas palabras y nunca las olvidaré. Ellas traen un remordimiento: el de haberte hecho sufrir: y una certidumbre: que soy ineficaz para tu dicha, pero también pueden ser mi justificación... Sigo: «yo podría decirte que mi enfermedad obedece quizás a *cierta emoción penosa, recibida* días pasados.⁷¹⁵ Emoción *que tú no ignoras,* porque tuve el poco orgullo de manifestársela». Yo te aseguro bajo mi honor que no la sé. De seguro no entendí cuando me la escribiste.– Más adelante dices: «yo te aseguro que soy incapaz de lastimarte por maldad o torpeza»... Yo en cambio sí: por ambas cosas. Mi alma y mi inteligencia tienen la misma capacidad y están al mismo nivel. Desengáñate. Soy un hombre perfectamente *vulgar...* Adelante:... «sin usurparte el tiempo que es tuyo *para dedicarlo a ensueños y* CREACIONES que no tienen que ver nada con nuestro amor» y dices a renglón seguido que no imagine que la fiebre te perturba, porque sería *el supremo sarcasmo.* No lo comento.– Después: «*no quiero recibir más que tus cartas».* «Ellas me hacen creer que *ya el pasado para ti no existe, que sólo en mí piensas».* «*Te digo que no me mandes más que mis cartas».* Te creía más sagaz o *más compasivo.»* «No me mandes más L. H. E.»!... Comprendo. Todo esto debe ser por un mensaje que escribí para Horta: Cuatro líneas en las que retrataba a su novia, *a quien no conozco.–* Ten la seguridad que no recibirás más el periódico por conducto mío. Como tu carta no puede ser comentada toda, porque llenaría yo varios pliegos, tan dolorosos de escribir como mortificantes de leerlos, voy a abreviar: Ya casi al final hay esta frase de un sarcasmo tan cáustico que si no me

714 Carta 228 (*EII* 362 – 364)
715 Véase la carta 227 de Juana Borrero p.193

fuera conocida tu letra dudaría de su autenticidad: «*Yo te envidio* esa capacidad de crear que se manifiesta de un modo *tan artístico* en tus párrafos de prosa...» «Soy lo bastante grande para pensar *en ti solo* y soy lo bastante tuya *para poder pensar en otra cosa que nuestro amor*». Bueno. Lo primero: el arte que encuentras en mi prosa es una burla. Lo es porque sabes que esas crónicas se hacen a vuela pluma, apremiado por la solicitud impaciente del periódico que espera; sin tiempo para cincelar la frase, pulir el concepto o labrar la metáfora. Respecto a la grandeza para amarme a mí solo tienes razón. Yo soy lo suficientemente pequeño para después de consagrarte todos mis sueños, todos mis recuerdos, poder ocuparme de letras y trabajar para un periódico que me obliga porque remunera mi labor. Esta sí es una pequeñez, vender la pluma. Soy en verdad un abyecto.– Dices que mis *mensajes* «*van impulsados por remembranzas de amores pasados a buscar los cerebros cómplices*». Esa es una equivocación. Ese *mensaje* se refiere a una mujer a quien jamás *he visto* y tampoco he tenido *cómplices* en mis viciosos extravíos de antaño. Siempre el exclusivismo ha sido la nota característica de mi ser moral. Y concluyo aquí porque ese análisis de tu carta es triste y doloroso. En la del lunes que no recibí hasta ayer aludes a «la prodigiosa capacidad poética que me permite elaborar estrofas magistrales en la tristeza!» Mis versos nunca son magistrales, ni siquiera medianos. ¿Por qué, pues, unir tu aplauso literario al de los indiferentes que ya me hastían? Si produzco en la tristeza culpa es de mi temperamento que necesita ese excitante poderoso. Yo feliz jamás he podido hacer una rima. Y tal vez mis sensaciones artísticas se traduzcan a la inversa como una anomalía de mi personalidad afectiva. De aquí que desolado, haya escrito El ensueño del Champán que no simboliza más que la embriaguez y cada estrofa un delirio distinto de los que produce el alcohol. Hay en esa rima estrofas de un idealismo sutil y de una castidad perfecta, aunque parezca lo contrario!.. Y yo olvido todas las frases crueles de tu carta, hasta donde es olvidable el dolor de una herida, y hasta donde es capaz de no recordar mi alma. Mañana te volveré a escribir. Te beso loca y tiernamente, porque por nada dejaría de hacerlo. Te abrazo. Eres tan mía como yo tuyo y mi mente de la tristeza. Para siempre. Perdóname y ámame. ¿Por qué seré tan susceptible alma mía? Hasta mañana. *Cuídate*.. Te adora y besa tu Carlos.

Tarde [716]

Habana 2 de Marzo de 1896

Mi Juana mía. Ayer te escribí una injusta, cruel y estúpida carta que te ruego perdones y disculpes. Soy en verdad un insensato. La lectura de la tuya me hizo un efecto desolador. Después hice ese pliego, en uno de esos arranques impetuosos de mi carácter, que no puedo domeñar,[717] y de los cuales eres siempre, pobre mía, víctima. Yo podría muy bien romper esa carta y no enviártela. Pero quiero que la leas porque el pensar que te disgustará es para mí un castigo. Soy un obsecado[718] que no comprende a veces toda la sublimidad, todo el infinito de amor que hay en lo que tú llamas tu egoísmo y que no es más que el reclamo más salvajemente tierno. Mis injusticias para contigo me traerán siempre remordimientos! Pero alma mía: yo no me negaré jamás. Tengo tanta confianza en tu bondad que me perdona, en tu indulgencia[719] que me disculpa y en tu pasión que me absuelve! Ojalá pudiera hacer de esta la más suplicante de las súplicas, el más humilde de los ruegos, el más sumiso anhelo de perdón! Si lograse traducir lo que pasa en mi alma, conseguiría mi objeto. Yo te idolatro con una intensidad prodigiosa, con un frenesí exclusivo: con toda mi alma! Es preciso que te convenzas de ello, para que jamás creas que puedo lastimarte intencionalmente. Cuando lo he hecho ha sido por torpeza. Ya ves que confieso mi estupidez. ¿Cómo pudiste dejar de mandarme tus besos, alma? No sabes que me muero, muerto[sic] por la nostalgia de ellos? Te quiero tanto, tanto!... Santa y dulce mía! Perdona mis bruscedades de ayer y procura olvidar mis imbéciles desplantes.[720] Yo mismo me lo reprocho cruelmente. El envío de ese pliego es una prueba de amor. Interprétalo así, para que conozcas bien mi carácter.– Guárdame tus crenchas.[721] Las adoro! Hiciste bien en cortar tus cabellos. Ya verás qué pomposo[722] y lozano[723] crece. Es preciso que duermas para que no estés pálida ni ojerosa.[724] Cuando se te quiten las fiebres te repondrás[725] rápidamente y adquirirás aquel aspecto de robustez con que volviste de Larrazábal. Yo quiero que seas fuerte, burguesa, como dices tú. ¿No sabes que verte enferma me angustia, tortura y enloquece? Es que te idolatro.– Me recojo[726] temprano. Lo más tarde

---

716 Carta 229 (EII 365 – 366)
717 *Domeñar*: controlar
718 *Obsecado* (de *obsecar*): ofuscado, trastornado, confuso
719 *Indulgencia*: facilidad para perdonar
720 *Desplantes*: dichos o actos llenos de arrogancia, descaro, atrevimiento
721 *Crenchas*: mechones de cabello
722 *Pomposo*: ostentoso, magnífico
723 *Lozano*: saludable
724 *Ojerosa*: que tiene ojeras (manchas más o menos lívidas, perennes o accidentales, alrededor de la base del párpado inferior)
725 *Repondrás*: recuperarás
726 *Me recojo*: Me acuesto, me voy a dormir

a las nueve. Soy un buen muchacho, sin otro defecto que escribir crónicas ¿verdad? Ah mi intransigente! Qué grande eres y cuánto me amas! Y yo tan estúpido y cruel que te mortifico y lastimo torpemente. Como eres tan buena perdonas a tu Carlos. Entre nosotros jamás deben existir diferencias dolorosas que en las actuales circunstancias acibaren[727] aún más el pesar de la ausencia. Perdóname toda la ironía del pliego de ayer. Si no lo haces mi desconsuelo será terrible. Mira: te juro que tengo que reprimir violentas ansias de romper la maldita carta, para mandártela! — Me acaban de decir que Berenice tiene amores con un Sr. González, viudo de no sé qué Zambrana. Yo lo conocí una noche y el tal Sr. es un burgués en la más amplia acepción de la frase. No me explico esto, ni tú lo comprenderás tampoco.— Sé que Consuelito tiene un enamorado en esa: all right.— Ya estarán en tu poder las cartas de ambos correos que fueron juntas. Estas irán por conducto[728] de Alfredo que es vía segura. Anoche releí varias cartas tuyas de la época en que estabas en Marianao. Tuve el espíritu sumergido en la tristeza de aquellos tiempos de separación, menos intensa ¡ay! que la actual. He experimentado sensaciones dulces con esa lectura retrospectiva, porque mis impresiones de entonces permanecen intactas en mi recuerdo, por una fidelidad pasmosa de memoria. Hay una de ellas, escrita al día siguiente de aquella retreta[729] en casa de Sánchez Romero, que es un poema sugestivo y hechizante. Hay en esos párrafos una ternura íntima, lánguida, enferma de pasión, que me conmueve hoy lo mismo que la primera vez que la leí.— Dentro de ocho días hará un año que nos conocimos![730] Cuántas cosas han acontecido desde entonces! En ese lapso de tiempo he sido todo lo feliz que soñé ser y he sufrido también pesares atroces, dolores provocados por los obstáculos que a veces nos impidieron comunicarnos libremente.— Ya no estamos en la misma tierra pero sí en el mismo cielo: el del amor. Cuando nos reunamos de una vez rememoraremos juntos esos períodos tan melancólicos. Hasta mañana, mía. Me duele la cabeza mucho, por eso no me extiendo más. Te beso como tú quieres que lo haga. Te abrazo porque te idolatro. Soy tu Carlos.

---

727 *Acibaren* (de *acibarar*): turbar el ánimo con alguna pena o angustia. El *acíbar* es una planta, también conocida como *áloe*. También se le llama *acíbar* a su jugo, que es muy amargo.
728 *Por conducto*: por mediación
729 *Retreta*: velada artística
730 El comentario de Carlos Pío Uhrbach nos permite fijar la fecha exacta en que se conocieron: el 10 de marzo de 1895. Juana, por su parte, comenta en la carta 133: "Y ese pasado tan corto ay! y tan remoto tiene para mí toda la poesía de los florecimientos pasionales. Hablo de nuestro pasado. Del 10 de Marzo acá" (*EII* 41).

III. Cartas relacionadas con la muerte de Juana Borrero

DE ESTEBAN BORRERO A CARLOS PÍO UHRBACH[731]

KEY WEST
MARZO 20 1896.

Sr. Carlos Pío Uhrbach.

HABANA.

Mi hijo muy amado: Cada día es más profundo y tenebroso el vacío de mi vida: a cada instante toma en mi conciencia un matiz nuevo y más punzante el dolor que sin tregua me acosa: me siento morir de angustia, y es lo cierto que no abarco nunca en su desoladora plenitud la horrible desgracia que todos lloramos. ¡Oh no! Nuestra propia alma, como espantada ante la magnitud de su infortunio, cierra ante él, apenas entrevisto, los ojos y huye con la visión incompleta del dolor a devorar aquella porción de él que le es dado abarcar sin desfallecer. Me siento morir: no concibo por qué proceso espiritual ha de llegar a mí el consuelo: mi dolor me fascina, y entrego a él todo mi pecho sin reserva, ávido de sacrificio; ora[732] enternecido, ora sombrío. No tengo reposo ni en sueños: quisiera aletargarme y morir en mi pena.[733] En vano, en vano me solicitan los ordinarios cuidados de la vida; en vano me atrae el amor de mis otros hijos; que como tiende al Norte la aguja mi espíritu se orienta sólo hacia la tumba recién abierta: el espíritu de mi hija flota en torno mío; no como el alma de la muerta, sino vivo, pugnando por asirse a mí en esta vida, en la vida; pugnando yo por asirlo, por reencarnarlo, por obrar el milagro de la resurrección de mi Juana. ¡Oh, con qué doloridas voces la llamo: cómo me empeño en arrebatársela a la nada; con qué intensidad la recuerdo, con qué pesar tan profundo lamento su ausencia; y, cómo, en algunos instantes de olvido de la realidad me la finjo viva y creo verla y oírla! Y lucho y lucho como por asirse el náufrago a la tabla, por asirme a ella que se me esconde, que se me desvanece entre la sombra, y o desfallezco de pena o me indigno ante la tremenda injusticia del hado,[734] asumiendo su yerro;[735] y rehago toda mi vida para figurármela sana y salva! ¡Qué delirios! Verdad que usted también delira así, Carlos Pío? Verdad que estamos instante por instante unidos en esta santa comunión del mismo dolor? Yo vuelvo a U. los ojos buscando en U. la chispa de su vida, y sabe quisiera poderme echar en sus brazos abriéndole los míos para confundir nuestra pena en un mismo sollozo y en unas mismas lágrimas. Así, pensando en usted su recuerdo me sostiene y

---

731 Carta 231 (*EII* 369 – 370)
732 *Ora*: unas veces
733 Esteban Borrero (1849) se suicidó en un hotel de San Diego de los Baños en 1906.
734 *Hado*: destino
735 *Yerro*: error, equivocación

me alucina. Y por qué no hemos de vernos? Por qué no hemos de revivirla entre los dos para los dos? Yo estoy cansado ya y tengo pocas fuerzas para sufrir: usted es joven; y de la propia exuberante savia de su pecho nutre su pena: a mí la pena me va matando. Quisiera tener todos mis amigos a mi lado: necesito auxilio: mi dolor no tiene consuelo y estoy a veces enloquecido por él. ¡Oh, vivamos unidos en su recuerdo amándonos en ella y por ella: deme usted un poco del calor de su alma Carlos Pío: la mía se hiela y me siento morir sin ella: hoy no he llorado. Voy ahora, a las 5 media con Federico a poner flores sobre su tumba, sobre nuestra tumba: yo le he cogido un cariño tan grande a su hermano, que lo siento hijo mío ¿qué no sentiré por usted? Abráceme, el momento es bueno, ya vuelven las lágrimas a mis ojos.

¡Ay, que aquella bendición que de lo más íntimo y puro del alma dolorida salió, salió de mí para ella, caiga sobre usted y le suavice los ásperos roces de la vida. Oh Juana, mi Juana! Carlos Pío, mis hijos! Adiós.

Esteban.

De Consuelo Pierra [736] a Carlos Pío Uhrbach

Carlos Pío, hijo querido: al desaparecer para siempre nuestra hija adorada se han estrechado más los lazos que a U. me unían. En Ud. está el espíritu de nuestra Juana, en usted la seguiremos amando y juntos todos adoraremos su memoria. Cuánto hubiera dado por tenerlo a U. aquí para que la llorara con nosotros!

No piense U. en morir aún tan joven; piense en su pobre madre que está necesitada de su cariño: yo que soy madre y necesito tanto de mis hijos se lo pido en su nombre, por ella a quien dedico viva simpatía, y ruego al Cielo nos permita reunirnos a todos algún día en el suelo de la patria. Viva U. para ella y para nosotros, sus segundos padres.

Lo abraza estrechamente

Consuelo.

---

736 Consuelo, la madre de Juana. Añadido al final de la carta de Esteban

De Esteban Borrero a Nicolás Heredia[737]

Señor Don Nicolás Heredia.
Mi culto amigo:

Fresca aún la tinta de mi último folleto, *Lectura de Pascuas*,[738] que ya conoce usted, y sin que sepa todavía qué impresión haya podido producir en el mayor número la lectura de esas páginas, sustraídas, no sin cierta timidez, del libro de mis memorias para lanzarlas en momentos tan críticos de nuestra existencia moral, y fuera, acaso, de toda razón literaria a los vientos de la publicidad, casi siempre inconstante, aquí me tiene usted disponiéndome a dar otras páginas, más íntimas que aquéllas a la estampa...

Bien echará usted, pues, de ver, por lo que digo, que son muchas mis ansias de comunicarme con los míos, y que, en el fondo, me mueve a ello un sentimiento más humano (diré así) y más trascendental para mí, desde luego, que el mero afán, a deshora[739] en mí nacido, de dar a conocer al público mis obras. Y ésa es la verdad. Estoy como hombre, como patriota, lleno de inquietudes, en frente del horrible, universal desconcierto producido en el país por la Intervención[740]; he creído asistir a la dispersión de la conciencia política de mi patria: su propia conciencia moral se ha disuelto, así, en algún instante a mis ojos: y en un momento de angustia moral infinita me ha parecido también que el alma de Cuba (¿sabe usted lo que es esto?), que *nuestra alma* estaba amenazada de muerte... Y, como aquel[741] que, caminando confiado, rodeado de los suyos, y en pleno día, por ruta familiar y segura, se viese de repente abandonado de todos y sumido en profunda noche, pudiera dar voces, llamando en su auxilio, yo llamo así a los míos; yo los llamo a mí, creyendo equivocadamente acaso (pero creyéndolo) que no he perdido el camino; sintiendo que estoy parado sobre la huella más honda que dejó la planta de mi pueblo en el viacrucis de su vida política, y queriendo que vuelvan a ese punto los dispersos: que nos reconozcamos allí, aún entre la tiniebla, por la voz, que nos soseguemos, sintiéndonos juntos otra vez, curados ya del espanto, causa de la dispersión; y esperando, para movernos, que se haga de nuevo la luz y brille

---

737 Esta carta no aparece incluida en el *Epistolario* de Juana Borrero. La razón es obvia: fechada en 1900, no es una carta sobre la muerte de Juana. Sin embargo, la incluimos aquí porque el estado de ánimo que ella refleja aúna, explícitamente, la frustración política y la desgarradura ocasionada por la pérdida de su hija, a la que también invoca. La hemos tomado del "Apéndice" de: Esteban Borrero Echeverría. *Narraciones*. Selección, prólogo y notas de Manuel Cofiño. La Habana: Letras Cubanas, 1979. pp. 176 – 180. A su vez, el editor de Narraciones tomó la carta de: *El ciervo encantado*, Colección de Autores Cubanos, La Habana, marzo, 1937).
738 Libro de Esteban Borrero publicado en 1899, y que contiene tres relatos: «Una novelita», «Machito, Pichón» y «Cuestión de monedas».
739 *A deshora*: tardíamente
740 Se refiere a la intervención norteamericana en la guerra por la independencia de los cubanos contra el régimen colonial español, en 1898, intervención que significó la ocupación de la isla por los Estados Unidos.
741 Nótese la similitud entre esta imagen y la del náufrago en la carta a Carlos Pío.

el sol.

¿En qué idioma he de hablarles, sino en mi idioma, y con qué voces sino con aquéllas, apasionadas, que pueden despertar en todos el recuerdo de una aspiración, de un ideal, de una vida y de un dolor comunes?

Todos, en el fondo, éramos aquí, uno; y en el proceso casi legendario de la formación del alma cubana, era entre nosotros la tradición vínculo fuerte; y fueron nuestras letras, *Nuestra Poesía*, sobre todo, como el lenguaje de esa alma naciente; por donde todos nos entendíamos y éramos hermanos. Repase usted la historia de nuestros próceres, de nuestros publicistas, de nuestros educadores, de nuestros poetas, y verá qué gran papel representaron en Cuba, alimentando con sus obras de toda índole el genio nacional que crecía con ese pasto; nutriéndonos, por supuesto, con lo mejor y más depurado de la conciencia del país, y siendo así el caudal de sus ideas y sentimientos casi universalmente aceptados como el credo moral, artístico y político de todos; confesado y proclamado en la acción, por decirlo de este modo, religiosa que ejercían nuestras letras en nuestro medio. ¡Tan cierto es que el *Arte* posee por sobre todas sus naturales influencias una influencia de orden superior! Allí, en todo eso que hemos perdido de vista en esta hora oscura, está con nuestra lengua, nuestra alma, y con esta última todo lo que nos hermanaba en la comunidad de las emociones estéticas y de las aspiraciones políticas: allí podríamos encontrarnos todos; y, arrancando de un punto común, seguir andando juntos, borradas las diferencias accidentales, que, en el proceso del conflicto revolucionario, estableció entre nosotros mismos, una realidad en sí extrínseca y desmoralizadora.

En cuanto a mí, no he sido víctima de la acción inmoral de esa realidad: siento que todos aquí son mis hermanos (sé de quiénes hablo) y me complazco en convocarlos mentalmente; haciéndolos asistir a una suerte de ágape[742] a que todos concurren, como de vuelta al hogar común, poseídos de un sentimiento de fraternidad que los lleva enternecidos a la fusión, a la reconciliación, a la paz. Y allí, solo, en ese punto de cita misterioso se reintegrará, o no se reintegrará de ningún modo, el alma cubana, digo yo.

Buscándola, pues, dentro de este concepto que puede ser ilusorio, pero que parece sano y es confiado y sincero, me insinúo como puedo por la acción de mis sentimientos de manifiesto en mis insignificantes producciones literarias, en la conciencia de mi país, instándola[743] para que se confunda por un instante con la mía dentro del concepto que dictó mi obra; sintiendo yo que así vigorizo mi espíritu y consuelo mi corazón lastimado; y brindando a todos mis sentimientos mejores, mis dolores más crueles, mis mismas lágrimas desoladas como la hostia de esa comunión espiritual que persigo; fingiéndome ¡ay! que al obtenerla para mí la hago común y universal entre nosotros, y que nos reconciliamos de una vez para siempre en la solidaridad del sentimiento del mismo dolor y que encontramos también nuestra alma, toda nues-

---

742 *Ágape*: comida fraternal de carácter religioso entre los primeros cristianos, destinada a estrechar los lazos que los unían
743 *Instándola*: insistiendo en la súplica

tra alma allí.

Acaso sea todo esta demasiado candoroso[744] ¿verdad? Pudiera ser, mas no me avergüenzo de ello.

Si volviésemos por un instante los ojos a la selva oscura en cuyos ásperos senderos cayeron víctimas de su pasión política tantos de los nuestros; si contemplásemos las pilas de huesos que como piedras milenarias señalan en esa senda a la historia el camino de la Revolución, acaso pudiéramos orientar mejor por ellos nuestra mente; esos restos nos hablan de un mudo, pero elocuente lenguaje de un sentimiento generoso y noble; nos hablan de grandes dolores siempre respetables, de sacrificios sin cuento[745], de agonías infinitas, de resignación a toda desgracia en aquella vida *sui generis* en que fue para tantos (en que fue para casi todo un pueblo que combatía por un ideal hermoso de redención), dulce y decoroso padecer y morir por la patria. Y este espectáculo será siempre edificante.

La carta que sigue habla de un dolor mío que estuvo a punto de matarme, y que bien puede ser considerado como un caso, entre tantos como dramatizaron la existencia de los emigrados cubanos que en realidad de verdad constituíamos en el extranjero un pueblo que huía desatentado, llevándose sus muertos al hombro. Cuando la escribí, comenzaba a volver en mi acuerdo;[746] no en todo mi acuerdo seguramente, porque la percepción perfecta del hecho me hubiera aniquilado en cualquier instante, como me aniquilaría hoy mismo. Publicarla es como dejar ver una mutilación definitiva de mi alma; pero tal vez un lisiado pueda mostrar así estoico, sin bastardear[747] su miseria, y en el santo abandono de la vida fraternal de las almas elevadas, el muñón, todavía sangriento, de su brazo amputado, a sus amigos.

Pobre hija mía sacrificada en la flor de su juventud por mí mismo en el ara de la patria. Por dilatada que llegue a ser mi vida, moriré antes de que pueda consolarme de tu muerte[748]; mas por grande y desoladora que sea esta pena mía, nunca podrá igualarse a la que me sobrecoge cuando pienso que pueda morir también en la conciencia del pueblo cubano, el sentimiento de su solidaridad moral, que debe ser el punto de apoyo, el *fulero*[749] de la palanca de su conciencia política, si esta conciencia es capaz de constituirse, al cabo, en nosotros. Mutilados, si cualquier accidente nos mutila (y creo que todos sabrán entender lo que digo) debemos luchar por reintegrar nuestra alma.

Ahora, dígame usted con franqueza si por demasiado candoroso en sí mismo no ha de ser a su juicio estéril el sentimiento que me mueve a publicar estas líneas todas; y no me diga, para consolarme del fracaso que me augure, que puedo, después de todo, despertar en algún pecho generoso una corriente de simpatía por mí, en lo que me es personal, no; no he aspirado a eso, por mucho que pudiera necesitarlo siempre; porque mi pena ha evolucionado ya, y sabría en su amarga sazón, vivir de sí misma en el mutismo de los grandes

---

744 *Candoroso*: ingenuo
745 *Sin cuento*: innumerables, infinitos
746 *En mi acuerdo*: en mi razón
747 *Bastardear*: apartar algo de su pureza primitiva, degenerar
748 Obsérvese el cambio en el destinatario
749 *Fulero*: chapucero, inaceptable, poco útil

dolores que no esperan en el alma consuelo alguno. Si no consigue penetrar como un dolor común en la conciencia de mis compatriotas, si no ha de fomentar una simpatía que refluya por su amplitud en la Patria, reintegrando su concepto, quédese toda ella en mí: como una oruga negra que no ha de alcanzar la plenitud de sus ordinarias metamorfosis; sólo en el medio que busco para ella podría echar, al cabo, esa oruga sus alas; aún así manchadas de sangre. ¡Oh, concepto divino de la patria, si por ti arrostra el hombre la muerte, en ti puede hallar también en un momento dado toda la vida; pero este misterio no se consuma nunca para el hombre aislado: requiere, para realizarse, toda la unidad de conciencia social, las energías todas de transfiguración moral que determinan la transformación total del alma tímida y egoísta del individuo al alma heroica y altruista de los pueblos exultada por el espíritu fecundo de las revoluciones políticas.

Si, por cualesquiera causas, no persiste para un pueblo en la paz el sentimiento de solidaridad social que determinó e hizo posible la guerra cívica, todo, todo se habrá perdido para todos, como se malogra el fruto de la concepción por el aborto.

En este instante, amigo mío, y entre angustias punzantes de todo orden, no puedo decir todavía si el fruto de la Revolución duerme en una cuna o yace en un sarcófago. Y si fuese, que no será, esto último, sepa usted que soy de aquellos que saben velar hasta última hora a sus muertos, y que aunque hayan de ir bebiéndose las lágrimas los acompañan al Cementerio.

Muy amigo suyo,

Esteban Borrero Echeverría.

Habana, marzo 25 de 1900.

DE FRANCISCO GARCÍA CISNEROS A FEDERICO UHRBACH[750]

NEW YORK, 23 DE MARZO 1896.

Amado Fritz: ayer me llegó tu carta tan releída, que me trajo los últimos suspiros de Juana, y al tiempo que alegraba mi alma con tus frases, la entristece con tus noticias. ¿Carlos Pío a la guerra? Cómo nos vamos quedando aislados. Cada cual ha huido, unos para no volver y otros para quien sabe no volverse a ver. Mándame detalles de la muerte de Juana, quiero tener conciencia de sus sufrimientos. He leído en «El País», el sumario de «El Fígaro»: va dedicado a Juana, consígueme un ejemplar, te lo suplico, y remítemelo[751] a el-[sic] P. O. Box 1139. Yo he pergeñado[752] unas líneas para «El Porvenir», y he extendido otro para «Las Tres Américas».[753] Acabo de recibir un libro de Turcios, titulado *Mariposas*, aún no lo he desflorado. Yo como todos los domingos con Bolet,[754] es una casa de Bohemia, van muchas girls americanas y venezolanas, y entre ellas Helena, algo así como la «María» de Ysaacs, un ángel de amor, luz y vida, de quien estoy preso[755] y por quien suspiro. Estoy enfermo, con una bronquitis horrorosa. Echo sangre por la boca, y me dan fiebres every nights.................. seré el que siga a Juana? Veo que Eulogio es el empresario de la expedición a Europa, según anunció «La Habana Elegante», pero como para irse a París, tendrán que pasar por este puerto, seré un peregrino a la caravana. No recibo la Habana Elegante hace dos semanas! ¿Y tu mamá? Cuéntame tu vida detalladamente, tus proyectos, porque no creo que Vds. – tú y E – se metan a despalilladores,[756] o se recreen en ese infernal Cayo. Vámonos a viajar eh? Yo estoy resuelto a seguir viajando por el mundo. Es fácil, quizás probable que me vaya en Mayo para Caracas, tengo cartas de recomendación, y Bolet me ha embullado[757] mucho. Si no subsisto allí, tendré el vuelo para Lima, al menos allí está Chocano,[758] de secretario del Ministro de Estado, y una plaza de portero la puedo conseguir bien pronto.

---

750 Carta 232 (*EII* 371 – 372)
751 *Remítemelo*: enviámelo
752 *Pergeñado*: escrito con más o menos habilidad
753 Apareció en *Las Tres Américas*, Nueva York, marzo 1896; y en *El Porvenir* de 23 de marzo del mismo año (EII 371).
754 Nicanor Bolet Peraza (Caracas, 1838 – Nueva York, 1906). Escritor, periodista y orador venezolano. Dirigió la *Revista Ilustrada* de Nueva York y fue el fundador de *Las Tres Américas*.
755 *Estoy preso*: estoy enamorado
756 *Despalilladores*: oficio tabacalero. Los que les quitan los palillos o venas gruesas a la hoja del tabaco antes de torcerlo o picarlo
757 *Embullado*: animado
758 José Santos Chocano (Lima, 1875 – Chile 1934). Escritor y periodista modernista peruano.

Adiós, recuerdos a toda la atribulada familia, dile a Consuelito, que ya ve como nadie se muere de amor,[759] y tú mi picarillo escríbeme largo y repetido. Mil besos de tu

Franz.

---

[759] Comentan los editores del Epistolario de Juana Borrero: "No deja de ser curioso que esta frase de García Cisneros - «dile a Consuelito, que ya ve como nadie se muere de amor» - sea el final de la carta que empieza refiriéndose a la muerte de Juana, y cierre por el lado mundano, con tanta involuntaria ligereza, este doloroso epistolario" (*E*II 372). Esto es cierto sólo en parte, puesto que ese «tono mundano» permea toda la carta. Así, al referirse a sus propias fiebres se pregunta – en un tono que no parece muy serio que digamos – si no será él quien «siga a Juana». Y si de paradojas se trata, anotemos también que, aunque admite haberse enamorado de la joven Helena, el final de la carta resuma flirteo homoerótico.

DE ESTEBAN BORRERO A DOLORES BORRERO [760]

SAN JOSÉ DE COSTA RICA.

MARZO 9 DE 1898.

Srta. Da. Dolores Borrero.

KEY WEST.

¡Hoy hace dos años que la perdimos, Lola! Nunca como en este día había necesitado de ti y de los míos para llorarla en la efusión de un enternecimiento *(Varias palabras cubiertas por un borrón de tinta diferente a la usada en la carta)* hoy me he sentido solo, en la doble ausencia de la patria y del hogar.[761] Ustedes visitarán hoy su tumba, en donde la dejé durmiendo con sus grandes ojos abiertos sobre la eternidad, con sus manos amadas cruzadas blandamente sobre el pecho. ¡Ay, aquella tumba no se cavó en aquel árido arenal sino en lo hondo de mi pecho, en donde yo la siento; en donde yo la tengo! Puedo llorar a toda hora sobre ella; pero quisiera hoy visitarla y cubrirla de flores de aquellas flores sus amigas, sus predilectas, sus hermanas que tantas veces regó artísticamente sobre su mesa de trabajo para trasladarlas llenas de color y de frescura al lienzo. ¡Hija de mi vida! Que no conozcas tú nunca este dolor mío tan hondo, tan sin consuelo, tan devastador, tan mortal. Tanto ¡ay! que su magnitud misma lo oscurece en mi conciencia y cohibe[762] el sentimiento con que pudiera experimentarlo; en el fondo del mal pudiera, acaso hallar su lenitivo. Desde entonces, tú lo sabes, algo ha muerto en mí; algo por lo menos está en mi conciencia como muerto; no he salido del pasmo estuporoso[763] de aquel golpe; y en el fondo lo mejor de mi ser la acompaña así en el sueño de la muerte. En vano pugna por volver a la plenitud de la vida; no puedo! Acaso no reintegre nunca mi conciencia: fue tan grande la mutilación que no se repara la sustancia perdida: es fuerza que me resigne a vivir así, como vive el que perdió los brazos o el que ha perdido los ojos, inútil y ciego; caminando a tientas[764] en la sombra; como ando yo.... ¡Y hubiera caído a no ser por ustedes! En su amor, en la necesidad que de mí tienen me sostengo. Amen a su triste padre, y sean, por ustedes y por él, virtuosas: séanlo también por ella y por su amor.

¡Que Dios los bendiga! Abraza y besa por mí a todos tus hermanos y a tu pobre madre y a mamá.

760 Carta 233 (*EII* 373 – 374)
761 Véase como – según lo que apuntamos antes – la tragedia doméstica se une a la de la patria.
762 *Cohibe*: reprime
763 *Pasmo estuporoso*: en realidad se trata de una expresión redundante. Estupor y pasmo son sinónimos: asombro, disminución de las capacidades intelectuales, ocasionada por la magnitud y alcance de la experiencia
764 *A tientas*: valiéndose del tacto para reconocer las cosas en la sombra

Adiós alma mía. Asocia a Federico a los sentimientos que me embargan.

Tu padre

Esteban.

IV. Apéndice

YVONE [765]

(Canto Bretón)

En la dorada urna de mi memoria
Guardo de sus caricias la alada historia.

Bajo la fresca alfombra bordada en flores,
Del sol a los alegres, rosados lampos,[766]
Cuán fría y sola duermes, allá en tus campos
¡Yvone, Yvone, ¡oh, mártir de mis amores!

Única entre las vírgenes y las hermosas,
Su amor embalsamaba como las rosas.

Como las suaves rosas por Primavera,
En que del sol los rayos se enfloran[767] presos,
Era su linda boca torneada[768] á besos.
Nido de mis ensueños, flor tempranera.

Murió: tal en las eras,[769] presto marchitas,
Pasan las violetas y margaritas.

La dulce y fiel alondra de la montaña
Que unida entre los tiestos[770] de tus jazmines
Y al alba en las albercas[771] de tus jardines
Moja el pico y las alas trémulas baña.

¿Qué diré á los sinsontes[772] de la campiña,[773]
Cuando por ti pregunten, mi pobre niña?......

---

765 Poema de Abraham Z López Penha que inspiró el pseudónimo «Yvone», de Juana Borrero. Lo publicó *La Habana Elegante*, No. 18, año XI, 19 de mayo de 1895.
766 *Lampo*: resplandor o brillo pronto y fugaz, como el del relámpago
767 *Enflorar*: se trata, sin dudas, de un neologismo
768 *Torneada*: formada
769 *Eras*: el tiempo
770 *Tiestos*: macetas
771 *Albercas*: depósitos artificiales de agua para el riego
772 *Sinsontes*: tipo de pájaro (del Nahuatl Sentsontle "que tiene cuatrocientas voces", en la isla de Cuba es considerada el ave canora por excelencia)
773 *Campiña*: campo

Allá, en la solitaria, verde pradera,
Bajo la fresca alfombra bordada en flores,
Junto a la dulce niña de mis amores,
¡Madre! haz que me entierren cuando yo muera!

Que aromen su memoria y el sueño mío,
Las rosas que con lágrimas ungió [774] el rocío.

ABRAHAM Z. LÓPEZ PENHA

BARRANQUILLA 1895.

---

774 *Ungió*: humedeció (tiene sentido de signar con óleo sagrado para conferir un sacramento)

Juana Borrero[775]

Julián del Casal

¿Queréis conocerla? Tomad el tren que sale, a cada hora, de la estación de Concha, para los pueblecillos cercanos a nuestra población, donde la fantasía tropical, a la vez que el mal gusto, os habrá hecho soñar en paisajes maravillosos, o en viviendas ideales. El viaje sólo dura algunos minutos. Tan corta duración os preservará, si tenéis gustos de ciudadano, de la contemplación, fatigosa e insípida,[776] de los anchos senderos que parecen alfombrados de polvo de marfil, de las redes de verdura que, como encajes metálicos, incrustados de granates,[777] bordan los bejucos[778] en flor, de las quintas ruinosas que, a la trepidación[779] de la locomotora, fingen desmoronarse, de los surcos de tierra azafranada[780] en que los labriegos, con la yunta[781] de bueyes uncida[782] al arado, se hunden hasta los tobillos, de las palmas solitarias que, como verdes plumeros de habitaciones ciclópeas, desmayan en las llanuras y de las chozas de guano, frente a las cuales escarban la tierra las gallinas, hincha su moco el pavo,[783] enróscase el perro al sol y surge una figura humana que os contempla con asombro o pasea sobre vuestra persona su mirada melancólica de animal.

Frente al río célebre, citado por los periodistas mediocres y ensalzado[784] por los copleros[785] populares, que se encuentra a mitad del camino, descended del ferrocarril. En su morada,[786] que se mira en las ondas, siempre la podréis encontrar. Hasta la fecha en que escribo estas líneas, su pie no ha traspasado los umbrales de ningún salón a la moda, yendo[787] a mecerse allí en brazos de algún elegante, como una muñeca de carne en los de un titiritero de frac, al sonido monótono de la llovizna de los valses o al del estrepitoso que forma el aguacero de los rigodones.[788] Tampoco se ha grabado su retrato para ninguna de las galerías de celebridades que exhiben algunos periódicos, porque no es hija de mantequero acaudalado[789] o de noble colonial, porque

775 Apareció en *La Habana Literaria* el 15 de julio de 1892. Casal lo incluyó posteriormente en su libro *Bustos y rimas*, publicado póstumamente en 1893.
776 *Insípida*:, que no tiene sabor
777 *Granate*: piedra fina compuesta de silicato doble de alúmina y de hierro u otros óxidos metálicos. Su color varía desde el de los granos de granada al rojo, negro, verde, amarillo, violáceo y anaranjado
778 *Bejucos*: ciertas enredaderas o plantas trepadoras
779 *Trepidación*: temblor fuerte, rápido, agitado
780 *Azafranada*: color de azafán (amarillo-anaranjado)
781 *Yunta*: par
782 *Uncida*: atada, sujeta
783 *Moco* (del pavo): apéndice carnoso y eréctil que esta ave tiene sobre el pico
784 *Ensalzado*: elogiado, admirado
785 *Copleros*: los que componen, cantan o venden coplas, jácaras, romances y otras poesías. Malos poetas.
786 *Morada*: hogar
787 *Yendo*: para ir
788 *Rigodón*: cierta especie de contradanza
789 *Mantequero acaudalado*: hombre vulgar, ignorante, cuya única "virtud" es su riqueza

no se ha dignado solicitar ese honor y, en suma,[790] porque, como más que talento ha revelado genio, le cabe[791] la honra de ser indiferente al público o paralizar la pluma de sus camaradas. Los periódicos no se han ocupado de sus producciones, más que en el folletín[792] o en la sección de gacetillas,[793] sitios destinados a decir lo que no compromete, lo que no tiene importancia, lo que dura un solo día, lo que sirve para llenar renglones. En las columnas principales no se habla más que de lo que pueda interesar al suscriptor de la barrabasada[794] de algún ministro o de la hazaña de un bandolero, del saqueamiento de un burócrata o del homicidio último, del matrimonio de un par de imbéciles o de la llegada de cómicos de la lengua, pero nunca de los esfuerzos artísticos de algunas individualidades, ni mucho menos de los de una niña de doce años que, como la presente, ha dado tan brillantes muestras de su genio excepcional, toda vez que eso tan sólo interesa a un grupo pequeño de ociosos, desequilibrados o soñadores.

Yendo por la mañana, el caserío presenta alguna animación. Es la hora en que desfila, por la calzada polvorosa, la diligencia atestada[795] de pasajeros; en que rechinan las ruedas de enormes carretas arrastradas por bueyes que jadean al sentir en sus espaldas de bronce el hierro punzante del aguijón; en que cruje el pavimento de los puentes al paso de los campesinos que, con la azada al hombro y una copla en los labios, marchan a sus faenas;[796] y en que las rojas chimeneas de las fábricas abiertas vomitan serpientes de humo que se alargan, se enroscan, se quiebran y se disgregan entre los aromas del aire matinal.[797] En tales horas, podréis encontrar a la niña, con el pincel empuñado en la diestra y con la paleta asida en la izquierda, manchando una de sus telas, donde veréis, embellecido, algún rincón de aquel paisaje, iluminado por los rayos de oro de un sol de fuego y embalsamado por los aromas de lujuriosa vegetación. Llegada la noche, el sitio se llega mágicamente a transformar. Más que al borde de un río del trópico, os creéis transportados a orillas del Rhin. Basta un poco de fantasía para que veáis convertirse la choza humeante a lo lejos en la tradicional taberna de atmósfera agriada por el fermento de la ambarina cerveza y ennegrecida por el humo azulado de las pipas; para que el galope de un caballo a través de la arboleda os haga evocar la imagen del *Rey de los Álamos* de Goethe o la del *Postillón* de Lenau; para que el pararrayos de una de las fábricas que recortan su mole gigantesca sobre las evaporaciones nocturnas os parezca la flecha de histórica catedral; y para que el simple ruido de las ondas zafirinas,[798] franjeadas de espumas prismáticas, os traiga al oído la voz de Loreley que, destrenzados los cabellos de oro sobre las espaldas de mármol, entona al viento de la noche, desde musgosa peña, su fatal can-

790 *En suma*: en resumen, resumiendo
791 *Le cabe*: tiene
792 *Folletín*: sección de los periódicos que incluía novelas y relatos por entrega
793 *Sección de gacetillas*: sección en los periódicos destinada a las noticias breves
794 *Barrabasada*: acción atropellada
795 *Atestada*: llena, repleta
796 *Faenas*: labores
797 *Matinal*: de la mañana
798 *Zafirinas*: semejante al zafiro (se refiere a las ondas del río)

ción.[799] Para la que inspira esta página, será la hora de arrinconar la tela esbozada,[800] pasear la espátula sobre la paleta y aprisionar al color en sus frascos, dejando que su espíritu, como halcón desencadenado, se aleje de la tierra y se remonte a los espacios azules de la fantasía, donde las quimeras, como mariposas de oro en torno de una estrella, revoloteen sin cesar. Ella nos brindará después, en la concha de la rima, la perla de su ensueño, pálida unas veces y deslumbradora otras, pero siempre de inestimable valor. Así pasa los días de su infancia esta niña verdaderamente asombrosa, cuyo genio pictórico, a la vez que poético, promete ilustrar el nombre de la patria que la viera nacer.

No la he visto más que dos veces, pero siempre ha evocado, en el fondo de mi alma, la imagen de la fascinadora María Bashkirtseff.[801] Esta no aprendió nunca a rimar, pero su prosa encanta y sugestiona su pincel. Ambos espíritus han tenido, en la misma época de la vida, idéntica revelación de los destinos humanos y análogos puntos de vista para juzgarlos. Se ve que han sufrido y han gozado por el mismo ideal. Pero ahí debe limitarse la comparación. Una vivió en los medios más propicios para el desarrollo de sus facultades y la otra se enflora[802] en mísero rincón de su país natal. Aquella fue rica y ésta no lo es. Tuvo la primera por maestros los dioses de la pintura moderna y la segunda no ha recibido otras lecciones que la de su intuición. La hija de la estepa voló tempranamente al cielo,

---

799 *Lorelei*: de acuerdo con una leyenda alemana, había una vez una hermosa doncella, llamada Lorelei, que, desesperada por un amor imposible, se arrojó al Rhin. Luego de morir, fue transformada en una sirena, y desde entonces se la escuchaba cantar sobre una roca junto al río, cerca de San Goar. Su música hipnótica seducía a los marinos, a los que arrastraba a la muerte. La leyenda tuvo su origen en una roca con eco, cerca de Goarshausen.
800 *Esbozada*: bosquejada
801 María Bashkirtseff (1858 – 1884). Pintora y escultora francesa de origen ucraniano. Desde que tenía trece años comenzó un diario, hecho al que se debe mayormente su notoriedad. En muy poco tiempo produjo una conjunto impresionante de obras, pero un gran número de éstas fueron destruidas por los nazis durante la Segunda Guerra Mundial. Murió de tuberculosis cuando sólo contaba veinticinco años. Acerca de esta comparación, expresa Vitier que "[m]ás que una poetisa, más que una pintora, Juana llegó a ser, con todas sus ingenuidades, una extraordinaria amante, que lo sacrificó todo, arte, salud, patria y vida, en arrebatado despojamiento, al frenesí de la pasión". Y agrega en una nota al pie de esta cita: "En este punto reside la principal y decisiva diferencia de Juana Borrero con María Bashkirtseff. Desde que Casal y Darío la compararon, su equiparamiento se ha vuelto un lugar común. Las diferencias señaladas por Casal eran todas superficiales: el medio, la fortuna, los maestros; las afinidades, en cambio, fundamentales. [...] El ideal de la aristócrata rusa – geniecillo acerado, mundano, ingenioso, burlón y crítico – era el Arte, y muy concretamente su personal proyecto de ser una pintora y una mujer de fama. [...] La Bashkirtseff no era una «soñadora», sino una ambiciosa, en el sentido más noble de la palabra. Su característica no era el *pathos*, sino el *esprit*. Cintio Vitier: "Las cartas de amor de Juana Borrero" en: *El* (9 – 10). Por su parte, Angel Augier apunta al respecto: "Otros espíritus semejantes [al de Juana Borrero] – María Bashkirtseff, Amiel –, lanzaron ese caudal de su vida interior por los cauces estremecidos del *Diario* íntimo". Angel Augier. "Juana Borrero, la adolescente atormentada" en: *De la sangre en la letra*. La Habana: Ediciones UNEAC, 1977. p. 196.
802 *Se enflora* (neologismo): se cultiva, se forma

«Dans le linceul soyeux de ses cheveux dorés»

y la del trópico, por fortuna, se afirma en la tierra con toda la fuerza de la juventud.

Una tarde, al volver de su casa, esbocé su retrato por el camino en los siguientes versos:

> Tez de ámbar, labios rojos,
> Pupilas de terciopelo
> Que más que el azul del cielo
> Ven del mundo los abrojos.
>
> Cabellera azabachada[803]
> Que, en ligera ondulación,
> Como velo de crespón
> Cubre su frente tostada.[804]
>
> Ceño[805] que a veces arruga,
> Abriendo en su alma una herida,
> La realidad de la vida
> O de una ilusión la fuga.
>
> Mejillas suaves de raso
> En que la vida fundiera[806]
> La palidez de la cera,
> La púrpura del ocaso.
>
> ¿Su boca? Rojo clavel
> Quemado por el estío,[807]
> Mas donde vierte el hastío
> Gotas amargas de hiel.
>
> Seno en que el dolor habita
> De una ilusión engañosa,
> Como negra mariposa
> En fragante margarita.
>
> Manos que para el laurel
> Que a alcanzar su genio aspira,
> Ora recorren la lira,
> Ora mueven el pincel.

---

803 *Azabachada*: color de azabache, muy negra y brillante
804 *Tostad*a: quemada o bronceada por el sol
805 *Ceño*: señal que se hace con los ojos. Aspecto imponente y amenazador que pueden tomar el rostro o ciertas cosas
806 Fundiera: juntara en una sola cosa
807 *El estío*: el verano

Doce años! Mas sus facciones[808]
Veló [809] ya de honda amargura
La tristeza prematura
De los grandes corazones.

¡Ah! Y también de las grandes inteligencias. Hay pocos seres que, con doble número de años, tengan percepciones tan claras de las cosas y puedan emitir juicios tan acertados sobre ellas. Sin haber visto nada, dijérase que lo ha visto todo. Un simple hecho observado, rápidas lecturas de algunos libros, ligeras reflexiones emitidas[810] en su presencia, han bastado para desgarrarle el velo negro del misterio y hacer que sus ojos contemplen a la inmortal Isis[811] en su fría desnudez. Como todos los grandes artistas, oye la voz de la realidad, pero no se aprovecha de sus lecciones. Es que esos soñadores, a la par que los espíritus más lúcidos, son también los más rebeldes. Aunque el mundo imagina lo contrario, nada pasa inadvertido para ellos, por más indiferentes que se muestren a todos los acontecimientos. Esa indiferencia no es más que la resignación al mal o el desprecio que inspira el peligro a los fuertes. Es la confianza que adormece a la oveja extraviada en un bosque de lobos o la osadía del águila que bate sus alas entre nubes preñadas de rayos. Todavía puede afirmarse que, por la delicadeza de su sensibilidad, los hechos dejan en su carácter huella más profunda que en el de los otros. Algún tiempo tarda en descubrirse, pero se la llega a encontrar. La melancolía que destilan las primeras producciones de ciertos artistas no es más que la fermentación de los pesares que, día por día, les ha causado la observación de las múltiples deficiencias que la vida ofrece ante sus deseos. No es imaginaria, como algunos pretenden, sino real. En unos suele ser pasajera y en otros inmortal. De ahí ese hastío prematuro, ese profundo descorazonamiento, ese escepticismo glacial, ese adormecimiento de los sentidos, ese apetito desenfrenado de lo raro y ese estado de catalepsia en que se encuentran por completo sumergidos a los veinte años. Los que se consuelan en algunas horas, son los que se construyen, en el campo de la fantasía, un lazareto[812] ideal, donde esconden la purulencia[813] de sus llagas, pero donde nadie los seguirá por temor a los contagios mortales. Allí viven con sus ensueños, con sus alucinaciones y con una familia compuesta de seres imaginarios. Cada vez que salen al mundo, el asco los obliga a volver sobre sus pasos. Si hubieran nacido en los primeros siglos, hubiesen ardido, como antorchas de carne, en los jardines de Nerón; si en la época medioeval, sus imágenes serían veneradas[814] sobre el mármol de los templos cristianos. Pero han venido al mundo en pleno siglo diecinueve y no ha encontrado ninguno su sitio al sol. Tan absoluta desconformidad, no sólo los hastía de lo que han conocido, sino de lo que no han visto, de lo que no ve-

---

808 *Facciones*: los rasgos del rostro
809 *Veló*: cubrió
810 *Emitidas*: dichas
811 *Isis*: esposa de Osiris y madre de Horus en la mitología egipcia. Era también la patrona de la magia. Isis era la diosa mayor del panteón egipcio.
812 *Lazareto*: establecimiento sanitario para aislar a los infectados o sospechosos de enfermedades contagiosas
813 *Purulencia*: cualidad de purulento (que tiene pus)
814 *Veneradas*: adoradas

rán jamás. Así se explica que algunos, como la niña de quien me ocupo, contemplando solamente el mundo desde la ventana de su hogar, se sientan ya tan adoloridos y se atrevan a impetrar[815] su misericordia de la manera desgarradora que ella lo hace en su composición

¡Todavía!

¿Por qué tan pronto ¡oh mundo! me brindaste
Tu veneno amarguísimo y letal?...
¿Por qué de mi niñez el lirio abierto
    Te gozas en tronchar?

¿Por qué cuando tus galas admiraba,
Mi espíritu infantil vino a rozar
Del pálido fantasma del hastío
    El hálito glacial?

Los pétalos de seda de las flores
Déjame ver y alborozada amar,
Ocúltame la espina que punzante
    Junto al cáliz está.

Más tarde!... Cuando el triste desaliento
Sienta sobre mi espíritu bajar
Y el alma mustia o muerta haya apurado
    La copa del pesar,

Entonces sienta de tu burla el frío
Y de la duda el aguijón mortal...
Pero deja que goce de la infancia
    En la hora fugaz!

Todas sus composiciones inéditas, ya las que duermen en el fondo de su memoria, como ramas de corales bajo las ondas marinas, ya las que oculta en sus estuches, como enjambre de luciérnagas vivas en vasos de cristal, porque esta niña, como verdadera artista, comprende la mezquindad de la gloria y le repugna la ostentación de sus sentimientos, están humedecidas por ese relente[816] de tristeza que se aspira en las estrofas que acabo de copiar. A través de esas composiciones, el alma de la niña parece un botón de rosa amortaja-

---

815 *Impetrar*: solicitar una gracia con encarecimiento y ahínco
816 *Relente*: humedad que en noches serenas se nota en la atmósfera. Aquí, por supuesto, en sentido figurado

do en un crespón, un ramo de violetas agonizante entre la nieve, un disco de estrella sumergido en un lago turbio.[817] Las que irradian fulgores esplendorosos son aquellas en que revela su gran talento de artista, bosquejando un paisaje, como los de Sanz,[818] verdaderamente ideal, o cincelando una estatua que, por el soplo de vida que las anima, parecen sustraídas del taller de un Rodin. Ved una muestra de lo primero

CREPUSCULAR

Todo es quietud y paz... en la penumbra
Se respira el olor de los jazmines,
Y más allá, sobre el cristal del río
Se escucha el aleteo de los cisnes
Que, como grupo de nevadas flores,
Resbalan por la tersa superficie;
Los obscuros murciélagos resurgen
De sus mil ignorados escondites
Y vueltas mil y caprichosos giros
En la tranquila atmósfera describen
O vuelan luego rastreando el suelo,
Rozando apenas con sus alas grises
Del agrio cardo el amarillo pétalo,
De humilde malva la corola virgen.

y otra de lo segundo

APOLO

Murmóreo, altivo, indiferente y bello,
Corona de su rostro la dulzura
Cayendo en torno de su frente pura
En ondulados rizos el cabello;

Al enlazar mis brazos a su cuello
Y al estrechar su espléndida hermosura
Anhelante de dicha y de ventura

---

817 *Turbio*: poco claro
818 Valentín Sanz Carta. Ver nota 23 p.xv

Lu blanca frente con mis labios sello.

Contra se pecho inmóvil, apretada
Adoré su belleza indiferente;
Y al quererla animar, desesperada,

Llevada por mi amante desvarío,
Dejé mil besos de ternura ardiente
Allí apagados sobre el mármol frío!

Así tiene muchas que no transcribo por haber sido ya publicadas, sobresaliendo entre todas el soneto

LAS HIJAS DE RAN

Envueltas entre espumas diamantinas
Que salpican sus cuerpos sonrosados
Por los rayos del sol iluminados,
Surgen del mar en grupo las ondinas.

Cubriendo sus espaldas peregrinas
Descienden los cabellos destrenzados
Y al rumor de las olas van mezclados
Los ecos de sus risas argentinas.

Así viven contentas y dichosas
Entre el cielo y el mar, regocijadas,
Ignorando tal vez que son hermosas

Y que las olas, entre sí rivales,
Se entrechocan de espuma coronadas
Por estrechar sus formas virginales.

Para comprender el valor de sus cuadros, es preciso contemplar algunos de ellos. Corta serie de lecciones, recibidas de distintos maestros, han bastado para que, iluminada por su genio, se lanzase a la conquista de todos los secretos del arte pictórico. Puede decirse, sin hipérbole[819] alguna, que está en posesión de todos ellos. – No me explique teorías, porque son inútiles para mí, le decía recientemente a Menocal, pinte un poco en esa tela y así lo entenderé mejor. – Y, en efecto, al segundo día, la discípula sorprendió al maes-

---

819 *Hipérbole*: exageración

tro con un boceto incomparable. Muchas personas lo han admirado más tarde en el Salón Pola. Era una cabeza de viejo, preparada en rojo, donde se encontraban trazos soberbios. Aquella calva marfileña,[820] cubierta de grueso pañuelo, bajo cuyos bordes surgían mechones de cabellos grises; aquella frente rugosa,[821] deprimida hondamente en las sienes, donde la piel parecía acabada de pegar a los huesos; aquellos párpados abotagados,[822] próximos a cerrarse sobre las pupilas lánguidas, húmedas y vidriosas; aquellos labios absorbidos que moldeaban una boca desdentada; aquellas bolsas de carne, colgadas alrededor de la barba, y, sobre todo, aquella expresión de cansancio, de sufrimiento y de mansedumbre senil sorprendían al más indiferente de los espectadores. Después de ese retrato, ha hecho otros muchos, abordando de seguida el paisaje y el cuadro de fantasía. Merece especial mención entre los primeros, el que representa la salida de su hogar. Es el fondo de vetusta[823] casa, tras cuya altura se dilata el firmamento azul. Se ve una puerta solferina,[824] de madera agrietada y de goznes oxidados, encuadrada en ancho murallón, jaspeado[825] por las placas verdinegras de la humedad y enguirnaldado [826] por los encajes de verde enredadera cuajada[827] de flores. Frente al murallón, serpentea[828] un trozo del camino, sembrado de guijarros que chispean a la luz del sol. Tallos de plantas silvestres se siguen a trechos. Hacia la izquierda se extiende el río entre la yerba de sus orillas, como una banda de tela plateada que ciñera una túnica de terciopelo verde. Así tiene otros paisajes, lo mismo que cuadros de fantasía, que producen la impresión de lo sublime en lo incompleto, pues al lado de trazos magistrales se ven algunos que sólo su inexperiencia ha dejado sin retocar.

Dentro de poco tiempo, toda vez que una artista de tan brillantes facultades no puede permanecer en la sombra, ya porque una mano poderosa la arrastre a la arena del combate, ya porque se lance ella misma a cumplir fatalmente su destino, su obra será sancionada[829] por la muchedumbre y su nombre recibirá la marca candente de la celebridad. Entonces llegarán para ella los días de prueba, los días en que se cicatrizan las viejas heridas o se abren las que ningún bálsamo ha de cerrar, los días en que el alma se estrella de ilusiones o las esperanzas naufragan en el mar de las lágrimas, los días en que uno se siente más acompañado o tal vez más solo que nunca, los días en que fuerzas generosas nos encumbran[830] a las nubes o manos enemigas nos empujan a los abismos de la desolación. Ay de ella si no sabe, al llegar esa época, encastillarse[831] con su ideal, nutrir con su sangre sus ensueños, dar rienda

---

820 *Marfileña*: color marfil
821 *Rugosa*: arrugada
822 *Abotagados*: hinchados
823 *Vetusta*: extremadamente vieja
824 *Solferina*: de color morado rojizo
825 *Jaspeado*: veteado o salpicado de pintas como el jaspe
826 *Enguirnaldado*: cubierto, adornado
827 *Cuajada*: abundante, llena
828 *Serpentea*: que hace movimientos como de serpiente (se refiere a la forma que sigue el camino)
829 Sancionada: aprobada, reconocida
830 *Encumbrar*: alzan hasta la cima, o hasta la cumbre (hasta lo más elevado)
831 *Encastillarse*: refugiarse y defenderse tras las murallas del castillo (figurativamente)

suelta a [832] su temperamento, agigantarse ante los ataques, desoír consejos ridículos, aplastar las babosas de la envidia y mostrar el más absoluto desprecio, al par que la más profunda indiferencia, por las opiniones de los burgueses de las letras!

---

[832] *Dar rienda suelta a*: dejar en libertad

Juana Borrero[833]

Il semble que la femme soit plus que nous sujette aux destinées. Elle les subit avec una simplicité bien plus grande. Elle ne lutte jamais sincèrement contre elles. Elle est encore plus près de Dieu et se livre avec moins de réserve à l'action pure du mystère.

Maeterlinck, Sur les femmes.

Rubén Darío

Mientras los hombres hacen sus daños, armados y llenos de odio, en la crueldad de la guerra,[834] allá en la isla de Cuba, una rara niña, una dulce y rara niña, penetra en la sombra mortal delante de los tristes ojos de sus hermanos; y paréceme que vuelve el rostro como para decir adiós, y que su mano traza un vago gesto enigmático que anuncia la esperanza de un futuro momento consolador; tal[835] una blanca visión, en un misterioso castillo antiguo, al perderse en una puerta llena de obscuridad en el imperio del silencio, en una hora inmemorial.

Cuba ha sido para el naciente pensamiento de América, isla cara[836] y gloriosa, pues pudo allí aparecer, después del gran Martí, aquella excepcional alma solitaria que se llamó Julián del Casal y al lado suyo su hermana de espíritu, esa extraña virgen hoy difunta, Juana Borrero, que, por cerebral y vibradora y artista, puede en medio distinto ser colocada a la par[837] de María Bashkirtseff.[838]

Como la eslava, fue escritora y pintora; como la eslava, tuvo curiosos ensueños de grandezas legendarias; como la eslava, poseyó la dicha de la belleza, si bien en esa cubana imperaba[839] la rica y quemante hermosura de la criolla. No la vi nunca en Cuba, pero por su retrato sé de sus copiosos[840] cabellos obscuros, de sus ojerosos y grandes ojos negros, de su boca de fuertes y sensuales labios, y de la tristeza profunda y distintiva que envolvía toda su persona,[841] ponien-

---

833 En *La Nación* de Buenos Aires, 23 de mayo de 1896. Reimpreso por E. K. Mapes en su colección de 1938. Véase también: Rubén Darío. *Obras Completas* IV. Edic. Emilio Gascó Contell. Madrid: Afrodisio Aguado, 1955. p. 841 – 848, y José María Monner Sans. *Julián del Casal y el modernismo hispanoamericano*. México: El Colegio de México, 1952. p. 250 – 254. En lo adelante, al señalar los cambios de una edición a otra, usaremos *AA* para referirnos a la primera, y *MS*, para aludir a la segunda.
834 Se refiere la guerra de independencia librada por los cubanos contra el poder colonial español. La guerra había empezado el 24 de febrero de 1895.
835 *Tal*: como, semejante a
836 *Cara*: querida, amada, altamente apreciada
837 *A la par*: al mismo nivel, junto a
838 Ver nota 801 p.239
839 *Imperaba*: predominaba
840 *Copiosos*: abundantes, espesos
841 Probablemente Darío la está leyendo a través de los conocidos versos del poema "Virgen triste", de Casal.

do en ella algo de desterrada o de nostálgica. Así partió de este mundo llevándose sus flores espirituales, su virginidad, sus ensueños y su magia.

Era la amada y creo que la prometida de uno de los dos hermanos Uhrbach, encantadores y generosos poetas.

Por Carlos Uhrbach sabemos que aquella niña tropical no amaba el sol. Dice el desolado joven: «Se ha juzgado a Juana Borrero, un *temperamento de fuego*.[842] Están en un error los que así afirman. Ella no tenía nada de tropical; sólo su aspecto pudiera hacer creer que había nacido en esta zona. Siempre soñaba con brumas. Alemania la seducía y su imaginación se desencadenaba para volar a la Selva Negra, o rasgar con el filo jamás embotado de sus alas, los cendales[843] neblinosos que envuelven al Rhin.

«Yo sueño con un clima extraño - me decía - donde nunca haya sol. ¡Ah! el sol es mi primer enemigo». Y se complacía con lujo de imágenes en desplegar a los ojos de mi mente panoramas septentrionales, paisajes de hielo, castillos circundados[844] de pinos, lejanías crepusculares, lagos helados y comarcas pobladas de abetos.

«Y yo, confidente[845] de esos desvaríos ansiosos, la escuchaba, ¡la escuchaba sugestionado por la magia fascinadora de su verbo! Oh! cuán lejanas me parecen esas palabras! Sus ecos revibrarán mientras viva en mi corazón...»

Julián del Casal ha dejado entre sus versos una canción que celebra a la sororal[846] *Virgen Triste*:[847]

Tú sueñas con las flores de otras praderas...
.. ..
.. de los seres que deben morir temprano![848]

Ese profeta de la muerte no se equivocó. El partió antes: había asimismo en su faz la tristeza especial que señala a los seres que deben temprano morir y que en lo antiguo indicaría una predilección de los dioses. Parece que estos seres fuesen de vuelo hacia una región señalada y que en su peregrinación se equivocasen de senda y se hallasen de pronto perdidos en la áspera selva de esta existencia.

A esas almas, aún en medio de la primavera, en pleno florecimiento vital, queridas de la gloria o amadas del amor, diríase[849] que alguna potencia[850] invisible y fatal está de continuo haciendo señas desde la entrada de la tumba. La muerte les produce cierta atractiva impresión desconocida para el resto de los humanos. En una carta íntima dice Juana Borrero: «... A pesar de que algunos me juzgan tan venturosa,[851] hay en mi alma abismos tan profun-

---

842 Juana misma entró, como ya sabemos, en esta discusión. Ver nota 234 p. 52
843 *Cendal*: tela de seda o lino muy delgada y transparente (usado aquí figurativamente)
844 *Circundados*: rodeados
845 *Confidente*: receptor, depositario
846 *Sororal*: perteneciente o relativo a la hermana
847 Ver nota 841 p.247
848 En *AA* se reproduce en su totalidad el poema "Virgen triste". Puesto que incluimos el poema de Casal más adelante, aquí lo presentamos tal y como aparece en *MS*.
849 *Diríase*: uno pensaría
850 *Potencia*: poder
851 *Venturosa*: feliz

dos de tristeza y sinsabores[852] tan ocultos, que muchas veces anhelo la muerte, consoladora de todas las amarguras.

En[853] estos momentos en que me atormenta despiadado el insomnio, cruzan por mi cerebro ideas tan lúgubres que me producen un desaliento inmenso...»

Y Uhrbach nos cuenta: «Juana Borrero tuvo el presentimiento de su prematuro fin. Amaba la muerte y al mismo tiempo le inspiraba horror. Este dualismo no será comprensible; pero fue un hecho real.

«En las noches melancólicas de luna, cuando la naturaleza parecía narcotizada por la lumbre fría de los astros, recitábame las inmortales rimas que le consagró el pobre Casal, y cuando llegaba el último verso: «... porque en ti veo ya la honda tristeza, de los seres que deben morir temprano», su cabeza hacía signos afirmativos y su voz desfallecía, desvaneciendo sus timbres flébiles, como se apagan las notas musicales en las penumbras de los templos».

Yo me imagino el dolor de ese artista enamorado, que no llegó al triunfo de la posesión y que no volverá a encontrar sobre la tierra a su Leonora,[854] «¡nunca más!»

Y es de llorar con gran desolación por esas desaparecidas flores que se creerían imposibles entre la común vegetación femenina y que tan solamente se encuentran a modo de sorpresas que lo desconocido pone de cuando en cuando a la mirada del poeta. Esas almas femeninas tienen en sí una a[855] manera de naturaleza angélica que en ocasiones se demuestra con manifestaciones visibles; son iguales en lo íntimo a los hombres elegidos del ensueño, y se elevan tanto más maravillosamente cuanto sus compañeras terrenales, inconscientes, uterinas, o instrumentos de las potencias ocultas del mal, son los principales enemigos de todo soñador. «Parece, dice Maeterlinck,[856] que la mujer estuviese más que nosotros sujeta a los destinos». Y si ello es una verdad de la vida profunda, lo es más respecto de esas mujeres de excepción. Así el destino tuvo a esta pobre y armoniosa niña encadenada a una fibra incógnita y divinamente magnética, por la cual venían a ella los temblores supremos del misterio, pero la cual era acortada con fatal avaricia por las manos de la muerte.

Deja cuadros y poesías, la adoradora de Botticelli[857] y de Dante Gabriel Rossetti.[858]

El libro de los versos de esta privilegiada doncella, ya célebre en su isla maternal y en gran parte de América, debía ser acompañado de otro libro epistolario en que se documentase la psicología de la Bashkirtseff hispanoamericana. Más que los hombres, las mujeres se trasparentan en las cartas, des-

---

852 *Sinsabores*: penas, dolores
853 En *AA*: Punto y seguido después de "amarguras". A continuación: "Estos momentos...". Seguimos la de *MS* para evitar, en el segundo caso, el correspondiente error gramatical.
854 *Leonora*: personaje de la ópera *Il Trovatore*, de Giuseppe Verdi, basada en el drama *El trovador*, de Antonio García Gutiérrez. Su estreno tuvo lugar en el teatro Apolo, de Roma, el 19 de enero de 1853. En la ópera de Verdi, Leonora muere en los brazos de Manrico sin poder consumar su amor.
855 *Una a*: como
856 Conde Maurice Maeterlinck (Bélgica, 1862 – Francia, 1949), escritor. Recibió el Premio Nóbel de Literatura en 1911.
857 Sandro Botticelli (Florencia, 1445 – 1510). Pintor renacentista italiano.
858 Dante Gabriel Rossetti (Londres, 1828 – 1882), poeta y pintor inglés pre-rafaelita.

de los rasgos que investiga el grafólogo[859] hasta la expresión que encierra el secreto de sus sentidos, de sus nervios, de sus visiones. Siento no tener el libro raro de las poesías de Juana Borrero para dar alguna muestra de su manera y vuelo. Apenas verán mis lectores estos versos tristes, dedicados a un amado poeta:

> Escuchando las notas aladas
> que surgen vibrantes de tu arpa de oro,
> se han llenado mis ojos de lágrimas
> y ha subido a mi boca un sollozo,
> escuchando las notas aladas
> que surgen vibrantes de tu arpa de oro.
>
> ¡Yo no sé lo que tienen tus rimas
> que al llenar mi alma de triste dulzura,
> me recuerdan la imagen querida
> de un ser adorado que duerme en la tumba!
> Misterioso poder de tus rimas
> que llenan mi alma de triste dulzura...
>
> Canta, ¡oh bardo!, tus cantos evocan
> en mi pecho enfermo profunda tristeza,
> y se puebla mi mente ardorosa
> de febriles, fugaces quimeras,
> cuando escucho tus cantos que evocan
> en mi pecho enfermo profunda tristeza.

Y estos otros, a una amiga:

> Aunque sólo la vieron mis ojos en noche remota,
> no he podido borrar de mi mente la imagen hermosa.
>
> Sobre el fondo sombrío del palco las luces radiosas
> la ceñían de bucles de fuego, luciente corona;
> negro traje de raso y encaje cubría sus formas,
> modelando del talle correcto la curva graciosa;
> se veían sus brazos de nieve cubiertos de blonda;
> en el pecho llevaba prendido un rumo de rosas.
>
> ¡Pero yo comprendía al mirarla que no era dichosa!,
> que al través del raudal de su risa vibrante y sonora
> expiraba el gemido profundo de intensa congoja.

---

[859] *Grafólogo*: el que practica la grafología (arte que pretende averiguar las peculiaridades psicológicas de las personas mediante el estudio de las particularidades de su letra

Hay en ella sonetos admirables, a lo⁸⁶⁰ Casal, llenos de un sensualismo místico, extrañísimo, en el cual quizás encontraríamos la influencia del poeta de *Nieve,* tan celebrado por su maestro Verlaine,[861] y por el poderoso Huysmans.[862]

¡Pobre y adorable soñadora que ya no es más de este mundo! ¡Flores para la flor! ¡Bien resonarían para ella las palabras que lamentaron la muerte de la dulce Ofelia![863]

Yo saludo a la virgen que asciende a un balcón del Paraíso, en donde estará como la amada de Rossetti o la Rowena de Poe;[864] mas es más hondo mi lamento si considero que ese ser especial ha desaparecido sin conocer el divino y terrible secreto del amor...

---

860 *A lo*: a la manera, al estilo de
861 Paul Verlaine (Francia, 1844 – 1896). Uno de los más importantes poetas franceses.
862 Joris Karl Huysmans (Francia, 1848 – 1907). Novelista francés, muy conocido por su novela decadentista *À Rebours* (1884).
863 Ofelia: personaje de la tragedia *Hamlet*, de William Shakespeare.
864 Edgar A. Poe (Boston, E.U, 1809 – Baltimore, 1849). Importante escritor norteamericano, autor de poemas, relatos y ensayos. Rowena es uno de los personajes del relato "Ligeia", de Poe. Rowena enferma y misteriosos sucesos ocasionan su muerte.

Salve en lila de amor[865]

A mi amada

Carlos Pío Uhrbach

¡Oh serena y dulce, astro y flor, estrofa y color! Difundes en mi corazón, muerto de esperar, consumido por la impaciencia desolada de los anhelos irrealizables, perfume y savia de ensueños, incienso de ternura y almas de idolatría. Eres magníficamente todopoderosa. Imperas con todos los poderes y por todos los derechos... Casta y triste, el hálito de tu ardor es como el espíritu de los capullos en plena florescencia: fortificante y balsámico; vida y sueños, pebetero[866] misterioso que esparce el efluvio[867] cálido y embriagante que brota como un idilio de olor en las almas soñadoramente enamoradas. Las delicadezas casi intangibles las sutilmente tiernas son las que tú brindas. ¡Oh serena y dulce, astro y flor, estrofa y color!

Tienes ¡oh triunfadora! la dulzura de una lira que vibra sólo en noches pálidas, y las excelsitudes[868] que escapan a la penetración obtusa[869] de tus semejantes. ¿Eres hada o diosa? ¿Madona o elegida? ¿Sueño o realidad? Encarnaciones maravillosas han hecho de ti ¡oh triunfadora! un ser excepcional, cuya existencia alumbra con reflejos tenuamente eucarísticos, el santuario de la pasión, impenetrable para las almas no pulidas y purificadas al roce de la Tristeza. Tienes ¡oh triunfadora! la dulzura de una lira que vibra sólo en noches pálidas...

¡Oh eternamente amada! En ti se refu-[870]

---

865 Prosa que Carlos Pío Uhrbach le dedicó a Juana. Juana alude a él en la carta 133: "Mas luego tu regreso, la Salve, las primeras cartas de amor" (*EII* 41). Y en la carta 168: "Voy a copiarte la «Salve en lila de amor». ¿Puedes creer que se me cierran los ojos? Pero ya verás como no me acuesto. Me levantaría cerca de las siete con el cuerpo quebrantado. – A la verdad que si esa prosa es como yo creo, absolutamente sincera, tú me amas mucho mucho. Tengo que hacer un verdadero esfuerzo de imaginación para comprender que se habla de mí! Ay! siempre me ha abrumado como una obsesión la convicción de mi insignificancia!" (*EII* 168).

866 *Pebetero*: recipiente para quemar perfumes, y especialmente el que tiene la cubierta agujereada. Recipiente en el que arde una llama ceremonial

867 *Efluvio:* emisión de partículas sutilísimas

868 *Excelsitud*: cualidad de excelso (muy elevado, alto; de singular excelencia)

869 *Obtuso*: que demora en comprender

870 Aquí se interrumpe el manuscrito.

Juana Borrero[871]

Carlos Pío Uhrbach

Hace un año exacto que conocí a Juana Borrero. ¿Para qué? me pregunto hoy desolado. Cuando nos encontramos, traíamos cada cual su fardo[872] abrumador de nostalgias, tristezas y esas aspiraciones soñadoras que constituyen el patrimonio aniquilador, que ensombrece la vida, porque pugna en desacuerdo perpetuo con la realidad, y es demasiado altivo para someterse a la vileza de la adaptación.

Y no quiero, debo ni puedo, exponer la intimidad de esa grande alma que nos deja. Es un Santuario inaccesible a los profanos, a los que, como yo, no la han consagrado todo el anhelo de un espíritu, todos los afanes de la dicha.

Pero sí diré lo que valía, lo que era, lo que pudo ser, dónde le hubiera sido fácil llegar, porque sus alas eran poderosas para cernirse[873] sobre las cimas maravillosas del arte, porque la estructura de su pecho no estaba constituida para respirar las miasmas[874] de la tierra. Nadie más sedienta de idealidad que ella!

Se ha juzgado a Juana Borrero un *temperamento de fuego*. Están en un error los que así piensan. Ella no tenía nada de tropical; sólo su aspecto pudiera hacer creer que había nacido en esta zona. Siempre soñaba con brumas; Alemania la seducía y su imaginación se desencadenaba para volar, alondra inspirada, a la Selva Negra, o rasgar con el filo jamás embotado de sus alas, los cendales neblinosos que envuelven al Rhin. «Yo sueño con un clima extraño, - me decía - donde nunca haya Sol! Ah! el Sol es mi primer enemigo» y se complacía con lujo de imágenes en desplegar a los ojos de mi mente, panoramas septentrionales, paisajes de hielo, castillos circundados de pinos, lejanías crepusculares, lagos helados y comarcas pobladas de abetos.... Y yo, confidente de esos desvaríos ansiosos, la escuchaba, la escuchaba, sugestionado por la magia fascinadora de su verbo! - ¡Oh! ¡Cuán lejanas me parecen esas palabras! Sus ecos revibrarán mientras viva en mi corazón; pero ya jamás, jamás las volverán a escuchar mis oídos!

Juana Borrero tuvo el presentimiento de su prematuro fin. Amaba la muerte y al mismo tiempo le inspiraba horror. Este dualismo no será comprensible; pero fue un hecho real.

En las noches melancólicas de luna; cuando la naturaleza parecía narcotizada por la lumbre fría de los astros, recitábame las inmortales rimas que le consagró el pobre Casal y cuando llegaba al último verso «Porque en ti veo la honda tristeza – de los seres que deben morir temprano» – su cabeza hacía signos afirmativos y su voz desfallecía, desvaneciendo sus timbres flébiles,

---

871 En *El Fígaro*, año XII, no. 11, 15 de marzo de 1896. reproducido en: *PC* (243 – 245)
872 *Fardo*: carga
873 *Cernir*: Se dice de un ave (mover sus alas, manteniéndose en el aire sin apartarse del sitio en que está)
874 *Miasma*: efluvio maligno que, según se creía, desprendían cuerpos enfermos, materias corruptas o aguas estancadas

como se apagan las notas musicales en las penumbras de los templos.

Yo quiero que sepan lo que valía, repito. Quiero gozarme en la enumeración de sus aptitudes excepcionales, porque el infinito de mi dolor no puede en mi corazón dilatarse con recuerdos punzadores. Su memoria es legado; queda en mi corazón indigno de albergarla, pero grande, sí, dos veces grande, por el infortunio y por encerrar su historia.

Después de muerto Casal, nadie en Cuba ha tenido un temperamento tan artístico, intuiciones tan precisas, ni inspiración tan delicada. Sus últimas rimas inéditas, son una demostración palpable del alcance adquirido por su estro[875] desde la publicación de *Rimas* hasta ahora. Ella supo no dedicar su pluma más que a colorear asuntos elevados, a cincelar versos impecables, porque su divisa literaria era «el Arte por el Arte». Su desdén por lo vulgar fue tan grande como su talento!...

...Y cuántos proyectos constelaban su fantasía! Todos hermosos, levantados, excelsos. «Mira, – me dijo una vez, – tengo en preparación un libro, muy curioso que titularé *En la Dicha*, tú escribirás el prólogo, yo las rimas, y colaboraremos en el epílogo»... Y su faz se iluminaba y de sus labios entreabiertos por la sonrisa, me figuraba ver surgir una aureola que se iba convirtiendo en nimbo para circundar aquella cabeza soberbia y erguida que ya jamás encontraré.

Sus pinceles supieron conquistarle lauros.[876] Cada cuadro era un triunfo, cada rasgo el signo de una inspiración. Yo soy un indocto.[877] Yo no puedo juzgarla. Casal ya expresó su valía.[878] Yo no he sabido más que amarla, como ya no sabré más que recordarla llorando...

Recuerdo que sus predilectos eran, por rara coincidencia, también los míos. Cristián Chalón y el gran Boticelli, la encantaban! Una ocasión me describía la gran tela *El Destino* del simbolista italiano, y su semblante se animaba, traduciendo sus sensaciones de modo tan asombroso que sus ideas iban a clavarse en mi cerebro conmoviendo toda mi red nerviosa. Sus pupilas fosforecían radiosas como agrandándose en dilataciones elásticas para abarcar el conjunto de la pintura sugestiva y acabada que ponía ante ellas el poder indestructible del recuerdo... y terminaba por dejarme profundamente impresionado, pálido, anheloso,[879] como si hubiera puesto ante mí el cuadro y prestado su sensibilidad dolorosa por lo sutil, para apreciarlo... Después serenábase su rostro adquiriendo la expresión inteligente que le era habitual, como si aquel soplo tormentoso que cruzó por su alma, llegando de las regiones de la Belleza, no hubiese alterado su espíritu!

¿Y qué más?... No sé; no sé! No quiero saberlo. ¿Para qué? ¿Qué importa a los más? Los que la amaron; los que supieron quien era: los que hayan penetrado mi alma; comprenderán que la partida de la virgen ha sido el eclipse total de mis ilusiones .. .. ..

.. ..

875 *Estro*: inspiración ardiente
876 *Lauros*: renombre, fama
877 *Indocto*: ignorante
878 *Valía*: valor, méritos
879 *Anheloso*: anhelante

Y yo al trazar desordenadamente estas líneas, sin pulirlas, porque son para ella y no puedo tener vanidad, siento el vértigo que producen las caídas en los precipicios y que se abre en mi alma la flor embalsamada de la fe religiosa, no sé si blanca o negra, porque las sombras de mi espíritu me impiden percibir el matiz de su corola.

Y esta mañana gris y fría, me parece radiosa y cálida; porque el invierno está en mi corazón y la noche en mi alma!

MARZO 12, 1896.

---

880 En: José Lezama Lima. *Antología de la poesía cubana*, T. III. Madrid: Editorial Verbum, 2002. pp. 435 – 436.
881 *Artizada*: artística

Juana Borrero[880]

José Lezama Lima

Nació en La Habana en 1878. Su padre fue el literato y patriota Esteban Borrero Echeverría. Trasladada con su familia a los Estados Unidos cuando la insurrección de 1895, muere de pulmonía en 1896. Fue novia de Carlos Pío Uhrbach. Se asombraba Julián del Casal de las precoces muestras poéticas y pictóricas, que mostraba cuando sólo contaba 12 años, en cuya edad escribe los sonetos *Los hijas del Ran* y *Apolo*, que cuentan entre los mejores de nuestra literatura.

Juana Borrero no fue tan sólo un caso excepcional de precocidad poética, sino también un raro ejemplo de la forma paradojal en que se produjo en ella el misterio de la palabra. Sus primeras poesías, que ya muestran una notable madurez, fueron enseñadas a Julián del Casal, como ya dijimos, cuando Juana Borrero tenía doce años. Son poemas tersos, acabados, la voluntad domina un pulso muy firme para ordenar los agrupamientos verbales. Dibujos y contornos que ciñen una materia coloreada, rica y precisa. Pero alcanzada esa plenitud formal en tan temprana edad, Juana Borrero va mostrando entre esa edad y los 18 años en que muere, una plenitud de sugerencias, de sentimientos, de entrevistos misterios, que la convierten en una figura enigmática única en nuestra poesía. La forma artizada[881] pareció que se le regalaba por anticipado, mientras en la brevedad de su vida depuraba sus instintos para respaldar esa forma y hacerla maestra en su hechizo y en su vibración.

La vida de Julián del Casal, y después su muerte, logran sobre ella una fascinación, que pertenece a lo literario y que por otra parte está más allá de lo literario, que gravitará toda la vida sobre la poetisa. La vida de Casal, parece comunicarle cierta altivez a lo que escribe en ese tiempo, son los sonetos rotundos, la búsqueda plástica, el relieve; después de la muerte de Casal, busca una presencia sin nombre y todas las manifestaciones de la ausencia. Después de muerto Casal, no sólo perdura su recuerdo, sino que su novio Carlos Pío, ha sentido por Casal el mismo atractivo y la misma fascinación, ambos se han acercado por un mismo recuerdo.

En Puentes Grandes vive la familia de la poetisa, el doctor Borrero Echeverría ha formado un hogar donde el arte tiene su asiento. Casal visita la casa, la describe, «...*una puerta solferina de madera agrietada y de goznes oxidados, encuadra en ancho murallón, jaspeado por las placas verdinegras de la humedad y*

---

882 Alusión al soneto "Salomé", de Casal, particularmente a los versos que expresan: "Salomé baila y, en la diestra alzado, / muestra siempre, radiante de alegría, / un loto blanco de pistilos de oro". Sobre la anécdota a que alude Lezama, véase: Esteban Borrero Echeverría: "In Memoriam (por Julián del Casal) El lirio de Salomé". *El Fígaro*, 22 de octubre de 1899. p. 391. Reproducido en: Julián del Casal. *Prosas*, I. Edición del Centenario. La Habana: Consejo Nacional de Cultura, 1963. pp. 37 – 39.
883 *Primigenio*: primitivo, originario

enguirnaldado por los encajes de verde enredadera cuajada de flores. Su hogar, regido por su padre, tiene ya una gran madurez, que permite que un infante se sienta comprendido por las instrucciones paternales sobre la magia infantil.

...Pero déjame el goce de la infancia
en la hora fugaz!

Tener ojos para ese misterio de la infancia, es característica de un don excepcional, prolongarlo con los años es la señal del genio. Si alguien entre nosotros expresó el éxtasis de la luminosidad de la infancia fue Juana Borrero.
La sierpe que llevo oculta en el pecho me muerde... le dice a su novio Carlos Pío, poco antes de morir, tuvo la *precisión* para sentir la muerte como la había tenido para expresarse en su poesía y en su pintura. Pocos días antes de su muerte, visitó el cementerio donde iba a ser enterrada, como para reconocer la tierra donde se levantaría su morada en la eternidad. Esa misma mordida de la sierpe, de que nos habla, es la que le daba esa *precisión* para seguir el contorno de lo invisible: poesía, muerte, amor.
Con Juana Burrero aparece entre nosotros el misterio de la participación poética. Casal, los hermanos Uhrbach, todos los Borrero, cantan en el coro de la poesía. Casal visita la familia Borrero. El más pequeño de los hermanos de Juana irrumpe en la reunión... Alza en sus manos una flor y exclama: un lirio blanco de pistilos de oro.[882] Casal se siente comprendido en las más misteriosas esencias de su poesía, y abrazados en la intuición permanente para descubrir lo primigenio[883] de las cosas, sienten como las ráfagas de un esclarecimiento, como la luz que penetra en las más sombrías moradas subterráneas.

---

884 En: Cintio Vitier. *Poetas cubanos del siglo XIX* (Semblanzas). La Habana: UNEAC, 1969 (*Cuadernos Unión*). Reproducido en: *Crítica Cubana*. La Habana: Letras Cubanas, 1988, y en: *Crítica* 1. *Obras* 3. La Habana: Letras Cubanas, 2000. pp. 243 – 245. Esta última versión es la que seguimos aquí.
885 *Tornósele*: se le convirtió
886 *Vicaria*: de sustitución

La imposible[884]

Cintio Vitier

Cuando Casal visitó a los Borrero en la mágica casona de Puentes Grandes, el poeta de *Hojas al viento* era un hombre ya hecho y Juana una niña en tránsito precoz hacia la adolescencia. El encuentro y la visita, desgarradamente evocados por don Esteban después de la muerte de ambos, tuvieron un valor profundamente emotivo en la vida de Casal, pero en la vida de Juana fueron mucho más. Allí quedó sellado su destino, inexorablemente trágico. Casal debió naturalmente fascinarla, porque reunía en el más alto grado, como poeta y como hombre, todos los atributos de refinamiento, tristeza y elegancia espiritual, a más de la apostura física, que aquella niña artista soñaba ya a través de sus lecturas, dibujos y adivinaciones femeninas. Esa fascinación se tornó pronto en obsesión. El temperamento de Juana era sin duda patológicamente obsesivo, y la imagen de Casal, con el que tuvo relaciones que desconocemos pero que al cabo, por una causa u otra, se alejó, tornósele[885] centro fijador de torturas y remordimientos. Es evidente que Juana, al morir inesperadamente Casal, después de muchos meses sin verlo, contraía con su memoria un sentimiento de culpa, probablemente imaginaria, mas no por ello menos torturante. Al aparecer en su horizonte, traído por la dedicatoria de *Gemelas* a Casal y por su condición de discípulo devoto del maestro de *Nieve,* el también neurótico y extraño Carlos Pío Uhrbach, Juana proyectó sobre él toda su frustración anterior y toda su alucinada voluntad de amor. No creo que su relación con Carlos Pío se redujera a una simple transferencia erótica, que fuera, por así decirlo, una relación vicaria.[886] De ser así, no hubiera redoblado sus remordimientos, como en efecto ocurrió, ni, por otra parte, hubiera desatado en ella el infierno de los celos. Esa relación fue auténtica y basada en cualidades de Carlos Pío que Casal no tenía (para resumirlo en un rasgo, diremos que no puede concebirse a Casal muriendo en los campos de la Revolución); pero la sombra de Casal se interponía entre los desesperados amantes. Esa sombra estaba hecha de diversos planos.

En primer término, la imagen de la propia Juana, la imagen que ella oscuramente se sentía en el deber de realizar, la había fijado Casal en las hermosas y fatídicas estrofas de «Virgen triste», que terminan con esta sentencia:

---

887 *Cátaros*: perteneciente o relativo a varias sectas heréticas que se extendieron por Europa durante los siglos XI – XIII, e insitían en la necesidad de llevar una vida ascética y la renuncia al mundo para alcanzar la perfección
888 *Programático*: expreso, de manera explícita y abierta
889 *Paganismo solar*: adoración del sol cercano a la idolatría
890 *Torció*: desvió
891 *Tanática* (de Tánatos, la personificación de la muerte en la mitología griega)
892 *Pathos*: sufrimiento

Ah! yo siempre te adoro como un hermano,
No sólo porque todo lo juzgas vano
Y la expresión celeste de tu belleza,
Sino porque en ti veo ya la tristeza
De los seres que deben morir temprano.

En segundo término, el maniqueísmo de Casal, resuelto en la irreconciliable dualidad del Arte y la Vida, chocaba profundamente con el verdadero temperamento de Juana; mas, por eso mismo y como una terrible expiación, ella quiso llevarlo hasta sus últimas consecuencias. Si la Vida, en la estética casaliana (véanse «Blanco y negro», «Cuerpo y alma»), es irredimiblemente impura y mala, si él en su semblanza la vio pasando de la virginidad a la muerte, a Juana en su alucinación amorosa no le quedaba otro camino que, estrangulando las poderosas fuerzas vitales de su ser, convirtiéndolas en pura voluntad, realizar algo que también soñaron las cátaras[887] del mediodía francés en el siglo XII: el matrimonio absolutamente espiritual. Ese es el tema obsesivo, latente siempre en sus cartas a Carlos Pío, de quien arrancó la promesa solemne de cumplir sus sublimes y conscientemente antinaturales deseos. El rencor de Casal hacia la naturaleza, ella lo asumió como odio programático.[888] Que no era sincero, lo comprobamos leyendo sus espontáneos sonetos «Himnos de vida»:

En el misterio de la selva hojosa
Extiende amor su imperio dominante;
Allí al posarse en el clavel fragante
Se enciende de pasión la mariposa!

o «Vorrei Morire»;

¡Morir entonces! Cuando el sol naciente
con su fecundo resplandor ahuyente
de la fúnebre noche la tristeza,

Cuando radiante de hermosura y vida
al cerrarme los ojos, me despida
con un canto de amor Naturaleza!

893 *Temerari*a: arriesgada
894 El origen de la historia de Tristán reside en las aventuras de un caballero de la corte del rey Arturo o de Cassivellaunus. Al parecer, la historia se conocía desde el siglo VI y luego fue adoptada por los trovadores. Fue escrita por diversos autores, entre los que suele citarse a: Thomas de Ercildoune (el Rimador), Raoul de Beavais, y a Chrétien de Troyes. En la historia, Tristán se enamora de dos jóvenes llamadas Isolda. De hecho, Tristán se casa con Isolda de Bretaña esperando olvidar así a Isolda de Cornualles, con la que no podía casarse por estar casada con el rey Mark.
895 *Albigense*: se dice del hereje de una secta que tuvo su principal asiento en la ciudad de Albi, durante los siglos XII y XIII. La filosofía albigense era de raíz maniqueista, derivada de la tradición cristiana (tenían al Nuevo Testamento como su libro más importante). Sólo creían en dos poderes: la luz y las tinieblas. Satán presidía, estaba en todo lo material. Rechazaban la divinidad de Cristo y los sacramentos de la Iglesia.

Muy cerca del paganismo solar[889] estaba espontáneamente Juana. Casal torció[890] el rumbo de sus energías, dirigiéndolas hacia la noche tanática,[891] en uno de los raptos de romanticismo del imposible más absoluto que se han conocido, incluyendo a los románticos alemanes. El tránsito de un *pathos* [892] al otro podemos apreciarlo simbólicamente en su decisivo soneto «Apolo»:

> *Marmóreo, altivo, refulgente y bello,*
> *Corona de su rostro la dulzura,*
> *Cayendo en torno de su frente pura*
> *En ondulados rizos sus cabellos.*
>
> *Al enlazar mis brazos a su cuello*
> *Y al estrechar su espléndida hermosura*
> *Anhelante de dicha y de ventura*
> *La blanca frente con mis labios sello.*
>
> *Contra su pecho inmóvil, apretada*
> *Adoré su belleza indiferente,*
> *Y al quererla animar, desesperada,*
>
> *Llevada por mi amante desvarío,*
> *Dejé mil besos de ternura ardiente*
> *Allí apagados sobre el mármol frío.*

No había manera de animar ese mármol, que era el ideal de belleza casaliano, que era quizás Casal mismo. La niña alucinada va a probar entonces que su fuego no era simplemente carnal, sino esencialmente espiritual; que también ella, en medio de las llamas, puede hacerse como el mármol frío; que su beso soñado, sin dejar de ser ardiente, puede ser absolutamente casto. Un beso casto y salvaje, la más temeraria[893] paradoja imaginable, es lo que le ofrece como sumo ideal a Carlos Pío. Todo esto sólo es posible en la poesía, en una poesía que se empeña en separarse de la vida, en una poesía que tiene sus raíces en el maniqueísmo, en el mito de Tristán e Isolda,[894] en las cortes provenzales. Herejía albigense[895] de la pureza enemiga de la vida, que es una de las raíces más poderosas del romanticismo y que en nosotros dio una flor trágica. Pero nada de esto es posible en la vida. Consumida por la obsesión, por las alucinaciones, por la fiebre desviada de su verdadero objeto, Juana se apagó como una brasa en el arenal de Cayo Hueso, dejándonos en las manos la hoja tibia de su «Última rima», como el testamento del imposible.

Otras opiniones sobre Juana Borrero

Juana Borrero, la adolescente atormentada

(FRAGMENTO)[896]

Angel Augier

Frente al fenómeno de una vida no lograda plenamente, como la de Juana Borrero, frente a esta existencia a la que se le negó el tiempo preciso para que cristalizara espléndidamente, se cree experimentar una sensación de impotencia, un sentimiento de limitación lastimosa. Acostumbrados a contemplar a los grandes ejemplos de humanidad en su plena realización, en su trayectoria completa de todas o de casi todas las etapas de la vida y actuando con decisiva influencia sobre una circunstancia histórica determinada, pudiera estimarse que una adolescente, es decir, una existencia frustrada en su proceso normativo, carece de verdadero interés. Sobre todo, muchos de los que han seguido esta interesante serie de conferencias sobre habaneros ilustres, quizás desconfíen, por contraste, de la importancia histórica de esta muchacha genial que no llegó a los 20 años, y que es la única figura femenina incluida en esta galería de grandes hijos de La Habana; ella, la única, con su magnífico rostro de *virgen triste,* lleno de azorada juventud, entre tantos rostros venerables y severos, abrumados por la meditación rectora[897] o iluminados por la gozosa inspiración.

Sin embargo, basta que nos asomemos con una absoluta carencia de prejuicios a este maravilloso *caso humano,* producido en un instante trascendental de nuestra historia, para notar que en el acto[899] se gana nuestra emocionada simpatía: tal es el interés y la belleza que entraña.[899] En Juana Borrero sorprendemos un temperamento excepcional, un espíritu riquísimo en ritmos y matices insospechados, estremecido en tal intensidad interior y volcado [900] en tan hermosa forma exterior en el molde eterno del arte, que podría asegurarse que porque vivió apasionadamente, en utilidad y en belleza, el corto tiempo de vida de que disponía, que porque llenó a plenitud[901] el pequeño lote[902] de existencia que le fue asignado, murió precisamente en el momento que le correspondía, describiendo la corta parábola de su vuelo por el cielo confuso del *fin de siglo* cubano con tan graciosa majestad, que en la congregación[903] de nuestros hombres realmente ilustres, puede tomar un lugar

---

896 Angel Augier. "Juana Borrero, la adolescente atormentada". *Cuadernos de historia habanera*, 15. La Habana: Municipio de La Habana, 1938. Reproducido en: Angel Augier. *De la sangre en la letra*. La Habana: Ediciones UNEAC, 1977. pp. 169 – 203. Las páginas que siguen están tomadas del comienzo del ensayo, y de la edición de la UNEAC.
897 *Rectora*: que rige o gobierna
898 *En el acto*: rápidamente
899 *Entraña*: tiene en sí (dentro)
900 *Volcado*: puesto
901 *A plenitud*: completamente
902 *Lote*: tiempo
903 *Congregación*: reunión, agrupamiento

preferente junto a los que agoraron todas las posibilidades de una larga y fecunda vida. Ella no fue un triunfo, pero fue un impulso; no fue una realización absoluta, pero sí un esquema admirable; o para decirlo con palabras ajenas: «no fue una fuerza, pero fue una gracia». En la historia de Cuba existe un paréntesis de asombrosa intensidad: ese espacio de tiempo que se extiende entre el Zanjón y Baire,[904] entre el desconsuelo de una derrota y la esperanza de una victoria; en ese período de aparente paz,[905] pero de guerra sorda y silenciosa – y con el que muchos identifican el actual momento cubano –, transcurrió exactamente la vida de Juana. Nació ella en 1878, cuando se apagaban los ecos de los últimos estampidos de la Guerra Grande, y murió en 1896, un año después de iniciarse la lucha que habría de librarnos, con todas sus limitaciones, de la opresión de la monarquía española. Hay estados de conciencia colectivos, complejos históricos, que son difíciles de evitar por las grandes sensibilidades. Inconscientemente absorben la atmósfera histórica que les rodea, con sus manifestaciones a veces contradictorias, y aunque nunca, probablemente, intentarán relacionar su entidad[906] espiritual con el clima anímico de su pueblo y de su época, serán un producto de éstos. Yo veo en Juana Borrero el símbolo del alma cubana en los años que ella vivió tan maravillosamente: el alma ansiosa y atormentada de Cuba que no podía conformarse con una existencia sin plena grandeza y libertad. Porque aunque muy contadas[907] veces sus versos registraron los ecos de la tragedia patriótica, todo el sedimento de aquella época inquieta y penosa, plagada[908] de provisionalidad, de inestabilidad, se resumieron insensiblemente en su exquisito espíritu inconforme.

He llamado a Juana Borrero «la adolescente atormentada». En realidad, todo adolescente es de cierto modo un atormentado, por causas que no suele analizar. Ya los grandes psicólogos de la adolescencia – que encontrarían en Juana un precioso documento humano para confirmar sus experiencias científicas – han fijado la situación típica del alma en esa edad crítica del ser humano. Ya la definió Mendousse[909] como «un período de transformación y de crisis, de equilibrio inestable, una vez roto el equilibrio relativamente estable de la infancia, y como etapa para lograr otro equilibrio aún más estable: el de la edad viril»; es decir, una importante etapa del desarrollo psico-biológico

---

904 *El Zanjón*: alude a lo que se conoce como el «pacto del Zanjón», el cual, tras diez años de combates, puso oficialmente fin, en 1878, a las hostilidades entre cubanos y españoles. Con el Zanjón concluye lo que dio en llamarse la «Guerra de los diez años», o simplemente la «Guerra Grande» Al no haberse logrado entonces la independencia, el Zanjón significó un momento de intensa frustración patriótica entre los cubanos. La lucha por la independencia se reanudó el 24 de febrero de 1895 con el «Grito de Baire».
905 Ese período es conocido como el de la «tregua fecunda».
906 *Entidad*: identidad
907 *Contadas*: pocas
908 *Plagada*: llena
909 Pierre Mendousse, autor de *L'ame de l'adolescent* (*El alma del adolescente*). Tanto Mendousse como Spranger, a quien también cita Augier, participan en el cambio de orientación de los estudios sobre la adolescencia que tuvo lugar a fines del siglo XIX y comienzos del XX. La imagen del adolescente asociada a los cambios físicos que acompañaban la pubertad, da paso ahora a las imágenes psicológicas (vulnerabilidad, maleabilidad, potencial creativo, cambio emocional)

del hombre, en la que, según Spranger,[910] «muchos de sus fenómenos de conciencia tienen un *sentido evolutivo* expreso y que no se podría *comprenderlos* justamente sino como procesos evolutivos». Pero con influir estos naturales trastornos sobre Juana más agudamente que sobre el tipo normal, fue su tormento de otra índole,[911] se desplegó en otro sentido más profundo y doloroso: fue el tormento sublime de la creación artística, la tortura lenta y silenciosa de plasmar[912] en la música del verso o en el color caliente del lienzo las inquietudes y los estremecimientos de la sensibilidad. Tolstoi[913] creía que «fuera del crear, no había verdadero placer»; pero ese goce supone en el creador una plenitud de todas sus facultades, un dominio absoluto de la materia de creación. En esa edad de la preocupación inútil y de la encantadora despreocupación, crear no es un placer, y si alguna vez lo fuera, sería un placer doloroso. Es que entonces la voluntad está dominada poderosamente por la fuerza del imperativo artístico, y se crea como por una suerte de fatalidad insoslayable, sin poseer aún «el factor directivo y unificador de la conciencia» ni del instrumento de expresión. En la llama de ese tormento fue donde quemó su espíritu Juana Borrero.

---

910 Edward Spranger (Berlin, 1882 – Tübingen, 1963). Propulsor de la pedagogía formativa
911 *Otra índole*: otra naturaleza
912 *Plasmar*: expresar
913 León Tolstoi (Rusia, 1828 – 1910). Novelista ruso. Entre sus obras más famosas se encuentran *La guerra y la paz* (1869) y *Ana Karenina* (1877).

Juana Borrero (fragmentos) [914]

Fina García Marruz

Intensa, lúcida, apasionadísima, detiene el tiempo con sus doce años vestidos de negro ya, con algo de virgen viuda ideal de dos poetas, el velo de crespón que le viera Casal sobre la frente tostada, y ascuas[915] en los ojos oscuros. El que ha repasado horas enteras las hojas alisadas y brillantes de El Fígaro, con los retratos de las damas y señoritas de su tiempo, reconoce enseguida el aire distinto de ese rostro marcado por el espíritu como por un estigma[916] doloroso que, lejos de prestarle a su expresión el aire desvaído[917] y soñador de la señorita que hace versos, le diera, como un mismo tema que pasase de la acuarela al óleo, mayor concentración o fijeza. No es el famoso «mal del siglo» que le viera el poeta, «la tristeza prematura» de «los seres que deben morir temprano», lo que detiene en ese rostro, más ardiente que melancólico. Es más bien esa dualidad que hay en él de ensoñación distante y apego[918] a las fuerzas de la vida. No es el suyo un rostro solamente romántico, aunque haya tanto de romántico en él. Sugiere la imagen del carbunclo[919]: la lumbre, lejana; el calor, casi hogareño, próximo. El conjunto de sus rasgos deja esa impresión de tenacidad y firmeza que tienen todos los Borrero, el sello del padre trabajador que a los doce años ya ayudaba de maestro en la escuela materna y que adolescente aún se alzó con todos sus discípulos a la manigua, donde la madre siguió fundando escuelas y él combatió heroicamente hasta el fin. El aura[920] de los Borrero la escoge para fijarse y escapar. Pareciera que hubiese hecho falta su delicadeza y concentración para soportar, como una nube la descarga eléctrica, el sino del apellido trágico. El parecido filial revolotea por los rostros de las hermanas reunidas, como en retrato de familia, en la casona de Puentes Grandes; le toca a una en el ceño, a la otra en la boca, hasta posarse, como una mariposa sombría, en los ojos de Juana, que parece que acabara siempre de recibir la noticia de la muerte de Casal. La noticia funesta cierra sus grandes alas oscureciendo la estancia en la que el padre se lleva las manos a la cara para ocultar los sollozos, y de la que se retiran, sin que nadie los pruebe, los platos de la mesa. Pero aún no ha ocurrido nada de esto, aún la casa no ha sido saqueada, rotos los cuadros y libros, desaparecidos los poemas, ni la familia ha tenido que huir, precipitada, a Cayo Hueso, para la emigración; aún no ha muerto Casal de un golpe de risa ni Carlos Pío de ham-

---

914 Fragmentos del "Prólogo" a las *Poesías* de Juana Borrero. La Habana: Academia de Ciencias, Instituto de Literatura y Lingüística de la Academia de Ciencias, 1966. pp. 7 – 8, y 16 – 22.
915 *Ascua*: pedazo de materia sólida y combustible que por la acción del fuego se pone incandescente y sin llama
916 *Estigma*: la marca de la pasión (figurativamente)
917 *Desvaído*: descolorido, o de color apagado; sin vigor, sin fuerza
918 *Apego*: afición o inclinación hacia alguien o algo
919 *Carbunclo*: rubí
920 *Aura:* hálito, aliento, soplo (figurativamente, la *herencia*)

bre y fiebre en plena manigua. Aún no se cierne la tragedia sobre la casa. ¿Por qué tiene entonces el rostro de la niña como el presentimiento profético de un destino aciago?[921] Había nacido en plena primavera, un año antes de finalizar la Guerra Grande, en una casa de la calle de Rayo.[922] Rayo y flor serían sus signos.

....

El retrato de Casal

De imprescindible evocación es la pintura deliciosa que dejó Casal de su visita a casa de los Borrero, que vive rodeado de sus excepcionales hijas. Debe atravesar el caserío de Puentes Grandes para llegar a la casa, en medio de un paisaje agreste.[923] Es una de las pocas pinturas del natural, al «aire libre» y no de caballete,[924] que nos dejó el poeta, tan poco aficionado, como se sabe, a ellas. Creemos tomar el tren, sentir físicamente la veladura, y rumor de la hora temprana, el contraste del ajetreo[925] de la máquina y la prodigiosa calma de los paisajes que cruzan en vuelo por la ventanilla, los ruidos del trabajo iniciándose y la niebla fresca.

> Yendo por la mañana el caserío presenta alguna animación. Es la hora en que desfila por la calzada polvosa, la diligencia atestada de pasajeros, en que rechinan las ruedas de enormes carretas arrastradas por bueyes que jadean al sentir en sus espaldas de bronce el hierro punzante del aguijón; en que cruje el pavimento de los puentes al paso de los campesinos que, con la azada al hombro y una copla en los labios, marchan a sus faenas; y en que las rojas chimeneas de las fábricas imitan serpientes de humo que se alargan, se quiebran y, se disgregan entre los aromas del aire matinal. En tales horas podéis encontrar a la niña, con el pincel empuñado en la diestra y con la paleta asida en la izquierda; manchando una de sus telas, donde veréis embellecido algún rincón de aquel paisaje, iluminado por los rayos de oro de un sol de fuego y embalsamado por los aromas de lujuriosa vegetación. Llegada la noche el sitio se llega mágicamente a transformar. Más que al borde de un río del trópico os creéis transportados a orillas del Rhin. «Basta un poco de fantasía para que veáis convertida la choza humeante a lo lejos en la tradicional taberna de atmósfera agriada por el fermento de la ambarina cerveza y ennegrecida por el humo azulado de las pipas...»[926]

---

921 *Aciago*: fatal, trágico
922 *Rayo*: nombre de una calle habanera
923 *Agreste*: campesino, lleno de maleza
924 Nótese la contraposición «Aire libre» vs. «caballete». Lo primero sugiere la mirada "natural"; mientras que lo segundo apunta al "artificio".
925 *Ajetreo*: el movimiento constante, la fatiga
926 En el prólogo a *P*, esta cita parece comenzar en «Basta...». Aclaramos, sin embargo, que todo el párrafo que comienza en «Yendo...» está tomado del texto de Casal.

A Casal la realidad le sugiere siempre una sustitución. Así ve transformada en taberna nórdica, pasada por el sueño de Huysmans, la cubanísima «choza humeante a lo lejos». No ha logrado esa identificación de vida y poesía de Martí,[927] por la cual el pararrayos de una fábrica recortándose sobre las evaporaciones nocturnas puede estar tan dentro de la poesía como la flecha de una catedral. En Casal la visión física siempre pide ser «abolida» (el adjetivo nobiliario y mágico de Nerval[928]) en tanto que la sensación auditiva lo lleva a una mayor penetración dentro de la poesía que lo conduce del reino de la suplantación total al del crecimiento por la resonancia. El galope de un caballo le basta para evocar, en pleno bosque cubano, al Rey de los Alanos de Goethe, o al Postillón de Lenau. El ruido de las ondas le sugiere «la voz de Lorelei, que destrenzados los cabellos de oro sobre las espaldas de mármol, entona al viento de la noche, desde musgosa peña, su fatal canción». No es el parecido sino la resonancia, en una escala más alta de significación, lo que hace que las ondas del río, más que al flujo de la vida misma, lo conduzca al reino de los inmortales y de la fábula.

Podríamos decir que el procedimiento artístico de Juana iba a ser el inverso. En tanto que Casal mitifica lo que tiene delante de los ojos, ella humaniza hasta las fábulas. Veamos el relato que nos ha dejado Aurelia del Castillo de la génesis de una de sus composiciones, «Las hijas de Ran». Por cierto que Mercedes Borrero, hermana de la poetisa, nos ha dicho que había buscado este nombre de Ran en todas las mitologías sin hallar ninguna explicación acerca de él, lo cual la hace pensar que se trate más bien de «Las hijas del Rhin», que nos remite enseguida a la frase de Casal: «Os creéis transportados a orillas del Rhin». Oigamos la evocación de esta escena:

> Subía la joven las escaleras de su casa acompañada de una de sus hermanas, quien llevaba en las manos un bonito grabado representando un grupo de ondinas de mar, y se le ocurrió decir a aquélla: «Juana, tú podrías hacer un soneto con este asunto» y como si aquello fuese evocación de algo sabido de antemano, comenzó a brotar de los labios de Juanita el soneto, que estaba concluido o poco menos cuando llegaron a lo alto las dos muchachas. Así salió tan fresco, tan inundado de luz.

Esta página nos da idea no sólo de su precocidad literaria, que a tan pocos años hace un soneto impecable, sino sobre todo de su capacidad improvisadora, de su modo de hacer un poema, sin elaboración excesiva, casi como una emanación natural del tema que viene hacia ella, que no hace sino recibirlo.[929] El mundo de la indiferencia divina es, como las ninfas por las olas, codiciado por el mundo de la pasión y el deseo. Las ondinas míticas «ignorando tal vez

---

927 He aquí un rasgo característico de la crítica literaria tanto de García Marruz como de Vitier: perseguir y cazar los desvíos del texto nacional, introducir el escalpelo rectificador y hacer el aparte de las aguas. Un aspecto constante de esa operación consiste en comparar el texto al de Martí, que no es sino la Nación misma encarnada, paradójicamente, en una superficie tan volátil como lo es la escritura.
928 Gérard de Nerval (1808 – 1855). Escritor francés precursor del simbolismo y del surrealismo.
929 Obsérvese otra vez la insistencia en oponer lo "natural" (Juana) al "artificio" (Casal). Es esta oposición la que igualmente esgrime Vitier para oponer a Martí a Casal.

que son hermosas» juegan como simples muchachas «contentas», una palabra humildísima, casi inimaginable en Casal, tienen la menor lejanía e hieratismo [930] posibles. En cuanto a la desenvuelta niña, que «ora cogía el pincel, ora la pluma», ¿hasta qué punto coincidía con la imagen que de ella nos da Casal en su famosa estampa? Veamos cómo explica Casal «la tristeza prematura» que cree ver en sus rasgos todavía mfantiles y en sus versos:

> «La melancolía que destilan las primeras producciones de ciertos artistas no es más que la fermentación de los pesares que, día por día, les ha causado la observación de las múltiples deficiencias que la vida ofrece ante sus deseos. No es imaginaria, como algunos pretenden, sino real. De ahí ese hastío prematuro, ese profundo descorazonamiento, ese escepticismo glacial, ese adormecimiento de los sentidos, ese apetito desenfrenado de lo raro... Cada vez que salen al mundo, el asco los obliga a volver sobre sus pasos...»

No hay más que leer estas palabras para darse cuenta del sutil desenfoque de su retrato, que se aviene[931] mucho mejor que a Juana, al propio Casal. ¿Qué «fermentación de pesares» podía haber en una niña crecida en el seno de una familia encantadora, rodeada de un paisaje idílico? Juana, lejos de observar «las múltiples deficiencias de la vida» observaba, como nos cuenta su hermana Dulce María en su *Evocación,* «el archipiélago minúsculo de los islotes que interceptan la corriente del río, un raro insecto que fijó su aposento[932] en el raso brillante de una hoja», o trata de apresar, sin romperle las alas, «una mariposa nueva nunca vista, de extraña policromía, que al regresar a la casa traería con mil cuidados defendiéndola en los encajes del corpiño,[933] para mostrarla al maestro de Historia Natural (que no es otro que su único maestro, nuestro padre) y tener amistad con una nueva especie de criaturas aladas, cuya existencia le cautiva el alma». A Juana le apasiona la vida, que hastía a Casal, en todas sus formas. Sus dibujos de Historia Natural eran tan precisos y delicados que encantaron a los naturalistas Poey[934] y Carlos de la Torre,[935] amigos de su padre. Poey, impresionado por los finísimos trabajos a pluma de la niña, le regala una serie de láminas primorosas[936] de su colección. Ella reproduce en sus dibujos las estrellas de mar, las ramazones[937] del coral, las medusas y las madréporas, las mariposas y los caracoles. De su padre tiene el interés apasionado por la naturaleza, de la madre el gusto por las mitologías antiguas, de que había sido estudiosa en su juventud, y por la astronomía. Tiene su observatorio en la terraza del piso alto de la casa y desde allí

---

930 *Hieratismo*: rigidez
931 *Se aviene*: es más apropiado
932 *Aposento*: morada, hogar
933 *Corpiño*: parte del vestido que cubre el torso
934 Felipe Poey (La Habana, 1799 – 1891), eminente naturalista cubano. Fundó en 1839 el Museo de Historia Natural. Llegó a ser presidente de la Sociedad de Antropología.
935 Carlos de la Torre y Huerta (1858 – 1950). Otro importante naturalista cubano. Fue uno de los miembros más distinguidos de la Academia de Ciencias Médicas, Físicas y Naturales de La Habana.
936 *Primorosas*: bellas
937 *Ramazones*: ramificaciones

consulta los augurios prósperos o funestos todas las noches. Nada escapa a su interés. Tiene además la dimensión de lo imaginario, la fascinación del mundo fabuloso de las ninfas, nereidas[938] y divinidades mitológicas. Y como si fuera poco le apasionan la pintura y la literatura. A los cinco años ya sabe leer y escribir. Su padre le ha puesto en la mano los dramas de Shakespeare y la niña, impresionada por la historia de Romeo y Julieta, pinta una rosa y un clavel, a los que pone el nombre de los dos amantes, dibujo que su padre guardaba celosamente tras un cristal y que aún se conserva. Según Dulce María a esta temprana edad había ya compuesto «con un simbolismo primario realmente encantador, la existencia de los sentimientos humanos, personificando la Envidia, la Desobediencia, el Amor Paternal, el Espíritu de Sacrificio, la Avaricia y otras cualidades positivas y negativas del espíritu en dibujos de un tecnicismo anárquico y bravío...» A los siete años escribe su primer poema. Desde muy niña su padre la había familiarizado con Leopardi,[939] Hugo,[940] Musset,[941] Dante,[942] Milton,[943] pero sus autores preferidos son Bécquer[944] y Heine [945]. Cuando Casal la conoce ya ha dejado de dar clases con Menocal, que a la cuarta o quinta lección confiesa que en realidad «no tenía nada esencial que enseñarle». El día de su primera lección dice al maestro: «No me explique teorías porque son inútiles para mí; pinte un poco en esa tela y así lo entenderé mejor.» Estas palabras pintan a Juana y su verdadera diferencia con Casal, quien sustituye siempre el acto por la especulación. Obsérvese además cómo la discípula enseña al maestro el método mejor a seguir con ella. No está en una actitud tímida, receptiva, sino que le da una orden: «pinte un poco en esa tela...» No quiere teorías sino observación de realidades. No se aviene esto a la imagen de la joven «bachillera»[947] atiborrada[947] de libros. La «tristeza prematura» que el poeta ha visto en ella no debió ser entonces originada sólo por una cabeza llena de sueños. Es algo que le «sobreviene»[947] por momentos:

> *Ceño que a veces arruga*
> *abriendo en su alma una herida,*
> *la realidad de la vida*
> *o de una ilusión la fuga.*

No es un rostro lánguido, enseñoreado[949] por la melancolía, sino un ros-

---

938 *Nereidas:* ninfas que residían en el mar
939 Giacomo Leopardi (1798 – 1837), poeta y ensayista italiano.
940 Victor Hugo (1802 – 1885). Célebre novelista y poeta francés. Fue muy reverenciado por los modernistas hispanoamericanos.
941 Alfredo de Musset (1810 – 1857). Poeta, dramaturgo y novelista romántico francés.
942 Dante Alighieri (1265 – 1321). Escritor florentino, autor de la *Divina Comedia*.
943 ohn Milton (1608 – 1674). Escritor inglés, autor de *El Paraíso perdido*.
944 Gustavo Adolfo Bécquer (1836 – 1870). Uno de los poetas románticos españoles más conocidos. Sus *Rimas* gozaron de popularidad entre los modernistas.
945 Henrich Heine (1821 – 1881). Poeta alemán que también disfrutó de gran aceptación en la Hispanoamérica del modernismo.
946 *Bachillera*: mujer que habla mucho e inoportunamente
947 *Atiborrada*: rodeada
948 *Sobreviene*: que ocurre de repente
949 *Enseñoreado*: gobernado

tro vivo y apasionado al que de pronto parece «tomar»[950] lo doloroso:

*como negra mariposa
en fragante margarita.*

Quizás Casal se apresuró a hermanar sus respectivas tristezas que procedían de dos centros distintos. El «hastío» de Juana es menos profundo y decisivo que el de Casal y presumimos que de origen puramente literario. «El pálido fantasma del hastío» que aparece en uno de sus poemas, era en realidad un fantasma, pues la niña se aburría poco.

A los doce años, como hemos visto, ha leído todo lo imaginable, escruta[951] los astros, estudia con pasión la naturaleza, pinta, observa, sueña. La fascinan por igual lo real y lo imaginario. De ninguna manera corresponde a la joven que ve Casal y a la que aconseja «encastillarse en su ideal, nutrir con su sangre sus ensueños», consejos en realidad contradictorios. Nutrir con la propia sangre los ensueños es lo contrario de encastillarse en el sueño como tal sueño, y quizás sea esta la clave del parecido y la diferencia que los une.

En Casal hay una transferencia de vida a arte que no hay en Juana, temperamento más ardiente, menos esteticista; de aquí que «el hastío de rostro enmascarado», que en él proviene de lo insatisfactorio de esta sustitución, no alcance sino superficialmente a la joven, cuya necesidad de absoluto, sin embargo, es más profunda. Sólo el amor a lo perecedero[952] en cuanto tal puede encender el hambre de lo imperecedero. Casal desdeña lo que llama «esta existencia miserable y desgraciada» y busca refugio en el Arte, de aquí que se refiera al reino abstracto de «lo ideal». Juana entendería mejor la noción sustancial de la *vida* eterna. Un poema como Himno de vida es inimaginable en la obra de Casal. La palabra más cargada de intencionalidad poética en él es la palabra «frío». («Circula por mi ser frío de muerte»). Es la «miseria helada». No hay más que leer una carta, una línea de Juana, para sentir antes que nada todo lo contrario: la circulación de la vida, el *calor* vital, en que «extiende amor su imperio dominante» y «se enciende de pasión la mariposa». De aquí que, muerto Casal, en carta a su prometido Carlos Pío Uhrbach del 19 de septiembre, acabe por confesarle: «Cada día me encuentro más lejos del ideal hermoso de la perfección artística». «Ámame siempre, y siempre seré artista», palabras nada casalianas, tan próximas ya a Martí, cuyos versos juveniles tan a menudo recuerda Juana, y que escribiera «oh amor, oh inmenso, oh acabado artista!»

La experiencia del sufrimiento en Casal no tiene nada que ver con la premonición que del mismo tiene la niña. Casal ama la belleza por lo que tiene de reino aparte, salvado al sufrimiento. Juana la ama como su anuncio sobrecogedor. Casal, que tuvo creencias religiosas y murió como quería Verlaine, en el seno de la fe,[953] artísticamente fue un maniqueo.[954] Es decir, no par-

---
950 *Tomar*: asaltar
951 *Escruta*: indaga, inspecciona cuidadosamente
952 *Perecedero*: dícese de lo que muere, de lo que tiene fin
953 Habría que hacerse aquí dos preguntas: 1) ¿qué entiende García Marruz por el «reino de la fe»? y, 2) ¿qué pruebas podría aportar para demostrarlo?
954 *Maniqueo*: el que sigue las doctrinas de Manes, pensador del siglo III, que admitía dos principios, uno para el bien y otro para el mal.

tió de la encarnación sino de las dos sustancias irreconciliables, el Bien y el Mal, la luz y las sombras. Al no entender la encarnación la sombra, como vehículo de la luz, se movió a partir de un antagonismo irreconciliable que se le reflejaba incluso en las metáforas, casi siempre de un paralelismo ingenuo: sol y nieve, cieno y rosa. Por eso habla de construirse «en el campo de la fantasía un lazareto ideal». La tentación de la pureza total está siempre cerca de la tentación de la nada demoníaca. Lucifer,[955] fuego y luz, el más bello de los ángeles, es también el Icaro[956] infernal. Casal escribe: «Los espíritus más lúcidos son también los más rebeldes». Pero hay la lucidez de la rebeldía y la lucidez de la aceptación, en la que se consuma mayor misterio. Juana en este sentido es una criatura más misteriosa; Casal, más lúcido. Darío por eso la presiente y describe como ligada al misterio por una fibra recóndita. Casal, a pesar de que alude a su «vida misteriosa», en el sentido sólo de oculta a los otros, no tuvo nunca ni la intuición ni la captación del misterio. Su esteticismo, que como todo esteticismo, es más complejo de lo que parece, tiene un secreto de sufrimiento. De él podría decirse lo que dijo Darío: «Se juzgó mármol, y era carne viva». También Rimbaud,[957] en su amargura, imaginaba esferas de zafiro y de metal. Es el martiano «amor doloroso a la hermosura». La belleza como sucedáneo[958] quizás fuera lo casaliano, pero no ciertamente lo propio de la Borrero que en su muy significativo soneto a Apolo nos sitúa en el mundo distinto de la pasión amorosa que quiere conmover, *animar* la impasibilidad del dios de la hermosura: «Adoré su belleza indiferente (hasta aquí lo casaliano) / y al quererla animar, desesperada, / llevada por mi amante desvarío / dejé mil besos de ternura ardiente / allí apagados sobre el mármol frío». Ya este desvarío del absurdo amoroso no es Casal, es Juana Borrero. En otro de sus mejores poemas: los murciélagos rozan «de humilde malva la corola virgen». Lo suyo es lo humilde de ese encuentro, la espera del descenso de la luz a la sombra para rescatarla por el sufrimiento. Ella parece haber oído el consejo de Martí a su pequeña María: no le tengas miedo a sufrir. Entrevé[959] ahí un misterio, algo que no puede ser suplantado sino a riesgo del vacío. De ahí esa premonición aciaga que de pronto le ensombrece el rostro y que pareciera posarse un momento y desaparecer después: Sólo pide un poco de tiempo.

---

955 *Lucifer*: Satán
956 Icaro: (*mit. gr.*) hijo de Dédalo. Encerrados ambos en una torre por Minos – el rey de Creta – Dédalo construyó alas con plumas de pájaro y las pegó con cera. Le aconsejó a Icaro volar alto para evitar la humedad del mar, pero le advirtió que no debía ascender demasiado, porque el sol podría derretir la cera. Icaro olvidó el consejo de su padre y se acercó al sol, por lo que, incendiadas las alas, cayó al mar.
957 Arthur Rimbaud (1854 – 1891), poeta francés. Su influencia en la poesía contemporánea difícilmente podría ser sobreestimada.
958 *Sucedáneo*: sustituto
959 *Entrevé*: Percibe

> *Pero deja que goce de la infancia*
> *en la hora fugaz!*

Después aceptará. Ella misma se pinta:

> *La virgen de noble frente*
> *y de mirada sombría...*

Y aunque a ese rasgo se aferra Casal, que quiere verla como un alma hermana, aun cuando por mímesis[960] de enamorada adopta ella esa postura en su poesía, el poeta no puede menos que aludir también en su retrato a la fuerza de vida enorme que entrevé más allá del gesto romántico: «que todo lo juzga vano», y por eso observa que, ella «se afirma en la tierra con toda la fuerza de su juventud».

Dicen los que conocieron a Casal que tenía un andar funambulesco,[961] que caminaba como si careciese[962] de centro de gravedad. También que no parecía «mirar» lo que tenía delante, como los ojos ciegos de las estatuas. La descripción que hace Dulce María Borrero de la entrada de Casal a su casa es la de un dios. Al menos así lo recuerda, a esa ideal fulguración. El retrato en cambio que hace Casal de la niña es la de un rostro vivo, tocado por la luz y la sombra. Detrás de la primaveral imagen de la niña pintando en el jardín está la del sufrimiento que no va a ser apartado sino *asumido*.[963]

---

960 *Mímesis*: imitación
961 *Funambulesco*: extravagante, grotesco
962 *Careciese*: no tuviese
963 *Asumido*: aceptado

Poemas sobre Juana Borrero[964]

---

[964] Los poemas aquí incluidos fueron, casi todos, inspirados por Juana Borrero. Las dos excepciones son "Virgen Triste" y "Dolorosa", de Casal. El lector sólo tiene que volver al prólogo para comprender por qué no podíamos prescindir de estos textos.

Ella[965]

Luna – sol ardorosa y helada
Es su pecho volcán ardoroso,
Es helada ceniza su alma
Y semeja su pálido rostro
Luna – sol ardorosa y helada!

Brillan chispas de fuego en sus ojos,
Brinda besos de luna su boca,
Su mirada es un sueño amoroso
Y al abrir sus pupilas de diosa
Brillan chispas de fuego en sus ojos.

Con su pálida frente radiosa
Ilumina el negror de su pelo...
¡Misterioso conjunto de sombra
El que forma su negro cabello
Con su pálida frente radiosa!

No es su faz de su alma el espejo.–
Ella oculta el dolor con su risa
Y se pasa la vida riendo....
Aunque irradie en su rostro la dicha
No es su faz de su alma el espejo....

Pensamientos geniales palpitan
En su mente de luces preclaras[966]
Y en sus dulces melódicas rimas
Como abiertas estrellas lejanas
Pensamientos geniales palpitan.

Luna – Sol ardorosa y helada
¡Quién pudiera abrazarse en tu nieve!
¡Quién helarse pudiera en la llama
que en tus lánguidos ojos se encienden!
¡Luna – sol ardorosa y helada!.........

1895

---

[965] Los editores del Epistolario nos dicen que "[s]egún Mercedes Borrero, el autor de este poema dedicado a Juana, fue Félix Callejas" (*EII* 380 – 381). Félix Callejas (Bogotá, Colombia, 1878 – La Habana, 1936). Colaboró en El *Fígaro* (1903 – 1929). Fue miembro fundador de la Academia de Artes y Letras. Creó en 1929 el semanario humorístico *Billiken*, y fue el autor del argumento de la película *El soldado Juan* (1920).

[966] *Preclaras*: esclarecidas, ilustres

Virgen triste[967]

Julián del Casal

Tú sueñas con las flores de otras praderas,
Nacidas bajo cielos desconocidos,
Al soplo fecundante de primaveras
Que, avivando las llamas de tus sentidos,
Engendren en tu alma nuevas quimeras.

Hastiada de los goces que el mundo brinda
Perenne desencanto tus frases hiela,
Ante ti no hay coraje que no se rinda
Y, siendo aún inocente como Graciela,
Pareces tan nefasta[968] como Florinda.

Nada de la existencia tu ánimo encanta,[969]
Quien te habla de placeres tus nervios crispa[970]
Y terrores secretos en ti levanta,[971]
Como si te acosase tenaz avispa
O brotaran serpientes bajo tu planta.

No hay nadie que contemple tu gracia excelsa
Que eternizar debiera la voz del bardo,
Sin que sienta en su alma de amor el dardo,
Cual lo sintió Lohengrin delante de Elsa[972]
Y, al mirar a Eloísa, Pedro Abelardo.[973]

Al roce imperceptible de tus sandalias
Polvo místico dejas en leves huellas
Y entre las adoradas sola descuellas,[974]
Pues sin tener fragancia como las dalias
Tienes más resplandores que las estrellas.

---

[967] *La Habana Elegante*, 20 de agosto de 1893. Casal lo incluyó en *Bustos y rimas* (1893), su último libro, y que fue publicado póstumamente.
[968] *Nefasta*: detestable, funesta
[969] *Encanta*: atrae, seduce
[970] *Crispa*: irrita, exaspera
[971] *Levanta*: suscita, provoca
[972] La alusión a Lohengrin y Elsa resulta significativa. Lohengrin había accedido a ser el campeón de Elsa con la condición de que ésta nunca le preguntara de dónde había venido, ni su nombre, ni por su linaje. El *secreto* es, después de todo, clave en la relación de Juana con Casal.
[973] Pedro Abelardo (1079 – 1142). Filósofo y teólogo escolástico francés, famoso por sus amores con Eloísa.
[974] *Descuellas*: te destacas, sobresales

Viéndote en la baranda de tus balcones,
De la luna de nácar a los reflejos,
Imitas una de esas castas visiones
Que, teniendo nostalgia de otras regiones,
Ansían de la tierra volar muy lejos.

Y es que al probar un día del vino amargo
De la vida de los sueños, tu alma de artista
Huyendo de su siglo materialista
Persigue entre las sombras de hondo letargo
Ideales que surgen ante su vista.

¡Ah! yo siempre te adoro como un hermano,
No sólo porque todo lo juzgas vano
Y la expresión celeste de tu belleza,
Sino porque en ti veo ya la tristeza
De los seres que deben morir temprano.

Dolorosa[975]

Julián del Casal

I

Brilló el puñal en la sombra
Como una lengua de plata,
Y bañó al que nadie nombra
Onda de sangre escarlata.

Tu traje de terciopelo
Espejeaba[976] en la penumbra,
Cual la bóveda[977] del cielo
Si el astro nocturno alumbra.

Tendía la lamparilla
En el verde cortinaje,
Franjas de seda amarilla
Con transparencias de encaje.

Fuera la lluvia caía,
Y en los vidrios del balcón,
Cada estrella relucía
Como fúnebre blandón.[978]

Del parque entre los laureles
Se oía al viento ladrar,
Cual jauría de lebreles[979]
Que ve la presa avanzar.

Y sonaban de la alcoba[980]
En el silencio profundo,
Pasos de alguno que roba,
Estertor de moribundo.

---

975 *La Habana Elegante*, 19 de febrero de 1893. Incluido en *Bustos y rimas*. Véase la carta 140.
976 *Espejeaba*: relucía o resplandecía como un espejo
977 *Bóveda*: el firmamento. Esfera aparente que rodea la tierra
978 *Blandón*: hacha de cera de un pabilo. Candelero grande en que se ponen estas hachas
979 *Lebreles*: perros
980 *Alcoba*: dormitorio

II

Brilló el puñal en la sombra
Como una lengua de plata,
Y bañó al que nadie nombra
Onda de sangre escarlata.

Como la oveja que siente
Inflamado su vellón,[981]
Corre a echarse en una fuente
Buscando consolación,

Llevada por el arranque[982]
De tu conciencia oprimida,
Quisiste en sombrío estanque
Despojarte de la vida;

Pero saliéndote al paso,
Como genio bienhechor,[983]
Hice llegar a su ocaso
El astro de tu dolor.

¡Cómo en la sombra glacial
Tus ojos fosforecían,[984]
Y de palidez mortal
Tus mejillas se cubrían!

¡Cómo tus manos heladas
Asíanse[985] de mi cuello,
O esparcían levantadas
Las ondas de tu cabello!

Arrojándote a mis pies,
Con la voz de los que gimen,
Me confesaste después
Todo el horror de tu crimen;

Y mi alma, vaso lleno
De cristiana caridad,
Esparció sobre tu seno
El óleo de la piedad.

---

981 *Vellón*: la lana de la oveja
982 *Arranque*: ímpetu
983 *Bienhechor*: bondadoso
984 *Fosforecían*: brillaban como el fuego
985 *Asíanse*: se sujetaban

III

Brilló el puñal en la sombra
Como una lengua de plata,
Y bañó al que nadie nombra
Onda de sangre escarlata.

Mas, desde la noche fría
En que, víctima del mal,
Consumastes, alma mía,
Tu venganza pasional,

Como buitre sanguinario
En busca de su alimento,
Por tu lóbrego Calvario
Te sigue el Remordimiento.

Juana Borrero [986]

Julián del Casal

Tez de ámbar, labios rojos,
pupilas de terciopelo
que más que el azul del cielo
ven del mundo los abrojos.

Cabellera azabachada
que, en ligera ondulación,
como velo de crespón
cubre su frente tostada.

Ceño que a veces arruga,
abriendo en su alma una herida,
la realidad de la vida
o de una ilusión la fuga.

Mejillas suaves de raso
en que la vida fundiera
la palidez de la cera,
la púrpura del ocaso.

¿Su boca? Rojo clavel
quemado por el estío,
mas donde vierte el hastío
gotas amargas de hiel.

Seno en que el dolor habita
de una ilusión engañosa,
como negra mariposa
en fragante margarita.

Manos que para el laurel
que a alcanzar su genio aspira,
ora recorren la lira,
ora mueven el pincel.

---

[986] Según los editores de las *Poesías* de Julián del Casal (Edición del Centenario. La Habana: Consejo Nacional de Cultura, 1963), Casal publicó este retrato en *El Hogar*, Año X, La Habana, 28 de agosto de 1892. Núm 30. p. 334. Posteriormente, éste lo incluyó en *Bustos y rimas*, pero no como poema independiente dentro de las *rimas*, sino que lo cita en el interior de su semblanza sobre Juana Borrero, y reproducimos en la presente edición.

¿Doce años! Mas sus facciones
veló ya de honda amargura
la tristeza prematura
de los grandes corazones.

Esbozo[987]

A Domingo Martínez Luján

Carlos Pío Uhrbach

No hay en su rostro alburas[988] de frío alabastro,
Ni la pálida lumbre de un disco puro.
Difúndense en el nácar de sus mejillas,
Los tintes melancólicos del crepúsculo.

Ciñen su augusta[989] frente soberbios lauros.
Inmortales conquistas de excelsos triunfos!
Y en su cuello proyectan los crespos bucles
La penumbra azulada de un palio bruno.[990]

En su boca la aurora de la sonrisa
A los arpegios lánguidos del arrullo,
Mezcla trémulos iris[991] de suaves perlas
Que iluminan sus frescos labios purpúreos.

En las noches azules ritman[992] sus cantos
Los acordes melódicos del conjuro,
Evocando vibrantes, visiones blancas
Con sibilino[993] rito de extraño culto.

Constelan sus pupilas brillos astrales[994]
Con resplandores vívidos de carbunclos,[995]
Que disipan las brumas de la tristeza
Con el poder magnético de su influjo.

---

987 *La Habana Elegante*, 7 de julio de 1895. Se reprodujo en *Oro*, 1907, con el título de "Juana Borrero" (*PC* 242).
988 *Albura*: blancura perfecta
989 *Augusta*: que infunde o merece respeto por su majestad y excelencia
990 *Bruno*: moreno, color negro u oscuro
991 *Iris*: arco de colores que a veces se forma en las nubes cuando el sol, y a veces la luna, a espaldas del espectador, refracta y refleja su luz en la lluvia
992 *Ritman*: riman
993 *Sibilino*: misterioso, oscuro
994 *Astral*: de o relativo a los astros
995 Parece aludir a la leyenda del *carbunclo*, y según la cual éste era una piedra preciosa - el rubí, o el granate, según algunos – que supuestamente brillaba en la oscuridad con la intensidad de un carbón encendido

ÚLTIMA RIMA

Aspiración

Carlos Pío Uhrbach

Para que compasiva la recoja,
Queda mi rima humilde en esta hoja
Que ensueños melancólicos despierta;
Brinda calor tu libro a mis difuntos
Anhelos de pasión, guardando juntos
Mis versos y los versos de la muerte!

¡Sólo el recuerdo del amor perdura!
Es mi estrofa ave herida, y se clausura
Donde hallaron sus sueños dulce nido.
Ya, desdeñoso de mundana gloria,
Quiero vivir con ella en tu memoria
O perderme con ella en el olvido!

V. Bibliografía

I. Activa *(Por orden cronológico, hasta el año de su muerte)*[996]

1891

«Crepuscular». (En *La Habana Literaria*, Habana, año I, No. 5, nov. 15, 1891, p. 109)
«Vespertino». Para la amable Señorita Teresa Aritzti. Versos. (En *La Habana Elegante*, Habana, año IX, No. 18, mayo 17, 1891, p. 3)

1892

«Himno de vida». (En *El Fígaro*, Habana, año VIII, No. 34, 1892, p. 2).

1893

«Anónima». (En *El Fígaro*, Habana, año IX, No. 21, 1893, p. 255).
Borrero, Juana [Poesías] (En *Escritoras cubanas*, Composiciones escogidas de las más notables autoras de la Isla de Cuba. Obra editada bajo los auspicios de Manuela Herrera de Herrera. Habana, Imp. y Papelería «La Universal», 1893, pp. [113 – 124]. Contiene: Retrato de la autora y las poesías «Crepuscular», «Las hijas de Ran», «Himno de vida».

1894

«Las hijas de Ran». (En *El Fígaro*, Habana, año X, No. 16, 1894, p. 255)
«El ideal». (En *El Fígaro*, Habana, año X, No. 35, 1894, p. 465).
«Mis quimeras». Poesía. (En *Gris y Azul* [Habana] año I, No. 13, nov. 29, 1894)
«Retrato». (En *El Fígaro*, Habana, año X, No. 19, 1894, p. 266).
«Silueta». A Paulina Güell. Poesía. (En *Gris y Azul* [Habana] año I, No. 14, dic. 6, 1894).
«Vínculo». (En *El Fígaro*, Habana, año X, No. 46, 1894, p. 599).

---

996 Reproducimos y actualizamos la bibliografía que aparece en *P*, 183 – 187.

1895

«Adelaida». (En *El Fígaro*, Habana, año XI No. 6, 1895, p. 73)
«Berenice». Para un abanico de Luisa Chartrand. (En *El Fígaro*, Habana, año XI, No. 20, 1895, p. 263).
Borrero, Juana [Poesías] (En *Grupo de Familia*, Poesías de los Borrero. Pról. de Aurelia Castillo de González. Habana, Imp. La Moderna, 1895, pp. [55] -70). Contiene: retrato de la autora y las poesías: «Madrigal a Jacinta», «¡Todavía!», «Mis quimeras», «Crepuscular», «¿Qué somos?», «Las hijas de Ran», «Apolo», «Himno de vida», «El ideal».
«El ideal», (En *El Fígaro*, Habana, año XI, No. 6, 1895, p. 101).
«Pensamiento». (En El Fígaro, Habana, año XI No. 6, 1895, p. 78).
Rimas. Habana, Est. Tip. «La Constancia», 1895, 31 p., retr. 15 cm. (Biblioteca de *Gris y Azul*).
«Sol poniente». (En *El Fígaro*, Habana, año XI, No. 33, 1895, p. 420).
«Sol y nieve». Versos. (En *La Habana Elegante*, Habana, año XI, No. 17, mayo 12, 1895).
«Vorrei morire». A. Valdivia. Versos. (En *La Habana Elegante*, Habana, año XI No. 10 marzo, 17, 1895, p. 5).

1896

«En el palco». (En *El Fígaro*, Habana, año XII, No. 11, 1896, p. 122).
«El ideal». Poesía. (En *Las tres Américas*, New York, E.U.A., vol IV, No. 39, marzo 1896. p. 1014).
«Íntima». (En *El Fígaro*, Habana, año XII, No. Il, 1896, p. 122).
«Reve». (En *El Fígaro*, Habana, año XII, No. 1, 1896, p. 7).
«Sol poniente». A. Berenice. Poesía (En *Las tres Américas*, New York, E.U.A., vol. IV, mayo, 1896, p. 1074).
«Última rima». (En *El Fígaro*, Habana, año XI, No. 16, 1896, p. 184).
«Última rima». Poesía. (En *Las tres Américas*, New York, E.U.A., vol. IV, No. 40 abr. 1896, p. 1039).
«Vibraciones». (En *El Fígaro*, Habana, año XII, No. 11, 1896, p. 122).
«Vorrei morire». Poesía. (En *Las tres Américas*, New York, E.U.A., vol. IV, No. 40, abr. 1896. p. 1039).

II. Activa *(después de 1896)*

Poesías. "Juana Borrero", prólogo de Fina García Marruz. La Habana: Academia de Ciencias de Cuba. Instituto de Literatura y Lingüística, 1966.
Epistolario I. "Las cartas de amor de Juana Borrero", prólogo de Cintio Vitier. La Ha-

bana: Academia de Ciencias de Cuba. Instituto de Literatura y Lingüística,1966.

Epistolario II. La Habana: Academia de Ciencias de Cuba. Instituto de Literatura y Lingüística, 1967.

Poesías y cartas. La Habana: Editorial Arte y Literatura, 1978. (Reproduce el prólogo de *Poesías* e incluye dieciséis cartas inéditas de Juana Borrero).

III. Pasiva

Armas, Emilio de. *Casal*. La Habana: Letras Cubanas, 1981, pp. 192 – 202.

Augier, Angel I. «Juana Borrero, la adolescente atormentada». Habana, Municipio de La Habana, 1938, (Cuadernos de historia habanera, 15).

_____ «En torno al Epistolario de Juana Borrero y los "Escolios" a este libro por Manuel Pedro González». Separata de *Anuario L / L* no.1. La Habana: Academia de Ciencias de Cuba / Instituto de Literatura y Lingüística, 1972, pp. 155 – 165.

Borrero Echeverría, Esteban. «De Borrero a Casal» [carta fechada de mayo 27, 1891] (En Casal, Julián del. *Prosas*. Habana, Editora del Consejo Nacional de Cultura, 1964, t. III, p. 88 – 89).

_____ [«Dos palabras»] (En *Grupo de Familia; Poesías de los Borrero*. Habana. Imp. La Moderna, 1895, p. 22 – 26).

_____ . «In Memoriam». (Por Julián del Casal). (En *El Fígaro*, La Habana, 22 de octubre de 1899, p. 391).

Borrero de Luján, Dulce Ma. «Evocación de Juana Borrero». (En *Revista Cubana*, XX, jul.-dic., 1945, p. 5 – 63).

Bueno, Salvador. «Dos poetisas cubanas. La Avellaneda y Juana Borrero». (En *Bohemia*, oct. 18, 1963, p. 22).

_____ . «Esteban Borrero Echeverría, médico, poeta y educador». (En *Bohemia*, La Habana, año 55, No. 25 jun. 21, 1963, pp. 67 – 69 – 97).

_____ . *Historia de la Literatura Cubana*. 1ra edición. La Habana, Editorial Minerva, 1954, pp. 201-202; 2ª edición, La Habana, Editorial Minerva, 1959. pp. 201 – 202.

_____ . «Juana Borrero». (En su *Figuras cubanas; Breves biografías de grandes cubanos del siglo XIX*. Habana, Comisión Nacional Cubana de la Unesco, 1964; pp. 369 – 375).

Carbonell, José Manuel. «La poesía lírica en Cuba». v. IV (*En su Evolución de la cultura cubana*, vol. IV., pp. 475 – 484)

Carricarte, Arturo R. «Casal». (En *El Fígaro*, oct. 27, 1912, pp. 626-627).

_____ . [Fragmento de su estudio sobre Juana Borrero] (En *Bohemia*, nov. de 1912).

Casal, Julián del. «Juana Borrero». (En *La Habana Literaria*, t. III, Año II, no. 13, julio 15 de 1892, pp. 4 – 8). Reproducido en *Bustos y Rimas* de Julián del Casal, Habana, Imprenta La Moderna. 1893, pp. 75-91, en: Julián del Casal. *Prosas*, Tomo I. Edición del Centenario, Consejo Nacional de Cultura, La Habana, 1963, pp. 264 – 271).

Castillo de González, Aurelia. «Prólogo». (En *Grupo de Familia; Poesías de los Borrero*. Habana, Impr. La Moderna, 1895, pp. 5 – 22).

Castillo, Marcia. «Para el epistolario de Juana Borrero». Separata de *Anuario L / L*. no. 6. La Habana: Academia de Ciencias de Cuba / Instituto de Literatura y Lingüística, 1975, pp. 197 – 205.

Chacón y Calvo, José María. *Las cien mejores poesías cubanas*. Madrid, Editorial Reus (S. A.), 1922, pp. 305 – 306. (Biblioteca literaria de autores españoles y extranjeros. Volumen V); 2ª edición, Madrid, Ediciones Cultura Hispánica, 1958, pp. 297 – 298.

_____. «La poetisa adolescente». (En el *Diario de la Marina*, La Habana, dic. 8, 1946).

Cuza Malé, Belkis. «80 Aniversario. Muerte de la virgen triste»." En: *La Gaceta de Cuba*. La Habana, no.144, mar-abr, 1976, pp. 21 – 24.

_____. *El clavel y la rosa: biografía de Juana Borrero*. Madrid: Cultura Hispánica, 1984.

Darío, Rubén. «Juana Borrero», (En *La Nación* de Buenos Aires, 28 de mayo de 1896). Reproducido por E. K. Mapes en su colección de 1938 (referencia de José Mª Monner Sans) y por José María Monner Sans en su *Julián del Casal y el modernismo hispanoamericano*, México, El Colegio de México, 1952, pp. 250 – 254.

Díaz, María del Rosario. «Presencia de Julián del Casal en el archivo de la familia Borrero» y «Contribución al epistolario de Juana Borrero». Separata de *Anuario L / L* no. 20. La Habana: Academia de Ciencias de Cuba / Instituto de Literatura y Lingüística, 1989, pp. 113 – 118 y 172 – 186, respectivamente.

Duplessis, Gustavo. *Julián del Casal*. La Habana, Molina y Compañía. 1945, pp. 21, 23, 26, 33 – 42, 48, 97, 99, 118, 121, 122.

Escaja, Tina. «Autoras modernistas y la (re)inscripción del cuerpo nacional». *Sexualidad y nación en América Latina*. Ed. Daniel Balderston. Pittsburgh: Instituto Internacional de Literatura Iberoamericana, 2000, pp. 61 – 75.

Esténger, Rafael. *Los amores de cubanos famosos*. La Habana, Editorial Alfa, 1939.

_____. *Cien de las mejores poesías cubanas*. Primera edición. La Habana, Ediciones Mirador, 1943. pp. 223 – 224; segunda edición, La Habana, Ediciones Mirador, 1948. pp. 294 – 295.

Fernández de Castro, José A. *Esquema histórico de las letras en Cuba. (1548-1902)*. Habana, Cultural S. A., 1949. pp. l 19 – 120. (Publicaciones del Departamento de Intercambio Cultural de la Universidad de La Habana).

García Cisneros, Francisco. «Juana Borrero». (En *Las tres Américas*, vol. IV, Nueva York, marzo, 1896, no. 39, pp. 1013 – 1014). Lo reprodujo *El Porvenir*, marzo 23, 1896.

García Marruz, Fina. «Juana Borrero». Prólogo a sus *Poesías*. La Habana: Academia de Ciencias de Cuba / Instituto de Literatura y Lingüística, 1966, pp. 7 – 56.

_____. "Una carta de Juana Borrero sobre Martí." En: *Anuario martiano* 4. La Habana: Biblioteca Nacional José Martí, 1972, pp. 359 – 363.

González, Manuel Pedro. «Escolios al *Epistolario* de Juana Borrero». Separata de *Anuario L / L* no.1. La Habana: Academia de Ciencias de Cuba / Instituto de Literatura y Lingüística, 1972, pp. 103 – 150.

_____. *Amor y mito en Juana Borrero*. Montevideo: Centro de Estudios Lationamericanos, 1973.

Henríquez Ureña, Max. *Breve historia del modernismo*. México, Fondo de Cultura Económica, 1954. pp. 118, 119, 122, 123, 124, 130, 412, 413, 414.

_____. *Panorama histórico de la literatura cubana 1492-1952*. Puerto Rico, 1963. [i. e. México, talleres de Unión Gráfica] t. II, pp. 147, 177, 233, 240, 242, 243, 250, 251, 252, 279, 286, 287.

Henríquez Ureña, Pedro. *Las corrientes literarias de la América Hispánica*. México, Fondo de Cultura Económica, 1949. pp. 266 – 267.

_____. «El modernismo en la poesía cubana». (En *Ensayos críticos*. México, Fondo de Cultura Económica, 1950, p. 18).

Hauser, Rex. «Juana Borrero: The Poetics of Despair». *Letras Femeninas* 9.1-2, 1990, pp. 113 – 120.

Instituto de Literatura y Lingüística «José Antonio Portuondo Valdor». Ministerio de Ciencia, tecnología y medio ambiente. «Juana Borrero». *Historia de la literatura cubana*. t. I. La Habana: Letras Cubanas, 2002, pp. 533 – 536.

Instituto de Literatura y Lingüística de la Academia de Ciencias de Cuba. «Juana Borrero». *Diccionario de la literatura cubana*. t. 1. La Habana: Letras Cubanas, 1980, p. 150.

Jimenez, Luis A. «Dibujando el cuerpo ajeno en 'Siluetas femeninas' de Juana Borrero». *Círculo: Revista de Cultura* 26, 1997, pp. 73 – 79.

Juana Borrero. [Homenaje] (En *El Fígaro*, La Habana, 15 de marzo de 1896, no. 11, p. 122).

Lezama Lima, José. *Analecta del reloj*. La Habana, Orígenes, 1953, p. 68.

_____. «Juana Borrero». *Antología de la poesía cubana*. t. III. La Habana: Consejo Nacional de Cultura, 1965, pp. 493 – 495.

Lizaso, Félix y José Antonio Fernández de Castro. *La poesía moderna en Cuba*. Madrid, Editorial Hernando S. A. 1926, pp. 106 – 110.

Monner Sans, José María. *Julián del Casal y el modernismo hispanoamericano*. México, El Colegio de México, 1952. pp. 25, 29, 30, 31, 36, 71, 76, 79, 113.

Morán, Francisco. «Modernismo e identidad en Julián del Casal y José Martí: Cuba en la encrucijada finisecular». *La Habana Elegante*, segunda época. La azotea. Otoño, 1998. http://www.habanaelegante.com/Fall98/Hojas.htm

_____. «Introducción» en: Homenaje a Juana Borrero. *La Habana Elegante*, segunda época. La azotea. Primavera, 2003. http://www.habanaelegante.com/Spring2003/Azotea.html

Núñez, Ana Rosa. «Juana Borrero: Portrait of a Poetess». *The Carrell. Journal of the Friends of the University of Miami Library*. 1976, pp. 1 – 21.

Portuondo, José Antonio. «Angustia y evasión de Julián del Casal». Municipio de La Habana, feb. 10, 1937. (Conferencias de Historia Habanera: III). Reproducido en: Julián del Casal. *Prosas*. Tomo I. Edición del Centenario. Habana. Consejo Nacional de Cultura, 1963, pp. 42 – 68.

_____. Apuntes sobre los Uhrbach. (En *Revista Universidad de La Habana*, Habana, 100 – 103, dic. 1952, pp. 39 – 72).

Remos, Juan J. *El genio de Esteban Borrero Echeverría en la vida, en la ciencia y en el arte*. La Habana, Imp. Avisador Comercial, 1930, pp. 10, 11, 23, 24, 25, 2S. 29.

_____. Historia de la Literatura Cubana. t. 2. La Habana, Cárdenas y Cía., 1945. pp. 363, 465, 556, 558; t. 3, pp. 78, 87, 88, 89, 93-99, 199, 200, 208, 493.

[Reproducciones de dos cuadros de Juana Borrero y de la casa de Don Esteban Borrero en Puentes Grandes]. (En Julián del Casal. *Prosas*. t. III. Edición del Centenario. Habana, Consejo Nacional de Cultura, 1964)

[Retrato de Juana Borrero y anuncio del tomito *Grupo de familia*] (En *La Habana Elegante*, Habana, año XI, no. 3, ene. 27, 1895).

[Retrato, nota necrológica y poesías de Juana Borrero] En *Las tres Américas*, Vol. IV, New York, abril. 1896, no. 40, p. 1039).

Rivero, Eliana. «Pasión de Juana Borrero y la crítica». *Revista Iberoamericana* 56, 1990, pp. 829 – 39.

Rodó, José E. «Una nueva antología americana». (En su *El Mirador de Próspero*. Montevideo, Barreiro y Ramos, S. A. 1958, p. 272. *Obras Completas de José Enrique Rodó*. IV).

Roig, Emilio. «Poetisas cubanas». La Habana, Revista Social, 1919.

Roldán Montoya, Onelia. *Esteban Borrero. Una vida ejemplar*. Camagüey, Imp. El Camagüeyano, 1917. 21 p. (Colegio Municipal de Doctores en Ciencias y en Filosofía y Letras de Camagüey.)

Salazar y Roig, Salvador. La influencia modernista: Casal y Juana Borrero. (En su Historia de la literatura cubana, Habana, Imp. Avisador Comercial, 1929, pp. 191 – 195).

Schulman, Ivan A. «Una voz moderna: La poesía de Juana Borrero». *Torre: Revista de la Universidad de Puerto Rico* 1, 1-2., jul-dic., 1996, pp. 191 – 203.

Tejera, Diego Vicente. «Nota bibliográfica. *Grupo de familia. Poesías de los Borrero*». En *El Fígaro*, año XI, Habana, marzo 17, 1895, no. 9, p. 133). Con un retrato de Juana Borrero pintando.

_____. «Un librillo precioso». (En *La Habana Elegante*, año XI, 1895, no 10, p. 6).

Torriente, Loló de la. *Estudio de las artes plásticas en Cuba*. La Habana, Imp. Ucar García, S. A. 1954, pp. 81 – 82, 98.

Uhrbach, Carlos Pío. «Juana Borrero». (En *El Fígaro*, Habana, 15 de marzo de 1896, no. 11. p. 121).

_____. «Juana Borrero». (En *Revista de Cayo Hueso*. Vol. II, abr. 30, 1898; no. 20, pp. 8 – 9).

Valdivia, Aniceto. [seud. Conde Kostia]. «Juana Borrero (Exergo)». (En *Rimas* de Juana Borrero. Habana, Establecimiento Tipográfico La Constancia, 1895. pp. 3 – 6. Biblioteca de *Gris y Azul*).

_____. «Juana Borrero». (En *El País*. Habana, febrero 2, 1895, p. 2)

Varona, Enrique José. «Las poesías de los Borrero». (En *El Fígaro*, año XI. Habana, abr. 7, 1895. no. 11, p. 156).

Vitier, Cintio. «Julián del Casal en su Centenario». Cintio Vitier y Fina García Marruz. *Estudios críticos*. Departamento Colección Cubana de la Biblioteca Nacional. La Habana: Biblioteca Nacional, 1964, pp. 9 – 42.

_____. «Las cartas de amor de Juana Borrero». Prólogo a su *Epistolario*. La Habana: Academia de Ciencias de Cuba / Instituto de Literatura y Lingüística, 1966 – 1967, t I, pp. 7-31. Reproducido en: *Crítica sucesiva*. La Habana: Ediciones Uneac, 1971; en *Cahiers des Amériques Latines*, s.f., 2. 20 – 40; en: *Obras 3. Crítica 1*. La Habana: Letras Cubanas, 2000, pp. 181 – 205.

_____. «Notas sobre los "Escolios" al Epistolario de Juana Borrero por Manuel Pedro González». Separata de *Anuario L / L* no.1. La Habana: Academia de Ciencias de Cuba / Instituto de Literatura y Lingüística, 1972, pp. 151 – 154.

_____. "La imposible." *Poetas cubanos del siglo XIX (semblanzas)*. En: *Crítica cubana*. La Habana: Letras Cubanas, 1988. 331 – 335. Reproducido en: *Obras 3. Crítica 1*. La Habana: Letras Cubanas, 2000. 243 – 245.

Zaldívar, Gladys. «Juana Borrero: Paradigma de la vertiente femenina del modernismo». *Círculo: Revista de Cultura* 26, 1997, pp. 80 – 86.

Thank you for acquiring

La pasión del obstáculo –
Poemas y cartas de Juana Borrero

This book is part of the
Stockcero Spanish & Latin American Studies Library Program.
It was brought back into print following the request of interested readers –many belonging to the North American teaching community– who seek a better insight on the culture roots of Hispanic America.

To complete the full circle and get a better understanding about the actual needs of our readers, we would appreciate if you could be so kind as to spare some time and register your purchase at:
http://www.stockcero.com/bookregister.htm

The Stockcero Mission:
To enhance the understanding of Latin American issues in North America, while promoting books as culture vectors

The Stockcero Spanish & Latin American Studies Library Goal:
To bring back into print those books that the Teaching Community considers necessary for an in depth understanding of the Latin American societies and their culture, with special emphasis on history, economy, politics and literature.

Program mechanics:
- Publishing priorities are assigned through a ranking system, based on the number of nominations received by each title listed in our databases
- Registered Users may nominate as many titles as they consider fit

You may find more information about the Stockcero Programs by visiting www.stockcero.com